| Tanum |
| Grimeton |
| Karlskrona |
| Södra Öland |
| Visby |
| Birka, Hovgården |
| Drottningholm |
| Skogskyrkgården |
| Engelsbergs Bruk |
| Falun |
| High Coast (Höga Kusten) |
| Gammelstads kyrkstad |
| Laponia |

スウェーデンの世界遺産紀行

自然と歴史のひとり旅

宇野幹雄

ハンザ同盟都市ヴィスビーの石壁と大小防衛塔

ターヌムの線刻画群
❶ 世界最大の線刻画「槍神」
❷ 踊る男達が描かれた線刻画群
❸ 雨上がりの薄日にくっきりと浮き上がる線刻画

グリメトーンの電波局
❹ グリメトーンに聳え立つ6基の巨大な鉄塔群
❺ アレキサンダーソン発電機
❻ 多くの装置からなる制御パネル

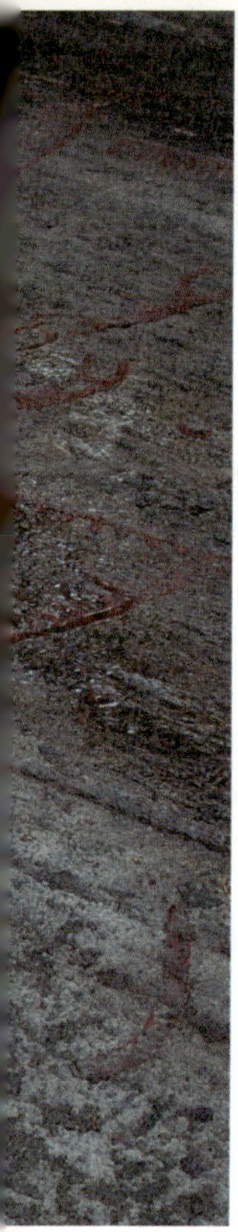

❶

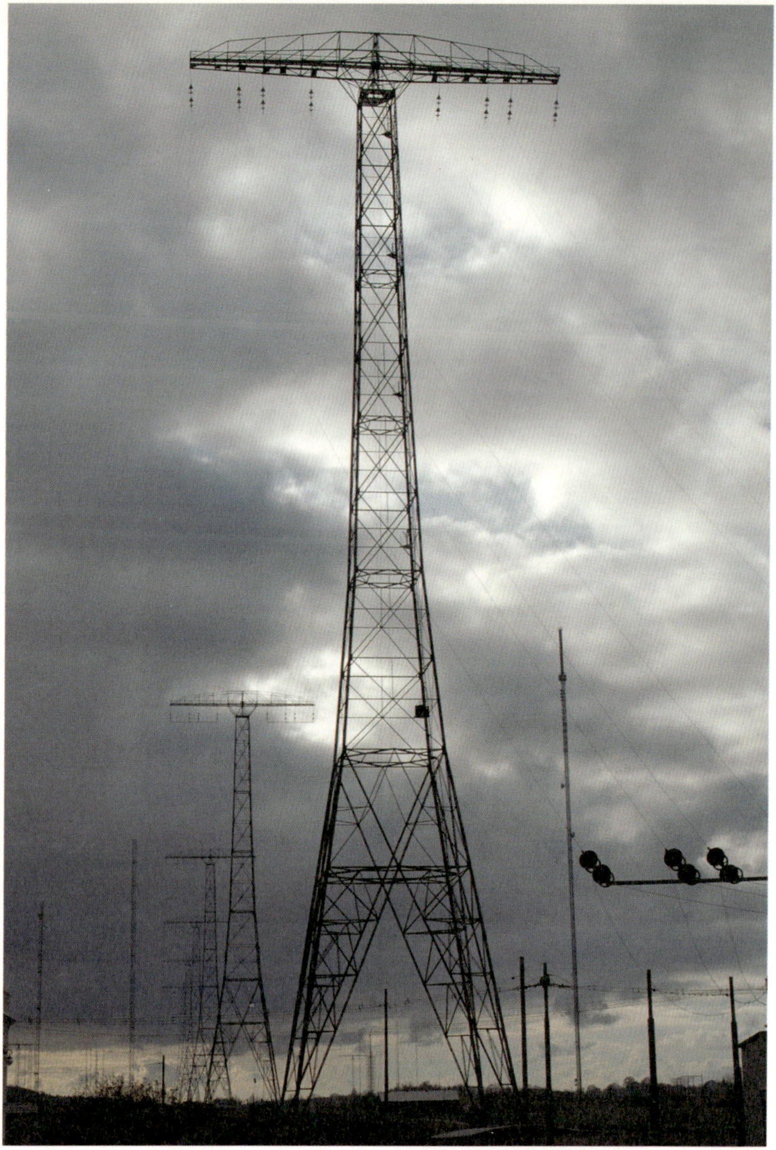

❹

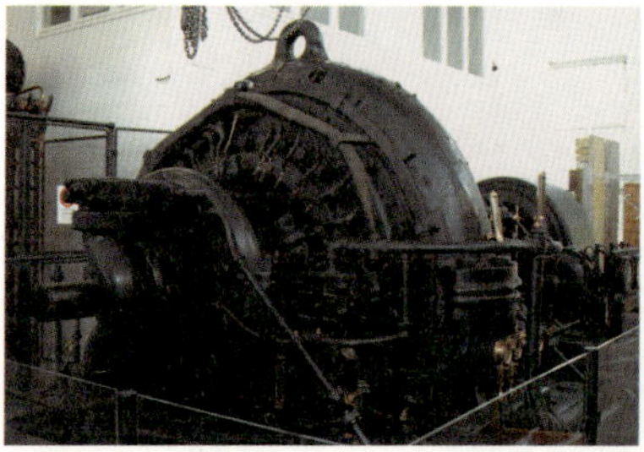

❺

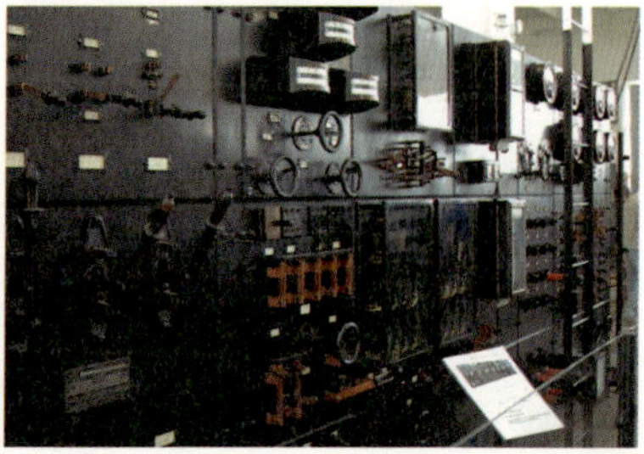

❻

軍港都市カールスクローナ
❼ エジプトの灯台塔「ファルス」を真似て造られた木造の鐘楼
❽ 三本マストのユースホステル船チャップマン号

❾ クングスホルムの要塞（写真提供：スカンジナビア政府観光局）
❿ 稜堡の石垣とエリック・ダールベリーの胸像

⑨

⑩

エーランド島
南部の
農耕地帯

⑪ 石で舟をかたどった墓地と風車
⑫ 春のアルヴァール大平原にはランが咲き乱れる
⑬ ヤブイチゲが白い絨毯を敷きつめる春の森
⑭ 代表的な線状村であるリッラ・フレー村

ハンザ同盟都市ヴィスビー
⑮ ヴィスビーの航空写真（写真提供：Gosta Lyttkens 氏）
⑯ 大広場に面した聖カタリーナ教会の廃墟
⑰ ヴィスビー大聖堂内部

ハンザ同盟都市ヴィスビー
⓳ ヴィスビーの旧市街を囲む石壁と防衛塔
⓳ 「薬局」という名で親しまれているパックヒュース
⓴ ヴィスビー旧市街の街並み

ビルカとホーヴゴーデン

㉑ アンスガール十字架が立つ千畳岩
㉒ アルスネー城跡の石垣からアーデルスエー教会を望む
㉓ ビルカからホーヴゴーデンを望む

ドロットニングホルムの王領地
㉔ ドロットニングホルム宮殿
㉕ ヘドヴィグ・エレオノーラ皇太后のモノグラムが入った鉄柵門

**スクーグスチルコゴーデン
（森の墓地）**
㉖ スクーグスチルコゴーデンの大理石の十字架
㉗ 大きな壁画がある「聖十字架の礼拝堂」
㉘ 重厚な趣のある「復活の礼拝堂」

エンゲルスベリーの製鉄所

㉙ 培焼炉横の板戸を開けると新緑が目に飛び込んでくる
㉚ 昔を語る古い鉄の滑車
㉛ エンゲルスベリーの製鉄所
㉜ 社長邸宅を流れるスニーテン川のよどみ

ファールンの大銅山
㉝ 大銅山陥没地域の後ろに広がるファールンの町
㉞ 地下坑道にある洞窟「平和の間」

ハイ・コースト
㉟ スキューレスクーゲン国立公園からボスニア湾を望む
㊱ 海岸では土地隆起の歴史を目の当たりにすることができる

㊲

㊳

ガンメルスタードの教会街

㊲ 石垣で囲まれたガンメルスタードの教会と鐘楼
㊳ 宿泊小屋街から見た青空に美しく映える鐘楼
㊴ 鐘楼上から見た教会街の町並みと痕跡さえ見られない昔の港

㊴

ラポニアと
ラップランド地方
㊵ ヨックモック冬市タルヴァティス
湖の夕暮れ
㊶ サーメ人達により預言に使われた
トロル・トゥルンマ
㊷ 将来を担うサーメ人の子供達
㊸ 防寒服に身を固めたアイスホテル
のバーテンダー

まえがき

　私が野鳥や自然を求めてスウェーデン国内を南北に旅行するとき、その行く先々で、遺跡や現在は建築文化財として大切に保存されている木造建築物や教会のある町や村を通過することになる。しかし、自然探検の旅行中にはそのようなところに滞在してゆっくりと見て回るだけの時間的・精神的な余裕がなく、素通りをしてしまったり、外観だけを見て満足してしまったことがこれまでに何度もあった。

　本文にも書いたが、私は野鳥の宝庫であるスウェーデン南部のエーランド島に年に2回は野鳥観察に出掛けている。しかし、島の南部に位置する農耕地帯が世界遺産になっているにもかかわらず、その背景をまったく知らなかった。年に2回もその場に行きながら何も知らない我が身が情けなく思われ、スウェーデンの世界遺産について調べてみたところ13か所（現在は14か所）もあった。その中には、世界遺産という形で保存される前に行ったことがある場所が何か所もあったが、まったく名前を聞いたことがないところもあった。

　それらの有名無名な世界遺産を調べてみるのも面白いのではないかと思い、以前に拙著『ライブ！　スウェーデンの中学校』の出版でお世話になった新評論の武市一幸社長に相談をしたところ、武市社長からは「紀行文という形で書いてみたら……」という返事を頂戴した。

　この返事を受けて、スウェーデンを南北に駆けめぐる私の世界遺産への旅が始まった。

「知らないまちを歩いてみたい、どこか遠くへ行きたい……」

　昔、ジェリー藤尾さんが歌ってヒットした『遠くへ行きたい』(作詞：永六輔、作曲：中村八大)を何度も口ずさみながらの旅となった。

　私が体験した世界遺産の旅を本書の読者の方々と分かち合い、歴史をひもとく楽しさ、見知らぬ土地で見知らぬ人達に出会う旅の楽しさを少しでも味わっていただければ、筆者としてはそれ以上の喜びはない。

スウェーデン・ウプサラにて

宇野幹雄

世界遺産名

① ターヌムの線刻画群
② グリメトーンの電波局
③ 軍港都市カールスクローナ
④ エーランド島南部の農耕地帯
⑤ ハンザ同盟都市ヴィスビー
⑥ ヴァイキング都市ビルカ・ホーヴゴーデン
⑦ ドロットニングホルムの王領地
⑧ スクーグスチルコゴーデン（森の墓地）
⑨ エンゲルスベリーの製鉄所
⑩ ファールンの大銅山地域
⑪ ハイ・コースト
⑫ ガンメルスタードの教会街
⑬ ラポニア
⑭ ストゥルーヴェの子午線弧

スウェーデンの世界遺産（丸数字）と主要都市

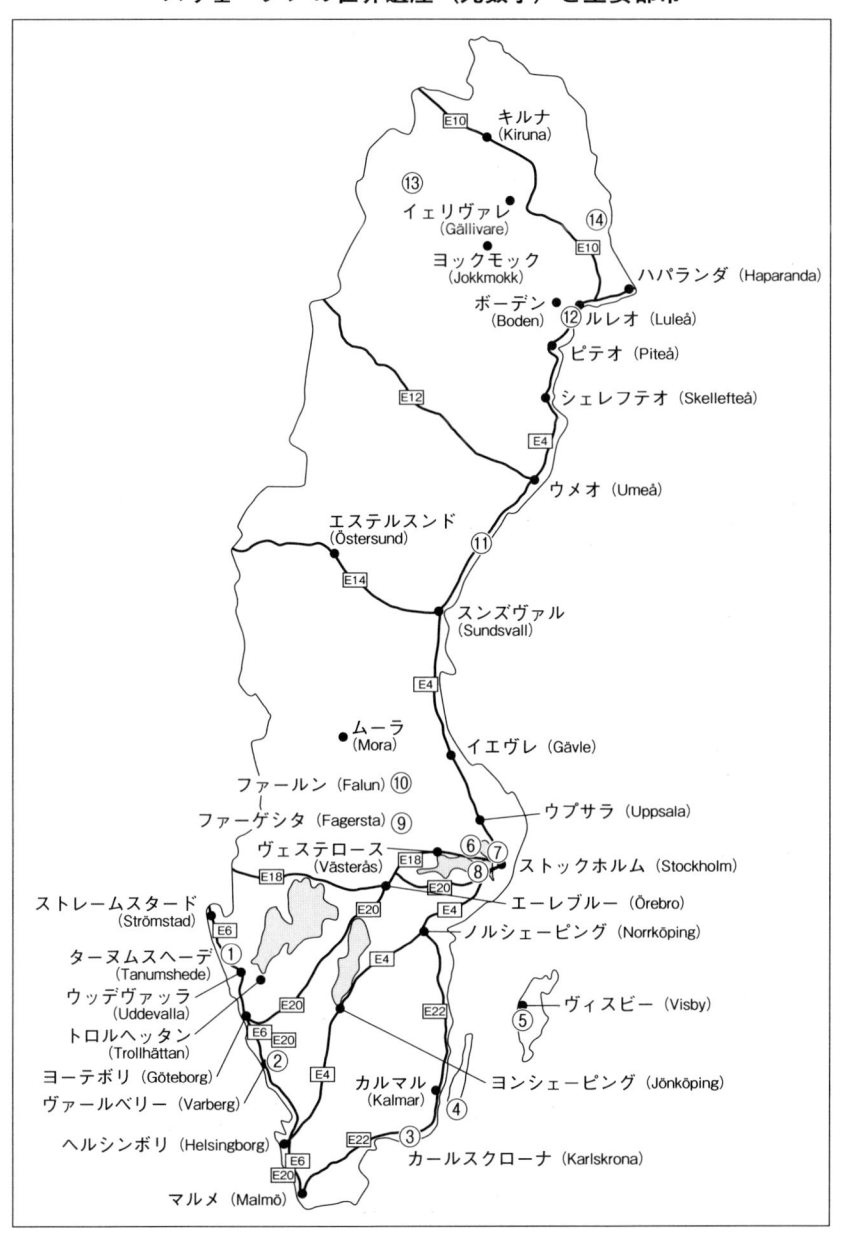

- キルナ (Kiruna)
- ⑬ イェリヴァレ (Gällivare)
- ⑭
- ヨックモック (Jokkmokk)
- ハパランダ (Haparanda)
- ボーデン (Boden)
- ⑫ ルレオ (Luleå)
- ピテオ (Piteå)
- シェレフテオ (Skellefteå)
- ウメオ (Umeå)
- エステルスンド (Östersund)
- ⑪
- スンズヴァル (Sundsvall)
- ムーラ (Mora)
- イエヴレ (Gävle)
- ファールン (Falun) ⑩
- ファーゲシタ (Fagersta) ⑨
- ウプサラ (Uppsala)
- ヴェステロース (Västerås)
- ⑥ ⑦
- ⑧ ストックホルム (Stockholm)
- エーレブルー (Örebro)
- ストレームスタード (Strömstad)
- ノルシェーピング (Norrköping)
- ターヌムスヘーデ ① (Tanumshede)
- ウッデヴァッラ (Uddevalla)
- ⑤ ヴィスビー (Visby)
- トロルヘッタン (Trollhättan)
- ヨーテボリ (Göteborg)
- ②
- カルマル (Kalmar)
- ヨンシェーピング (Jönköping)
- ヴァールベリー (Varberg)
- ヘルシンボリ (Helsingborg)
- ③ カールスクローナ (Karlskrona)
- ④
- マルメ (Malmö)

3

もくじ

まえがき………………………………………………………………… 1
ユネスコによる世界遺産の登録基準 ……………………………… 6

第1章　ターヌムの線刻画群 ………………………………… 9

第2章　グリメトーンの電波局 …………………………… 31
　　　　コラム　世界遺産切手シリーズ7　　47

第3章　軍港都市カールスクローナ …………………… 49

第4章　エーランド島南部の農耕地帯 ………………… 77
　　　　コラム　線状村（radby）の図　　88

第5章　ハンザ同盟都市ヴィスビー ……………………… 101

第6章　ヴァイキング都市ビルカ・ホーヴゴーデン …… 129

第7章　ドロットニングホルムの王領地 ………………… 155
　　　　コラム　グスタフ3世　　163

第8章　スクーグスチルコゴーデン（森の墓地）………… 179
　　　　コラム　グレタ・ガルボ　　184
　　　　コラム　アスプルンドとレーヴェレンツ　　188

第9章	エンゲルスベリーの製鉄所 …………………… 199

第10章	ファールンの大銅山地域 …………………… 219

　　　　コラム　ヴァーサロッペット（Vasaloppet）　220

第11章	ハイ・コースト ……………………………… 239

第12章	ガンメルスタードの教会街 ………………… 261

　　　　コラム　戦争里子（Krigsbarn）　272

第13章	ラポニア ……………………………………… 287

　　　　コラム　ラップランド地方の国立公園　291
　　　　　　　　トナカイ　298
　　　　　　　　サーメ人とは　320

第14章	ストゥルーヴェの子午線弧 ………………… 323

あとがき——裏話とともに……………………………………… 326
参考にした文献・資料およびホームページ一覧……………… 329
人名索引 ………………………………………………………… 334

ユネスコによる世界遺産の登録基準

　世界遺産リストに登録されるためには、「世界遺産条約履行のための作業指針」で示されている下記の登録基準のいずれか1つ以上に合致するとともに、**真実性（オーセンティシティ）や完全性（インテグリティ）**の条件を満たし、適切な保護管理体制がとられていることが必要です。

世界遺産の登録基準
（ⅰ）　人類の創造的才能を表す傑作である。
（ⅱ）　ある期間、あるいは世界のある文化圏において、建築物、技術、記念碑、都市計画、景観設計の発展における人類の価値の重要な交流を示していること。
（ⅲ）　現存する、あるいはすでに消滅した文化的伝統や文明に関する独特な、あるいは稀な証拠を示していること。
（ⅳ）　人類の歴史の重要な段階を物語る建築様式、あるいは建築的または技術的な集合体または景観に関する優れた見本であること。
（ⅴ）　ある文化（または複数の文化）を特徴づけるような人類の伝統的集落や土地・海洋利用、あるいは人類と環境の相互作用を示す優れた例であること。特に抗しきれない歴史の流れによってその存続が危うくなっている場合。
（ⅵ）　顕著で普遍的な価値をもつ出来事、生きた伝統、思想、信仰、芸術的作品、あるいは文学的作品と直接または明白な関連があること（ただし、この基準は他の基準とあわせて用いられることが望ましい）。
（ⅶ）　類例を見ない自然美および美的要素をもつ優れた自然現象、あるいは地域を含むこと。
（ⅷ）　生命進化の記録、地形形成において進行しつつある重要な地学的過程、あるいは重要な地質学的、自然地理学的特徴を含む、地球の歴史の主要な段階を代表とする顕著な例であること。
（ⅸ）　陸上、淡水域、沿岸および海洋の生態系、動植物群集の進化や発展において、進行しつつある重要な生態学的・生物学的過程を代表する顕著な例であること。
（ⅹ）　学術上、あるいは保全上の観点から見て、顕著で普遍的な価値をもつ、絶滅のおそれがある種を含む、生物の多様性の野生状態における保全にとって、もっとも重要な自然の生育地を含むこと。

※なお、世界遺産の登録基準は、2005年2月1日まで文化遺産と自然遺産についてそれぞれ定められていましたが、同年2月2日から上記のとおり文化遺産と自然遺産が統合された新しい登録基準に変更されました。
　2006年以前に登録された物件については、変更前の登録基準と対応させて上記基準の表記に変更されたとともに、2007年以降の登録からは上記基準がそのまま適用になります。
　また、文化遺産、自然遺産、複合遺産の区分については、上記基準（ⅰ）〜（ⅵ）で登録された物件は文化遺産、（ⅶ）〜（ⅹ）で登録された物件は自然遺産、文化遺産と自然遺産の両方の基準で登録されたものは複合遺産とします。

スウェーデンの世界遺産紀行
―― 自然と歴史のひとり旅 ――

(Tanum) ターヌムの線刻画群

第1章

ユネスコによる登録基準　文化遺産
（ⅰ）　人間の創造的才能を表す傑作であること。
（ⅲ）　現存する、あるいはすでに消滅してしまった文化的伝統や文明に関する独特な、あるいは稀な証拠を示していること。
（ⅳ）　人類の歴史の重要な段階を物語る建築様式、あるいは建築的または技術的な集合体、あるいは景観に関する優れた見本であること。

登録年度　1994年

世界遺産委員会による登録理由　ターヌム地区の線刻画群は、青銅器時代芸術の最高品質を誇るユニークな例である。ヨーロッパ青銅器時代の生活の多くの局面を語るモチーフは非常に希少価値の高いものである。ターヌムの風景は8000年以上に及ぶ人間の歴史を網羅し、この地区での人々のたゆまない営みを証明するものである。

ターヌム・フォッスム村の線刻画群

私が初めてターヌムの線刻画群を訪れたのは、私がまだウプサラ大学の学生であったときだから今から30年近くも前になる。30年というとずいぶん昔のことであるが、線刻画群が青銅器時代に彫られたものであることを思えば昨日の出来事のようなものだ。そして、2005年6月中旬、私は再びターヌムを訪問することにした。

　ターヌムはスウェーデン西海岸のボーヒュース県（Bohuslän）北部にあり、その中心地となるターヌムスヘーデ（Tanumshede）からはわずか50 kmでノルウェーとの国境である。ターヌムには鉄道が通っているが、私は世界遺産ターヌムの線刻画群を見たあとに西海岸中部にある「グリメトーンの電波局」（第2章を参照）を訪問する予定を立てていたので車で行くことにした。それに、世界遺産に登録されているターヌムの線刻画群は広範囲に散らばっているうえに公営バスが運行されていないような場所にもあるため、車なしで見て回るにはどうしても無理があるからである。ただ、ガソリンの急騰でレギュラーが1リットル10クローナ（約170円）以上もするのが痛かった。[1]

　次に宿泊の問題だが、私はユースホステル協会の会員なので原則的にはいつもユースホステルを利用することにしている。私がユースホステルの好きな理由は、宿泊費が安いことと利用する人達に気楽な人が多く、スウェーデン各地の様子を彼らを通して知ることができるからである。しかし、残念なことにターヌムにはユースホステルがなかった。そこで、インターネットでターヌムのホテルを調べたが最低でも1泊470クローナ（約8,000円）とちょっと高かった。それではということで近郊を調べてみると、ターヌムから約5 kmほどの海に面したグレッベスタード（Grebbestad）にユースホステル兼ミニホテルが見つかった。1泊265クローナ（約4,500円）、早速、このユースホステル宛てにメールを送って部屋を予約した。

　ウプサラからターヌムへは、ヨーロッパ4号線（E4）[2]でストックホルムからスウェーデン第2の湖であるヴェッテン湖（Vättern）南端にあるヨン

シェーピング (Jönköping) に行き、そこからスウェーデン第2の都市ヨーテボリ (Göteborg) を経由してE6をノルウェーに向かって北上するか、E18でヴェステロース (Västerås)、エーレブルー (Örebro) を経由してE20でスウェーデン最大の湖であるヴェーネン湖 (Vänen) の南を走り、自動車会社の「SAAB（サーブ）」の工場があるトロルヘッタン (Trollhättan) から西海岸のウッデヴァッラ (Uddevalla) に出てE6をノルウェーに向かって北上するかのどちらかになる。

　私は、今回の旅行では後者を選ぶことにした。旅行日が平日ということもあり、ストックホルムやヨーテボリで交通渋滞に巻き込まれる恐れがあるからである。ヨーロッパ道路で分離帯が設置されている区間は制限時速が110 kmであり（制限時速を守っている車は非常に稀である）、よほどのことがない限りターヌムまでは昼食時間を入れても7時間ほどで到着することになる。

　午前7時半、ウプサラを出発して快晴の中をターヌムへと向かう。E18とE20の選択は正解であった。道路も空いているし、快適なドライブ日和である。途中何度もにわか雨にあったが、それほどの大雨にもならずに午後3時すぎにはターヌムスヘーデに着いた。予約したユースホステルに直行してもよかったが、6月なら夏時間の関係で午後10時すぎまでは日が残[3]っているので、このままユースホステルに行ってしまうのはもったいないという気がした。

　どの線刻画群に行こうか？　私はターヌム教会の駐車場に車を入れ、ボ

★1　当時、1クローナは約17円。2008年4月現在のレートは約18円。現在スウェーデンでは、1リットル12クローナを超えている。また、スウェーデン政府は地球温暖化を抑えるために15%の二酸化炭素税の導入を検討している。これが可決すると、1リットル14クローナ（約244円）となる。
★2　ヨーロッパ道路番号の再編成により、今日ではスウェーデンの道路区間だけを「E4」「E6」というように呼んでいる。
★3　ヨーロッパでは、3月の最終日曜日から10月の最終日曜日まで時間を1時間進め、夏時間として日を長く活用している。

ターヌム教会

ーヒュース県の詳細地図を開いて行き先を検討することにした。世界遺産ターヌムの線刻画群には、テグネビー村（Tegneby）のアスペベリエット山（Aspeberget）、フォッスム村（Fossum）、リッツレビー村（Litsleby）およびヴィートリッケ村（Vitlycke）の4か所が含まれている。

　私がかつて訪問したことがあるのは、ヴィートリッケ村の線刻画群であった。世界遺産に登録される以前から、ここは観光名所として有名であった。また、「ターヌム」と言えば一番大きなヴィートリッケ村の線刻画群を意味していた。私がかつて訪問したときにも見学路が設けられていたが、そのほかには何もなく、たしか、国道に路上駐車をして線刻画群を見学したと記憶している。そして、世界遺産登録後にヴィートリッケ村に線刻画博物館が建設され、その中にはインフォメーションセンターが設けられたということをホームページで読んだ。

　ヴィートリッケ村には行ったことがあるわけだし、遅かれ早かれ線刻画博物館には行くことになるだろうから今日は別の場所に行くことに決めた。

　アスペベリエット山とリッツレビー村はヴィートリッケ村と同じ方角にあるが、フォッスム村だけは少し離れた場所にある。よし、今日はフォッスム村に行こう！　地図で見ると、ターヌムからフォッスム村までは5kmほどであるので5、6分もすれば着くはずだ。しかし、教会の横に

はヴィートリッケ博物館と書いた道路標識はあったがフォッスム村への道路標識はなかった。

　すぐに出発してしまえばよかったのだが、私は30年前に買った案内書を取り出してフォッスム村の線刻画群の説明を読み、まずいことに当時の地図を頭に入れてしまったのである。30年の間に新しいＥ６が引かれ、ほかにも新しい道路ができていたため、私が思っていた道路では15分ほど走ってもフォッスム村には着かなかった。

　どうも、これはおかしい。スウェーデンでは、村とはいっても畑と森ばかりで、人に道を聞くにもその人がまったくいない。来た道を引き返そうと思っていると、前方に道路工事の現場が見えた。そこで、トラクターで道をならしていたおじさんにフォッスム村への道を尋ねると、「フォッスム村は新しいＥ６を越えた向こうにある」と教えてくれた。車をＵターンさせ、出発点であるターヌムスヘーデに戻っておじさんに教えられた通りの道をとる。Ｅ６の高架道路を越えてしばらく行くと、右手前方に世界遺産を示す赤茶色の案内板が見えた。方向音痴なだけに、案内板が見えたときにはホッとした。

　また、雨が降ってきた。６月中旬とはいえ、雨が降れば気温は急速に下がる。私はセーターとレインコートを着込み、傘を差して駐車場横にある見学路へと向かった。行ってみると、「見学路」と言えるほどの道ではなかった。私は、すぐに長靴を持参しなかったことを後悔した。私が事前に想定した見学路はヴィートリッケ村の線刻画群のものであり、そこでは長靴を必要としなかったのである。残念なことに、ここフォッスム村の見学路は白樺林の中にあるジュクジュク道で、もうすでに運動靴に水が滲み込み始めてきた。

　ターヌムの線刻画には二つの共通点がある。一つは、すべてが青銅器時代（BC1800〜BC500）のものであり、氷河によって削りとられたために表面が平らでなだらかな傾斜になっている大きな花崗岩に彫られていると

いうことである。もう一つは、これらの岩々が海面か川面の近くにあったということである。「白樺林が海面？」と不思議に思われるかもしれないが、青銅器時代の海面は現在に比べて少なくとも15m以上は高かったのである。これは氷河期後の土地隆起によるものであり（第11章を参照）、スウェーデンの自然はこのことをなくして語ることはできない。

これら線刻画が彫られた岩面は、何千年にもわたる風雨氷雪による侵食や、植物の土壌還元が繰り返されて土や草木に覆われているため、道路開発の工事や農作業時に偶然に発見される以外になかなか見つかることがない。

白樺林の中にあるフォッスム村の線刻画群

フォッスム村の線刻画群は緩やかな傾斜の谷間を流れる小川の近くにあり、土地が隆起したことを考慮したとしても直接海には面していなかったと考えられている。線刻画群がある岩は3か所に散在しており、それらは狭い見学路で結ばれている。駐車場から最も近くにある岩が一番大きく、長さは8m、幅は3mほどのなだらかな傾斜をもっている。雨の日でも靴を濡らすことなく線刻画を観賞できるようにという配慮からか岩の下面に沿って板が敷かれているが、私の運動靴はすでに水浸しとなっていたために何の役にも立たなかった。

この岩には、大小130の様々なモチーフの線刻画が彫り込まれている。ボーヒュース県北部には現在分かっているだけでも約1,500の線刻画群の彫られた岩があり、ターヌムだけでもその数は350以上に上るという。考古学者達は線刻画群の絵図はそれ

なだらかな傾斜をもつフォッスム村最大の花崗岩

それが独立したモチーフのものだと見なしているが、フォッスム村最大の線刻画群はその例外で、モチーフ全体に何らかの関連があると考えている。というのも、これらの絵は決して重なり合うことがなく彫られており、そのうえ、各モチーフの絵が似ていることから、短期間に1人の人間によって彫られたものだと考えられているのだ。

　モチーフには、舟やソリ、鹿、犬、玉ぐらいの円形（「カップマーク」と呼ばれている）などが美しく描かれている。その中でも私の目を引いたのは、3人の男達の踊っている姿である。男性像には性器が描かれているので、女性像とは簡単に区別がつく。私はこの岩で女性像を探してみたが、あいにくとここでは一体も見つけることができなかった。おそらく、この線刻画群は狩猟がテーマとなっていて、それが男の世界であったからだろうと私は推測した。

武器を手にした男達（フォッスム村）

　線刻画には、よく見えるようにという配慮から文化財保護委員会によって赤い塗料が塗られている。のちに聞いた話では、3年ごとに塗料を塗り直しているということであった。青銅器時代には赤い塗料として鉄分を含む黄土（赤鉄鉱や褐鉄鉱）が使用されていたというが、線刻画がその黄土で着色されていたかどうかは定かでない。

　にわか雨が止み、薄日が差してきた。私は、最初に見た大きな花崗岩へと急いで戻った。線刻画を見るにあたっては、光が斜めから射しているときが一番見やすいと聞いたからである。

　すごい！　私が岩の前で少し腰をかがめると、線刻画の線がくっきりと浮き上がってきた。そう言えば、文化財保護委員会が新しく発見された線刻画群の調査を行うのは辺りが暗くなってからだと聞いたことがある。こ

れは、岩にライトを斜めに当てることで、どんな小さな窪みもはっきりと見えるからだそうだ。

長旅のためか、午後のコーヒーブレイクを取っていないためか、私は少し疲れを感じ始めていた。今日は、これで切り上げよう。私は、水浸しとなった運動靴が明日までに乾くかどうかを心配しながらターヌムスヘーデへと車を走らせ、今日の宿泊地であるグレッベスタードへと向かった。

雨上がりの薄日にくっきりと浮き上がる線刻画

グレッベスタードは海に面した小さな町で、ヨットハーバーのある典型的なサマースポットである。私がグレッベスタードを訪問するのはこれが3度目である。最初は、数年前に西海岸を南下して友人とともにバードウオッチング旅行をしたときの出発点として、2度目は、やはりバードウオッチング旅行で西海岸を北上した際に友人がカヌーセンターでカヤックを買い求めたときである。

グレッベスタードには、高校と大学の中間的存在とも言える成人学校の「フォルク・ヘーグスクーラ（Folkhögskola）」がある。最初の訪問時には、ここに私の知り合いである神戸在住の日本人女性が留学していたこともあってこの学校に一晩泊めてもらった。私は彼女を妹のように思っていたが、その彼女が私のことを「スウェーデンのお父さん」と友人達に紹介するのを聞いてがっかりしたことがあった。その1年後に彼女は神戸に帰ったため、今回、グレッベスタードで彼女に会うことはない。

車はグレッベスタードに入り、教会の横を通って坂道を海岸へと下っていった。成人学校を横目で見ながら坂道を下り切り、ヨットハーバーの横にある駐車場に車を停めた。西海岸の海水は、バルト海の汽水に比べて塩分がかなり高いが塩の匂いはまったくしない。すでに、ヨットハーバーにはヨットやモーターボートがたくさん繋留されており、本格的な夏の到来

グレッベスタードのヨットハーバー

を待っている。
　宿泊先であるグレッベスタード・ユースホステル兼ミニホテルは、ヨットハーバーのすぐそばにある。受付がある2階への急な階段を上がると1人のおじさんがいた。メールで部屋を予約してある旨を告げると、「ターヌムの窓会社に来たんですか？」と尋ねてきた。「ターヌムの窓会社？」
　おじさんの説明によると、ターヌムには窓を専門に製造している会社があり、そこによく日本人が買い付けにやって来てここに泊まるそうだ。最近では、身近な製品として北欧家具やガラス工芸品だけではなく、家やログハウスまでもが日本に輸出されているらしい。
　オーナーであるこのおじさんは、25年前に夫婦で日本に行ったことがあると話し出した。1か月ほどにわたって日本全国を旅行し、「民宿が特に気に入った」と言っていた。
　廊下の中ほどにある私が泊まる部屋は2段ベッドになっていて、ドアの横に洗面所がついている。そして、トイレとシャワー室は廊下にある。雨で濡れた靴を脱いでシャワー室で足を洗うと、一種の解放感が味わえた。靴を廊下に出して靴下を洗って、窓際にある室温器にかけた。窓からはヨ

★4　汽水とは、塩分濃度が淡水と海水の間にある水のことをいう。口に含むとかすかに塩味がする。

ットハーバーがすぐそこに見えるが、鉛色の雲が重くのしかかっており開放的な夏のイメージはない。

　サンダルを取り出して、私はユースホステルの中を見て回ることにした。このユースホステルは、2階に客室およびトイレとシャワー室があり、3階にキッチンと食堂がある。

　ところで、スウェーデンのユースホステルを利用していると、そのスタンダードの高さにいつも感心する。電気調理器や冷蔵庫、冷凍庫、オーブン、電子レンジ、飲料用湯沸かし器、コーヒーメーカーなどはもちろん、大小食器類やグラス類などが十分に備えられている。洗面所、トイレ、シャワー室も、絶えず最新の設備のものに買い換えているようである。これは、ユースホステルにおいても普段の家庭生活とまったく変わらない生活ができるようにという配慮かららしい。

　天井が斜めになった大きな食堂は集会室としても利用できそうであるし、その片隅にはソファやテレビがあって、宿泊者達が食後にゆっくりできるようになっている。食堂はくすんだ緑青色でまとめられていて落ち着いた雰囲気があり、私はこのユースホステルが大変気に入った。

　ふとキッチンをのぞくと、女性2人と男性1人が料理をつくっていた。どうやら2組の夫婦のようである。彼らとの会話から、彼らがスウェーデン最南部のスコーネ地方から来たことはすぐに分かった。というのも、スコーネには特有の方言があるからだ。彼らも、私と同様ターヌムの線刻画群を見に来ていた。

　まだ濡れたままの運動靴に履き替え、私はユースホステルのそばにあるスーパーで翌日の朝食と昼食を買い求めた。この日の夕食をつくろうかとも思ったが、スウェーデンでは肉や魚が一人前のパックでは売っていないために外食をすることにした。日本のスーパーなら何でも簡単に揃うことを考えると、羨ましくも思う。

　グレッベスタードには、夏の観光客用のレストランが数多くある。私は案内地図を頼りにそれらのレストランを調べるために町へと向かった。学

校はすでに夏休みに入っているが、大人達はたいてい7月か8月に休暇をとるため、サマースポットであるグレッベスタードの町もまだ閑散としている。水温も今はまだ15～16℃程度だろうし、海水浴客（日光浴をしているほうが時間的にははるかに長い）も夏至祭以降にならないと来ないだろう。

　案の定、レストランはすべて閉まっていた。ようやく営業しているピザ屋が一軒見つかったので中に入った。もともとは夏の屋外で営業しているピザ屋であるために屋根はテント張りであり、気温が低いためか、外枠をビニールシートで取り囲んでいる。真夏の夕方なら観光客で満員なのだろうが、さすがに今夕の客は私1人であった。

　ピザは簡単につくれることもあって、スウェーデンでは中近東や東ヨーロッパ系の移民がよくピザ屋をやっている。注文を取りに来た中近東風のウエートレスに、クアトロ・スタギオーニ（Quattro stagioni、イタリア語で「四季」の意）とビールを注文した。この肌寒さの中でビールを飲むこともないが、まさか紅茶やコーヒーというわけにもいかない。私はウプサラで普段ピザを食べることはほとんどないが、旅行中にピザ屋に入ったときは必ずクアトロ・スタギオーニを注文し、スウェーデンにおけるクアトロ・スタギオーニの番付をつくっている。

　震えながらビールを飲んでピザを食べ、食後のコーヒーも飲み終わった。勘定を支払うとき、ウエートレスにどこの国の出身かと尋ねてみた。ピザをつくってくれたのはクロアチア出身の青年で、ウエートレスはイラン出身。彼女は高校生だが、夏休みになったのでこのピザ屋でアルバイトをしているということであった。ちなみに、このピザ屋のクアトロ・スタギオーニの点数は、おいしくもなくまずくもなしで60点であった。

　翌朝、食堂の窓際に座って朝食をとった。ユースホステルにはヨットハーバーに面した大きなベランダがあり、真夏にはそこに座って食事ができるらしいが、観光シーズンには少し間があるためかテーブルはまだ準備さ

れていなかった。朝の冷気の中でカモメ（学名：Larus canus）やアジサシ（学名：Sterna hirundo）の叫び声を聞きながら朝食をとると、否応なしに海に来たという気持ちになる。食堂には宿泊客が三々五々やって来て、それぞれが朝食の準備をしている。ユースホステルは、原則としては自炊であるが、観光シーズンには朝食が食べられるベッド・アンド・ブレックファースト（B&B）形式のユースホステルもある。

　朝食後、荷物をまとめて部屋を掃除して出発の準備をした。昨晩室温器の上に置いておいた靴も何とか乾いてくれたようだ。これで、靴の悪臭が避けられる。

　ユースホステルの受付はまだ閉まっており、部屋の鍵をキーボックスに放り込んで外に出た。少し青空も見えるが、何か不安定な天気である。今日もまたにわか雨に見舞われそうだ。

　ヴィートリッケ村の博物館は午前10時にオープンする。まだ少し時間があるので、私はヨットハーバーを散歩することにした。私は生物に興味があるので、水際に来ると必ず水中や水底をじっくりと観察することにしている。そう言えば、遠藤周作さんが『狐狸庵閑話』（講談社、1980年新装版）の中で書いていた面白い話を紹介しよう。

　遠藤さんが小さかったころ、アリの行列を長時間にわたってじっと見ていると、お母さんが「この子は非常に生物に興味があるらしい。将来、生物学者にしよう」と言われたらしい。しかし、本人が言うには、「自分で動き回るのが邪魔くさいので、動いているものをじっと見ていただけの話」ということであった。ひょっとすると、私も同じかもしれない。

　グレッベスタードからターヌムスヘーデを通ってヴィートリッケ博物館に向かう。まだ10時すぎであったが、すでに駐車場には数台の車や観光バスが停まっていた。博物館の入り口ホールは天井が吹き抜きになっており、大きくて明るい空間が気持ちよい。その館内には、考古学研究室やレストランも備わっている。私は受付カウンターで入場券を買い、線刻画群の

ヴィートリッケ村にある線刻画群博物館

　パンフレットをもらってアスペベリエット山とリッツレビー村への道を調べた。博物館の中は観光バスの団体で混雑していたので展示物は団体が帰ってからゆっくりと見ることにし、ヴィートリッケ村の線刻画群を見るために博物館を出た。

　ヴィートリッケ村の線刻画群のガイド案内が掲示されていたが、1人135クローナ（約2,300円）もするし、線刻画のモチーフの説明は岩のすぐ横に立っている案内板を読めば理解できるだろうと思って1人で見学に出た。ヴィートリッケ村の線刻画群は博物館とは道路を隔てた丘や山にあり、

ヴィートリッケ村の線刻画群

第1章　ターヌムの線刻画群

ターヌムの線刻画群の中では最大の線刻画群地域である。
　博物館を出て見学路を行くと、大きくてなだらかな花崗岩が丘の中腹に見えてくる。この岩は長さが22mもあり、約300のモチーフが彫り込まれているという。説明によると、この岩は世界で最も多くの人が見学に訪れる岩だそうだ。
　私が線刻画群のモチーフを見ていると、ガイドに連れられたグループがやって来た。言葉はスウェーデン語である。私はスウェーデン語がまったく分からない日本人観光客を装い、ガイドの話を盗み聞きすることにした。
「ボーヒュースレーン県には、現在発見されているだけでも線刻画群が彫られた岩の数が3,000あり、それらはいずれも、青銅器時代には航海が可能であった地区から発見されています」と線刻画群の説明をしたあと、ガイドは次のように言葉を続けた。
「当時は、現在よりも気候が穏やかで気温は約5度高かったようです。この辺りの人達は、主に農業や牧畜に従事していたようです。しかし、農作業のモチーフはアスペベリエット山にある唯一のモチーフを除いてはまったく彫られていませんし、家のモチーフもまったくないのです。ちなみに、青銅器時代のターヌム付近は海の湾でした。海や川のそばに線刻画群があるので、当時の人々は当然漁をしていたと考えられますが、不思議なことに魚が1匹も彫られていないのです。線刻画群には多くの舟が彫られており、ここにある最大のものは長さが2mあります。20〜30人の漕ぎ手が乗った舟も数多くありますが、帆船が1隻もないのが不思議です」

　彼はモチーフの説明を始めたが、結論から言えば、「何々を表しているらしい」とか「これは何々を描いていますが、それが何を意味しているのかは分かりません」という説明がほとんどであった。右のページで、この線刻画群にあるいくつかのモチーフを紹介することにしておこう。
　ちなみに、「ここには、獣姦のモチーフもあります」というガイドの説明があったので、それがどこにあるのかを私は質問したかったが、盗み聞

線刻画群のモチーフ

ひざまずく女性

線刻画には多くの抗争場面が描かれているが、横たわっている男の姿は一体も見つかっていない。しかし、このモチーフは例外で、死亡したと思われる男の枕元にひざまずく女性の姿が描かれている。

新郎新婦

ヴィートリッケ村線刻画群の中で最も有名なモチーフで、男性と女性が合体して描かれていることから「新郎新婦」と呼ばれている。その左で斧を高く振りかざしている男は、結婚を祝福する牧師である。

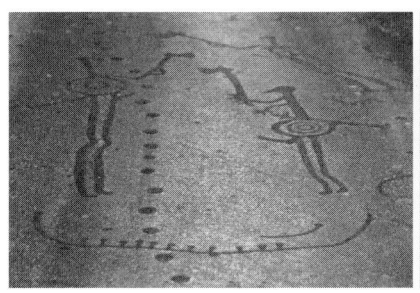

境界争いをする男達

このモチーフは縦に並ぶ小さなカップマークの境界線をはさんで2人の男が斧で争う姿だと説明されているが、青銅器時代には今日のような境界線がなかったため、抗争説を疑視する意見もある。

非常に長い棒を持った男

この非常に長い棒（槍）を持った男は、これから狩りに出掛けるのだろう。

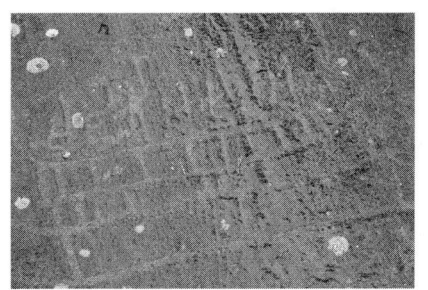

斧を掲げ、青銅器のホルンを吹き、オールを高く持ち上げているこのモチーフは葬儀だと考えられる。青銅器時代の人達は、死の世界への旅立ちを舟旅と考えていたようだ。

舟の上の男達

第1章　ターヌムの線刻画群

きをしていることもあってそれはやめた。また、「岩に線刻画を彫るのにどれくらいの時間がかかるんですか？」という観光客からの質問には、「多くのカップマークが彫られていますが、硬い石を使って彫った場合、直径2cmぐらいのものなら約10分、岩が濡れていればもう少し短時間で彫ることができます」と答えていた。

　私は、この丘の横にある山中の線刻画群へと向かう見学路を登ることにした。この見学路は所々に急なアップダウンがあるため、ここを訪れる人があまりいない。

　私は、白樺とモミの木が新鮮な香りを放つ初夏の林を歩いた。クロウタドリ（学名：Turdus merula）やムシクイの一種であるチフチャフ（学名：Phylloscopus collybita）が私を歓迎するかのように歌い続け、耳を楽しませてくれた。

　見学路の軟弱な部分には砕かれた木片が敷かれているので雨の日でも大丈夫である。しかし、雨水が流れているなだらかな傾斜の岩がそのまま見学路になっているところもあり、湿っている地衣類で滑って2度も転びそうになった。

　私は山を下り、ヴィートリッケ村の博物館の展示物を見に行くことにし

木片が敷かれたヴィートリッケ村の見学路

た。どうやら、先ほどいた団体客は去ったようである。展示場に展示されている青銅器時代の出土品を見て回り、説明を読んでいった。白木の床の展示場は、3000年前の出土品を展示するよりは近代美術館として利用するほうがはるかに適しているように思えるモダンな建物である。

「博物館は薄暗いところ」という先入観が私にあるのかもしれない。それに、博物館や美術館は疲れるところである。私が精神を集中できるのはせいぜい1時間が限度で、かつて行ったパリのルーブル美術館やロンドンの大英博物館も結局は疲れに行ったようなものである。ロシアのサンクトペテルブルグのエルミタージュ美術館にも一度は行ってみたいと思っているのだが、展示美術品の数が膨大らしいので二の足を踏んでいる。

ヴィートリッケ村の博物館裏には青銅器時代の村が造られていて、中が見学できるようになっている。藁葺き屋根が地面にまで垂れている家の中に入ると、中央には囲炉裏があり、その真上の梁には熊の毛皮が風呂敷を広げたように吊ってある。まさか単なる飾りでもないだろうし、こんな形で毛皮を何に使ったのだろう？

出入口を除き、部屋の周囲には囲炉裏を取り囲むように壁に沿って木の台が長椅子のように据えられており、羊や鹿の毛皮が敷いてある。当時の

ヴィートリッケ村の博物館裏にある青銅器時代の村

第1章　ターヌムの線刻画群

家族は多人数で、この家では少なくとも15〜20人が座ることができそうである。しかし、寝るときにはどうしていたのだろうか？　囲炉裏があるとはいえ、地面の床でごろ寝をするというのはさぞ寒かったことだろう。
　私は再び博物館に戻り、受付横の土産店で青銅器時代や線刻画群に関する本を開いてみた。ふと見ると、掲示板に満月の夜の線刻画群のガイド案内が貼ってあり、私の目を引いた。線刻画の彫り目が月の光で浮かび上がってくるのを想像し、「さぞかし美しいだろう」と考えていると研究室から1人の青年が出てきた。さっきガイドをしていた青年である。私の存在に気付いていたとも思えないが、私は盗み聞きをしていたことに気が引けて目があわないようにして博物館を出た。

　にわか雨の中を、次の目的地であるアスペベリエット山へと向かった。ヴィートリッケ村からは1 kmもない。道路に面した駐車場からは、新緑の小高い丘の木々の間から顔を出しているなだらかな花崗岩が見えた。
　線刻画群への木の階段を上り始めると、この岩の上と左半分に石で押さえた大きなシートが置かれているのが見えた。説明板には、「線刻画群のある岩が、ここ数年、車や工場からの排気ガスを含んだ酸性雨や酸性雪の影響で風化が激しく、このままでは次世代に岩を残すことができないという危険があるため、アスペベリエット山では観光シーズン中だけシートを取り除いて公開している岩もあるが、土や砂で岩を覆い、さらにその上にシートを被せて完全な保護をしてまったく公開されない岩もある」と書かれていた。
　青銅器時代に描かれ、3000年もの長きにわたって風雪や雨、地衣類に耐えてきた岩が、人間が石油に依存したために、歴史的に考えれば一瞬のうちにして風化しつつある。この先、これらの岩に生き残る道はあるのかと考えると、残念なことだが私には悲観的な答えしか浮かんでこなかった。
　「線刻画群にしては珍しく農業をモチーフにしたものがアスペベリエット山にはある」とヴィートリッケ村のガイドが言っていたし、ここの説明板

線刻画群が描かれた岩の風化を防ぐために一部がシートで保護されている

にもそのように書かれている。私は、岩に彫られた線刻画群を注意深く観察することにした。大小多くの舟があり、斧を振りかざしている男達がいる。そして、がっしりとした雄牛達。

　上の写真の右上には数頭のがっしりとした雄牛達が描かれており、そのすぐ下には2頭の牛に鋤を引かせて土を掘り起こす男の姿が見られる。専門家達は、これは豊饒な土地への儀式であると説明している。ここに描かれている形の鋤は実際に出土品として発掘されており、ごく最近まで使用されていた鋤の原型だと言われている。残念ながら、モチーフがシートのすぐ下にあって写真を撮ることはできなかったが、この岩には、いくつもの手が描かれた円を2人の女性が支えているモチーフがある。この円は太陽、そして手は光を示し、これは儀式を司る2人の女神または女性牧師を描いたものではないかと説明板に書かれていた（次ページの写真参照）。

　アスペベリエットの線刻画群には、非常に大きな手をした男の姿がある。手の上には7個ずつ4列に彫られたカップマークがあり、さらにその上には1個、そして足元にも1個と合計30のカップマークが描かれている。専門家達は、これは当時のカレンダーではないかと推測している。なるほど、そういう考え方もあるわけだと思いながら見学路をさらに行くと、全体が

第1章　ターヌムの線刻画群　27

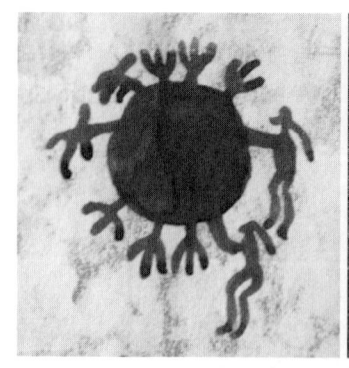

２人の女性が支える円　　　　青銅器時代のカレンダーと推測される線刻画

黒のビニールシートに覆われて完全保護状態になっている岩があった。本来なら説明板にあるような線刻画群が見られるのだろうが、このシートが取り除かれ、この先、観光客がこの線刻画群を見ることが果たしてあるのだろうかと思いながらにわか雨の中を駐車場へと戻った。

　私は、世界遺産ターヌムの線刻画群の最後の目的地であるリッツレビー村の位置を地図で確かめてそこに向かった。主道路から右折すべきＴ字型交差点には「線刻画群」と書かれた道路標識が立っていたので、道を間違うこともなく10分後にはリッツレビー村の駐車場に到着した。
　時計を見ると、すでに午後１時半近くになっていた。腹も空くはずである。幸いにして雨も止んでいる。私は昼食（といっても、昨日買ったパンとハム、チーズで今朝ユースホステルでつくったサンドイッチ）とお湯の入った魔法瓶をリュックに入れ、駐車場のすぐ横に見えている線刻画群へと足を進めた。
　リッツレビー村の線刻画群の見学路も、見学者に親切で優しく造られている。歩行器や車椅子でも見学が可能なように緩やかな角度になっているし、床に木が敷かれた見学路は線刻画群の岩の上にあり、間近から観賞できるようにもなっている。
　見学路を行くと、槍を右手に持った非常に大きな像が目に入った。この

リッツレビー村の線刻画群の見学路

像は今までに私が見た最大のもので、2.35mもの大きさがある。それもそのはずで、この「槍神（**Spjutguden**）」[★5]と呼ばれる線刻画は世界最大のものだそうだ（口絵2ページの写真を参照）。

「槍神」は青銅器時代の中期（BC1200〜BC1000）に彫られたものらしい。これは埋葬の仕方が土葬から火葬へと移行した時期であることから、学者によってはこのころに大きな宗教変化が起こり、この「槍神」のように、ほかの神の上に大きく彫られるほど大きな影響力をもつ神がでてきたと考えている。

この線刻画群には80隻以上の舟が彫られている。その中でもソリのような形をした2隻の舟はひときわ大きく見える。これら2隻の船首と船尾には、舟枠と舟底とを結ぶかのように丸い盾のような印（しるし）が彫られている。あの印は何の象徴なんだろう？

説明板を読むと、青銅器時代や鉄器時代の宗教が次第に明らかになってきた。そうか、そうだったのか。私は人の言うことをつい鵜呑みにしてしまう悪い癖があるのだが、まさか文化財保護委員会の説明文に嘘はないだろう。

説明文によると、舟の丸い部分には削り取らずに残されているところが

★5 「Spjut」は槍、「gud」は神を意味する。

あり、それらの数は 7、9、13 箇所になる。これは、青銅器時代後期から鉄器時代初期の墓が 7、9、11、13 個の石を並べて造られていたことと関係があると考えられ、青銅器時代や鉄器時代の豪族と思われる人達の墓が舟形に石を並べて造られていたこととも関係がありそうだ、という。

　そう言えば、私はエーランド島やゴットランド島で舟形に石を並べて造られた墓を何度か見たことがある。つまり、舟は死の世界への旅を意味し、線刻画群に彫られた多くの舟も葬儀を意味しているのだ、という。

　この大きな岩から先にも、見学路が松林の中へと続いている。しかし、そこは急な坂になっており、見学路の親切もここで終わっている。私はこの坂道を上って、岩の上に大きな石が車止めのように置かれている線刻画群へとやって来た。私はこの線刻画群横の平らな石に座り、昼食をとりながらターヌム地区で見た線刻画群を振り返った。これからあと何年くらい、ターヌム地区の線刻画群がアスペベリエット山の線刻画群のようにビニールシートで覆われることなく観賞できるのだろうか。

　リッツレビー村の駐車場の掲示板で読んだ説明文がふと頭に浮かんだ。
「危機にさらされている世界遺産：将来、何世代にもわたって線刻画群を保護することができる手段はただ一つ、それは大気汚染を減少させることです」

リッツレビー村の坂上の松林にある線刻画群

第2章 グリメトーンの電波局 (Grimeton)

ユネスコによる登録基準　文化遺産
（ⅱ）　ある期間、あるいは世界のある文化圏において、建築物、技術、記念碑、都市計画、景観設計の発展において人類の価値の重要な交流を示していること。
（ⅳ）　人類の歴史の重要な段階を物語る建築様式、あるいは建築的または技術的な集合体、あるいは景観に関する優れた見本であること。

登録年度　2004年

世界遺産委員会による登録理由　ヴァールベリーにあるグリメトーン電波局は第一次世界大戦後の通信技術の発展段階を顕著に示す貴重な足跡を現在に留めている。またグリメトーン電波局は1920年代初期の電波通信施設が非常に良く保存されているばかりか、その後30年に渡る施設の発展が克明に記録されている。

グリメトーン電波局のアンテナ鉄塔

スウェーデン西海岸に位置するハッランド（Halland）県ヴァールベリー・コミューン（Varberg kommun）にあるグリメトーン電波局が、2004年、世界遺産に制定されたことを知るスウェーデン人は少ない。というより、「グリメトーン」という名前さえ聞いたことがない人が多いだろう。しかし、そんな人でも、西海岸を車で走行した折に6基の巨大な鉄塔を見なかった人はいないだろう。
　ノルウェーの首都オスロからスウェーデン第2のコミューンであるヨーテボリ、そして第3のマルメ（Malmö）をほぼ海岸線に沿って結ぶヨーロッパ道路6号線（E6）を南下し、車がヴァールベリーを過ぎると左手にとてつもなく巨大な6基の鉄塔が目に飛び込んでくる。それもそのはずで、鉄塔の高さは127 mもあり、アンテナ線を垂直に引き上げている鉄塔最上部の水平腕の長さも46 mある。これが、スウェーデンで13番目に世界遺産に制定されたグリメトーン電波局のアンテナ鉄塔群である。
　私がこれらの鉄塔群を初めて目にしたのは、数年前、友人とともに野鳥観察のためにヴァールベリーを訪れたときであった。そのときは、単に鉄塔群の大きさに感心しただけであったし、友人もそれが何の鉄塔であるのかを知らなかった。
　その後も数回にわたってこのあたりに野鳥観察に来たが、そのたびごとに畑の中に聳え立つ鉄塔群の大きさに圧倒されたがそれ以上の興味をもつことはなかった。
　しかし、2004年7月、グリメトーン電波局が世界遺産に制定されたと聞き、今までのようにただ遠くから眺めているだけではなく実際に電波局を見学してその歴史を知り、現在も使用可能な状態で保存されているという設立当時のままの通信装置類を見てみたいと思い出した。

　2004年11月上旬、私はまたしても西海岸に2人の友人と野鳥観察に行き、グリメトーン電波局を初めて訪れた。しかし、電波局の入り口は閉まっており、1枚の看板が立っていた。

「グリメトーン電波局は2004年世界遺産に制定されました。中を見学できるよう、現在、内部を改装中です。2005年7月に再オープンします」

そのため、この日は電波局の建物を外から眺めるしかなかった。せっかくここまでやって来たのに、もう一度出直しをしなければならないのか……と思っているときにふと視線をずらすと、自動車用の門の横に狭い歩行者専用の門があった。その門を通って、私達は敷地内へと入った。

グリメトーン電波局

観光シーズンはもうすでに終わっている。しかも、改装工事のために電波局が閉鎖中であることを知っているのか、電波局の中には人影がなかった。

グリメトーン電波局の今日の活動状況をまったく知らない私は、ここは過去の装置を展示するだけの博物館なのだろう、と勝手な想像をしていた。しばらくの間、敷地内を歩き回り、扉が閉まっている電波局の建物や巨大な鉄塔にも行ってみた。鉄塔を支える4本の足の真ん中に立ち、鉄塔の頂部を真下から眺めると首が痛くなった。

真下から見上げた鉄塔頂部

年が明けて2005年に入り、私はグリメトーン電波局のホームページを開いて、見学案内がアップデートされているかどうかを調べた。そして、5月上旬のアップデート版で「6月1日からグループ案内を開始する」という記事を見つけた。しかし、私一人でグループを形成することはできない。そこで私は、6月中旬にグリメトーン電波局を見学したいが、個人で見学

が可能かどうかを電子メールで問い合わせた。

　電波局からは、私が送ったメールをハッランド県の博物館員であるヨスタ・エーボーン（Gösta Öborn）さんに転送した旨の返事が届いた。数日後、見学に関しての責任者であるエーボーンさんから「個人的に案内する」という返事が届いた。しかし、それからが大変であった。

　私はウプサラの中学校で物理も教えていたが、それほど物理学に興味があるわけでもなかったので電波局の歴史や通信装置類、長波通信の知識がまったくない。これでは、恥をかきに行くようなものである。しかも、専門的な話になったときに通信関係の専門用語を知らなければエーボーンさんが説明する内容にもついていけないだろうし、もちろんのことながら適切な質問もできない。私は、グリメトーン電波局や長波に関する多くの資料をインターネットからダウンロードし、付け焼き刃的に知識を頭に放り込んで質問集をつくることにした。

　ちなみに、私がダウンロードしたグリメトーン電波局の歴史を簡単にまとめておくと以下のようになる。

　スウェーデンでは、第1次世界大戦（1914〜1918）以前、アメリカへの通信は大西洋の海底に引かれたケーブル線を利用して行われていた。しかし、第1次世界大戦で多くのケーブルが損傷を受け、自国のケーブルをもたないスウェーデンはアメリカとの通信が思うようにできないことにいら立ちを感じ、他国に依存することなく通信ができる電波局建設の必要を考えていた。そこで、第1次世界大戦末期に、スウェーデン第2の湖であるヴェッテン湖西岸に電波局を建設して電波通信を開始した。しかし、そこから発信される電波ではヨーロッパとの通信はできてもアメリカの東海岸とは通信ができなかった。

　第1次世界大戦後、アメリカとの政治的および経済的なつながりを重く見たスウェーデン国会は、1920年、アメリカとの交信ができる電波局の建設を決定した。大西洋を越えてスウェーデンからアメリカへと自国のケー

ブルを引くことも検討されたが、それには莫大なコストを要するうえに、再び戦争が勃発すればまたケーブルが損傷を受けて交信が不可能になる恐れがあった。そこで選択されたのが、長波を使った交信方法であった。そして、西海岸ヴァールベリーのグリメトーンに送信所を、またヨーテボリ南郊外のクングスバッカ（Kungsbacka）に受信所を建設することにした。

グリメトーンが送信所に選ばれたのは、その位置がアメリカ東海岸への送信に適していたからである。長波送信は、地表近くで行われなければならない。なぜなら、長波を電離層に向けて送信した場合、電波は電離層下部（E層と呼ばれる）で反射されて減衰が大きく、大西洋を越えてアメリカまで到達しないからである。そのため、スウェーデンからアメリカに電波を送るには、スウェーデンの西海岸からノルウェーの南、そしてデンマークおよびスコットランドの北を通って障害物のない大西洋上を送信するのが最善の方法であった。

1922年11月に電波局の建設が始まったが、当時の金額で485万クローネ（現在に換算すると数十億円とも推定される）を費やす大工事となった。そして、1924年に電波局が完成し、12月1日から電波局の使用と試験送信が始まった。送信シグナルはSAQ、周波数16.7キロヘルツ（kHz）、波長18.6 kmであった（のちに、周波数は17.2 kHz、波長17.4 kmに変更された）。そして、翌年の1925年7月2日、当時の国王グスタフ5世（1858～1950、在位1907～1950）を迎えて開局式が行われた。国王は当時のアメリカ大統領カルビン・クーリッジ（1872～1933、在1923～1929）にモールス信号を送り、ここに電波局が正式に開局された。

グリメトーン電波局が開局された当時、この不思議な施設に関しては、今から思えば笑い話になるようなことが付近の農民達の間で信じられていたそうだ。電波局（Radio station）をラジウム局（Radium station）だと信じていたとか、アンテナ鉄塔の付近を歩く牛の尻尾は直立し、尻尾と鉄塔との間にはパチパチという音を立てて放電が行われると言う者や、アメリカにまで届くような長い放電ができるはずがないと言う者、さらには、そ

のような長い放電で送られる電報では誰の目にも映ってしまって秘密の内容がみんなに読まれて秘密ではなくなってしまうと真面目に考えている者もいたという。また、一般市民の間でも、この施設で電波通信が始まると鉄塔上空に絶えず雷雲が発生し、そこから鉄塔に放電されると信じられていたという。

　グリメトーン電波局には2基の送信装置が設置され、装置は1か月交代で使用された。その送信装置は、安定した性能で信頼のおけるものであったため、スウェーデンから南北アメリカ大陸への通信のほとんどがこの電波局を通じて行われるようになった。

　しかし、1938年に真空管による短波通信が始まり、長波通信は次第にその補助的な役割を果たすにすぎなくなってしまった。そして、第2次世界大戦が始まって短波通信の需要が急激に伸びることによって長波通信はほとんど使われなくなってしまった。とはいえ、長波には短波にはない特質があるため、細々としてではあるが生き残ることができた。それは、長波が水面下にも達することから潜水艦との通信に使用されたのである。

　そして、1950年代末期には、テレビ放送やFM放送送信装置がグリメトーンに導入されることになった。これらの装置は長波通信装置を撤去することなくアンテナ鉄塔に近い小さな建物に設置されたため、旧電波局は幸いにも生き残ることができた。しかし、1960年には2基あった長波送信装置の1基が解体され、その跡に2基の短波送信装置が設置された。まさに世代交代である。そして、1965年には電波局新館が新たに建設され、旧電波局は1960年代当時のままで保存されることになった。

　私は見たことがなかったが、かつて日本にもグリメトーン電波局以上の規模をもった送信所があったようだ。愛知県刈谷市にあった依佐美送信所である。1929年に運用開始となったこの長波送信所は、敷地面積6.6ヘクタール（ha）、250mの高さの鉄塔が8基、アンテナの長さ1,760m、出力500キロワット（kw）という巨大な通信施設であった。

第2次世界大戦後はアメリカ軍の極東における潜水艦通信の最重要通信施設として使用されたこの送信所も、1994年に設備の撤去作業が始まり、アンテナ線や鉄塔などの設備もすでに撤去されてしまったと聞いている。日本の近代通信技術史の1ページを飾る遺産として、依佐美送信所がグリメトーン電波局と同じように稼動できる状態で保存されなかったことを残念に思うのは私だけではないだろう。
　旧電波局の長波送信装置が今日まで稼動可能な状態で保存されてきたのは、1996年に形成されたグリメトーン・ベテラン電波友の会「アレキサンダー（Alexander―Grimeton Veteranradios Vänner）」の努力の賜物である。このベテラン電波友の会は、元職員達や通信技術史、産業文化史に興味をもつ人達によって結成され、長波送信装置の保存や文献化に努めるとともに、送信装置を常に稼動状態に保つことを目的としたボランティアグループである。ここの長波送信装置は唯一世界に残された1920年代当時のものであり、しかも今日においても稼動が可能だと聞くと、電波技術史に疎い私も「アレキサンダー」の会員達の努力と熱意には敬服せずにはいられない。

　6月15日、エーボーンさんとの約束の日である。私は、前夜の宿泊地であるヴァールベリー野鳥クラブのクラブハウスから約10 km内陸にあるグリメトーン電波局へと向かった。実は、午後1時に電波局を訪問するという約束を取りつけていたが、少し早めに行ってあたりの雰囲気を味わってからエーボーンさんを訪ねようと考えて正午前にクラブハウスを出た。
　ヴァールベリーの町の中心部を少し離れると、古い大きな木造家屋が立ち並ぶ静かな住宅街である。スウェーデンの小さな町では、手入れの行き届いた古い木造家屋が今日も多く残されており、生活テンポが緩やかだった古き良き時代を彷彿させてくれる。
　私は、町のはずれからグリメトーンへと向かう田舎道を走った。快晴の田舎道は静かで対向車もまったくない。電波局に到着した私は駐車場に車

を停めて降りようとすると、スウェーデン人にしては小柄なおじさんが駐車場のそばにある平屋建ての電波局の別館に入ろうとしているところであった。今日においてもこの電波局には多くの人が勤務しているわけだから、このおじさんがエーボーンさんであるとはかぎらない。

　しかし、私のほうを見やって近づいてきたこのおじさんがエーボーンさんであった。そして、「ちょうど今から老人クラブのガイドをすることになったので、よかったら君もそのグループに入ってくれないか」と言った。私は感謝し、その仲間に入れてもらうことにした。

　エーボーンさんは、私がスウェーデンの世界遺産を一人で歩き回り、のちにはその紀行文を本にしようと考えていることを老人グループに話して私を紹介してくれた。そのとき、誰からとなく拍手が起こり、嬉しさと同時に少し照れくさくも感じた。

　エーボーンさんは、世界遺産のグリメトーン電波局の紹介を次のように話し始めた。

　「スウェーデンの世界遺産は13か所あり、最後の13番目に登録されたのがこのグリメトーンです[1]。みなさんは、13か所すべてをご存知ですか？」

　老人達は思い思いの世界遺産を挙げ始めたが、10か所目で壁に突き当たってしまった。13か所中の10か所。審査員となった私は、老人達のと知識に合格点をつけた。エーボーンさんが残る3か所を説明すると、老人グループの一人が私に尋ねた。

　「君は、13か所すべてを回ったのかい？」

　「はい」

　「へえーっ‼」

　男女あわせて12人の老人グループは昔からの友人らしく、和気藹々としていた。

　「グリメトーン電波局の紹介DVDが完成しましたので、中を案内する前にそれをみなさんに見ていただくことにします」と言ったかと思うと、エ

ーボーンさんはすぐさまスイッチを入れた。

　この映像は、電波局の建設当時から今日に至るまでの歴史や通信装置類、そして長波送信装置の開発者であるアレキサンダーソン（46ページで詳述）の紹介などを当時の映像や写真をもとにして約20分にまとめた貴重なものである。私が用意してきた質問の多くが、この映像を観て解決してしまった。そして、DVD を観終わった後、私達は快晴の庭に出て、鉄塔やアンテナ、電線、コイルなどの外部施設の説明を受けた。

　本格的な観光シーズンを前にして新しい芝生を造成している庭を通って、私達は本館の入り口へと向かった。エーボーンさんが本館の扉を開け、彼のあとに続いて本館の中へと入った。中には、発電所のタービンを思わせる黒光りをした大きな機械類や整頓されたパネル装置が床に設置されていた。まず、機械類の大きさと、見るからに頑丈そうな造りに驚かされた。「1920年代にアメリカのジェネラル・エレクトリック社で製造された機械類や部品類は、大西洋を越えて航路スウェーデンに輸送され、この本館内で組み立てられて設置されました」と、エーボーンさんは説明した。

　私達は、電波局の心臓部である電気モーターや増幅器、高周波を発生させるアレキサンダーソン発電機、電気モーターの回転数を制御する液状抵抗装置など、それぞれの機械部分の前でその働きの説明を受けた。操作パネルの前でも説明を受けたが、そこにある大小のスイッチの数に圧倒された。こんなにスイッチがあったら、一朝一夕にそれらの位置が理解できるはずがない。そして、このような機械類やパネル装置がいかにも電波局といった感を与える大きさに比べて、送信内容を打ち出すモールス信号器はあまりにも小さく、オモチャのように思われた。

　私達は館内に雑然と並べられた椅子に座って、グリメトーン電波局と世

★1　2005年7月、ヨーロッパ10か国にわたるストゥルーヴェの子午線弧が世界遺産として登録された。そして、その一部がスウェーデンを通ることから、このストゥルーヴェの子午線弧がスウェーデン第14番目の世界遺産として追加された。世界遺産ストゥルーヴェの子午線弧については第14章を参照。

アンテナ線を支える末端部

電波局案内のDVDを見る見学者達

高さが127メートル、水平腕が46メートルの鉄塔

コイル

アンテナに電流を供給する電線

電気モーター　　　　　　　　　　　　増幅器

アレキサンダーソン発電機　　　　大きなパネルと机の上に置かれたモールス信号器

電気モーターの回転数を制御
する液状抵抗装置

第 2 章　グリメトーンの電波局

界の電波局との交信網の説明を受けた。この交信網の中には日本も含まれていたが、そこは、どうやら先に紹介した対ヨーロッパ無線通信発祥の地である依佐美送信所のようであった。

「では、実際にどのような手順で機械を操作していったのかを音とともに説明しましょう」と言って、エーボーンさんは音響装置にスイッチを入れた。

スピーカーからは、操作パネルのいくつかのスイッチを入れる音とともにとてつもない発電機の騒音が流れてきた。少なくとも100デシベル（dB）はある、と思われるものすごい音である。それもそのはず、高周波発電機は時速650 km で回転して200 kw の電力をつくり出しているのである。エーボーンさんはマイクを使って説明を行ったが、彼の声はスピーカーから流れる発電機の騒音に掻き消されてしまって、いったい何を説明しているのかまったく聞き取れなかった。

しばらくして、エーボーンさんは音響装置のスイッチを切った。ああ、何という静けさ！　老人クラブの一人が「スピーカーの音量はガイド案内用に大きく設定されているのですか？」とエーボーンさんに質問した。

それに対して、エーボーンさんは次のように答えた。
「これが、発電機稼動時の通常音です。電波局の人達は、この騒音の中で 2 人 1 組が12時間シフトで働いていました」

まさか！　私なら 1 分でもこの騒音に堪えられないというのに、12時間も！　当時は、騒音による難聴やストレスなどに対する配慮がまったくなく、騒音対策もされていなかったという。元電波局員達が難聴に悩まされたことはまちがいない。

開け放たれていた本館のドアを通って、1 組の中年夫婦が入ってきた。見るからにドイツからの観光客である。すると、エーボーンさんは躊躇することなくドイツ語で説明をし始めた。どこに行っても、ガイド案内をす

る人達の語学能力には敬服するばかりである。

　老人グループの見学が終わった。彼らはエーボーンさんにお礼を言い、私に対しては「頑張って世界遺産の本を書いて、日本にスウェーデンを紹介して下さい」という励ましの言葉を投げかけてくれた。

　その後、私は約1時間にわたってエーボーンさんに質問をすることができた。すぐに答えられない質問に対しては、あちこちから本を探し出してきてはページをめくって真剣に回答をしてくれた。ひと息ついたとき、エーボーンさんは「珍しいものを見せてあげよう」と言って、事務室から1冊の古い黒表紙のアルバムを持ってきた。それは、グリメトーン電波局の着工から開局式に至るまでを詳細に記録した、ある地元カメラマンのプライベートアルバムであった。

　電波局に寄贈されて保管されているこの貴重なアルバムには、建設前の畑地の風景から始まり、整地、鉄材の搬入、鉄塔建設、現場労働者の仕事の様子、鉄塔水平腕に座る労働者達、電波局の完成、国王グスタフ5世やアレキサンダーソン氏を迎えての開局式に至るまでの全プロセスが写し出されており、1ページ1ページにグリメトーンの歴史が秘められていた。と同時に、カメラマン家族の写真も多数含まれており、それらが妙に微笑ましく感じられた。

　私とエーボーンさんが話し合っていると局長のステッラン・ニルソン（Stellan Nilsson）さんが通りかかり、「君もヘリコプターで飛ぶのかい？」と私に尋ねてきた。

「ヘリコプター？」

　ニルソンさんの話をよく聞いてみると、2005年2月に日本のTBSテレビのクルーがグリメトーンにやって来て、電波局を1週間にわたって撮影していったらしい。そのとき、夕日に映える鉄塔群を空から撮影するためにヘリコプターをチャーターしていたらしいが、ずっと天気が悪く、イメージした映像を撮るのは無理だと諦めたようだ。しかし、最後の日の夕方になって西陽が射し、急きょまたヘリコプターをチャーターして、夕陽に

TV-TEAMET. De japanska dokumentärfilmarna är samlade både framför och bakom kameran. Minoru Kusakabe, producent. Daisuke Kuoda, fotograf. Takuo Jozuka, videotekniker. Junichi Nakamura, kameraassistent.

Världsarvet i Grimeton blir japansk tv-dokumentär

日本のテレビ TBS のグリメトーン電波局取材を伝える地元新聞

映える鉄塔群を空から撮影したらしい。

　ご存じの通り、テレビチームには「ソニー」がスポンサーとして付いている。一方、私の旅行は、言うまでもなくスポンサーなどまったくない低費旅行であるため、ニルソンさんが言うようなことは夢のまた夢であった。「私は、この地域の学校に、電波局をもっと教育の場として活用して欲しいのです。ここには、歴史、地理、電気、工学などあらゆる教育分野に関係することがありますので、幼稚園児から大学生に至るまでの教育プログラムを作成しようと思っています」と、エーボーンさんは博物館員としてのヴィジョンを私に語った。

　私は、公立中学校の教員として、これまでにウプサラやストックホルムの博物館には何度も生徒達と見学に行っている。多くの場合、大人相手にはうまく説明できても子ども達が対象となるとなかなかそうはいかない。ガイドの説明が中学生達には難しすぎて、興味を起こさせるはずの見学が逆に興味をなくしてしまうということがこれまでにも多々あった。しかし、今日のガイドを聞いて、エーボーンさんの説明は子ども達にとって最高の

現在も改装工事中の電波局の庭

ものであると私は確信した。

　エーボーンさんは、「君が次にここに来るときには、また一つ新しい建物ができているよ」と言って、私をまだ工事中の見学ホールへと連れていってくれた。見学ホールには吹き抜けとなっている大きな空間があり、ここで軽食がとれるようにするらしい。
　このあと私は、長時間にわたってガイド役を務めてくれたエーボーンさんに感謝し、電波局を去ろうとしたときに彼からプレゼントをもらった。そのプレゼントとは、さっき観た素晴らしいDVDであった。

　現在のグリメトーン電波局について書き添えておこう。
　1965年、短波通信やFM放送の中継局として電波局の新館が建設されて長波通信局としての任務は終わった。しかし、先にも書いたように、長波には水中でも交信できるという利点があることから、電波局は海軍の潜水艦用の通信局として生き残ることができた。当初は海軍と5年契約を結んでいたが、現在では1年ごとに更新され、主に西海岸を航行する潜水艦との交信に利用されている。
　電波局の維持管理には膨大な費用が必要となる。国からは、世界遺産に

登録された2004年から4年間にわたって年間75万クローナ（約1,100万円）の補助金が出されることになっているが、その後については新たに申請をしなければならないという。グリメトーン電波局は2004年7月に世界遺産に制定されたばかりであるため、それによる見学者数の変化を統計的に見ることはまだ無理だが、同年度には約7,000人の見学者があり、翌2005年度には10,000人の見学者を見込んでいるということだった。

　毎年7月の第1日曜日は、電波局の保存に努めてきたグリメトーン・ベテラン電波友の会「アレキサンダー」が開催する記念日となっている。この日は「アレキサンダーソン記念日（Alexandersondagen）」と呼ばれ、内外からの見学者で賑わっている。友の会の会員はスウェーデン語、英語、ドイツ語で電波局のガイドを行い、この日には、アレキサンダーソン発電機を実際に稼動させて、当時使用されていたベークライトのイヤフォンを耳に付けて「CQ CQ CQ DE SAQ SAQ SAQ =」で始まるモールス信号を世界に発信しているということだ。2004年のこの日には1,600人の見学者があったという。関心をもたれた方は、この会のホームページ（www.alexander.n.se）へアクセスをしてみてはいかがだろうか（英語版へのリンクが可能）。

　最後になったが、「アレキサンダー」という名前の由来を簡単に紹介しておこう。

　この名は、この電波局に設置されている長波送信装置の開発者であるエーンスト・アレキサンダーソン（1878～1975）からとったものである。スウェーデン人であった彼はアメリカに移住し、電波局建設当時はアメリカRCA（Radio Corporation of America）の主任エンジニアであった。もちろん、グリメトーン電波局の資料を読むまで彼の名前を耳にしたことはなかったが、彼は、生涯において電気や電子技術関連のパテントを344もとっている大発明家である。すでに、1924年に自分が書いた手紙をアメリカからスウェーデンに電波画像として送信する（無線によるファクシミリ）など、

ラジオやテレビ技術開発のパイオニアでもあったと知り、尊敬と驚きの念にかられている。

　彼が勤めていたRCAの研究所はのちにジェネラル・エレクトリック社（General Electric）の研究所となったが、そこでの46年間にわたる勤務の間に彼は313のパテントをとった。これは、平均すれば7週間に一つ新しいパテントをとったことになる。もう、驚き以外の何物でもない。そして、アレキサンダーソン氏が亡くなってから8年後の1983年、エジソン、ベル、マルコーニ、ディーゼル、フォードといった大発明家達が名を連ねている「アメリカ発明家殿堂（The National Inventors Hall Of Fame）」に殿堂入りを果たしている。

　私は、その後もエーボーンさんとメールのやり取りを続けている。グリメトーン電波局の近況や、ヴァールベリーを中心とした西海岸での野鳥観察がその主な内容である。

コラム　世界遺産切手シリーズ７

　1920年代初期に完成し、スウェーデン第13番目の世界遺産に登録されたグリメトーンの電波局は、当時のものとしては世界に唯一残されている今日においても機能している長波電波局である。

　グリメトーン電波局は近代無線通信の発達過程を代表するものであり、スウェーデン西部の最高建造物であるアンテナ鉄塔とともにユニークな技術史を物語る記念碑である。

記念切手として発行されたグリメトーン電波局

第2章　グリメトーンの電波局　47

2006年3月中旬、エーボーンさんから「6月末から7月初めにかけて、日本人観光グループのガイドをすることになった」というメールが届いた。私は、「それはおそらく、日本で放映されたグリメトーン電波局の紹介番組を観て感動し、見学を思い立った人達のグループだろう」と、エーボーンさんに返信メールを送った。

軍港都市カールスクローナ (Karlskrona)

第3章

ユネスコによる登録基準　文化遺産
（ⅱ）　ある期間、あるいは世界のある文化圏において、建築物、技術、記念碑、都市計画、景観設計の発展において人類の価値の重要な交流を示していること。
（ⅳ）　人類の歴史の重要な段階を物語る建築様式、あるいは建築的または技術的な集合体、あるいは景観に関する優れた見本であること。

登録年度　1998年

世界遺産委員会による登録理由　カールスクローナは、他の国々の施設に着想を得、ヨーロッパで計画された軍港都市のうちで素晴らしくよく保存された例である。また、カールスクローナは、同じ役割をもつ他国の施設の手本とされてきた。一国の海軍力がヨーロッパにおける政治力を決定していた時代には、海軍基地が数百年にわたって重要な役割を果たしてきた。カールスクローナは、現存する海軍基地の中でも最もよく保存、整備されたものである。

クングスホルムの要塞
（写真提供：スカンジナビア政府観光局）

スウェーデンの世界遺産の中で最も南にある「カールスクローナ」という軍港都市の名前は、1981年10月に起こった大事件のときにマスメディアを大きくにぎわした。しかし、よく考えてみると、私はこれまでにこの名を幾度も耳にしたことがあったにもかかわらず実際に行ったことは一度もなかった。

　さて、その大事件とは、当時のソビエト海軍の潜水艦であるU137号がカールスクローナの街の中心からわずか10kmにある群島の浅瀬に座礁したというものである。その海域は軍事海域であり、スウェーデン政府は「領海侵犯も甚だしい」と大抗議を行ったが、旧ソビエト政府は「領海侵犯の意図はまったくなく、軍事海域に入り込んだのは計器不良による航海ミス

軍港都市カールスクローナを設立した国王カール11世の銅像

ソビエト海軍潜水艦の座礁を報じるスヴェンスカ・ダーグブラーデット紙(Svenska Dagbladet)の第一面

である」という説明に終始した。

　言ってみれば、この潜水艦はカールスクローナにやって来た黒船であり、スウェーデン海軍や防衛省、そして地元カールスクローナの人達の度肝を抜いたわけである。そして、この事件が国会でも大きく取り上げられて議論され、国家安全対策の見直しが行われたことは言うまでもない。

　2005年5月上旬、私はブレーキンゲ県（Blekinge）のカールスクローナに電車でやって来た。インターネットで調べると、観光ガイドは5月から始まることになっていた。私は国鉄の駅から歩いて10分とかからないユースホステルを予約し、ここをベースにカールスクローナを3泊4日で見て回ろうと考えた。

　やって来たのは日曜日ということもあり、街の広場へと続くショッピングセンターの店は閉まっており、そのうえ、午後5時を回っていたこともあって人通りはほとんどなかった。ウプサラから見ればはるか南に位置するカールスクローナではあるが、5月上旬ともなれば午後9時半頃まで明るい。1日目の今日は、駅の売店でもらった観光地図を手にして、古い建物の立ち並ぶ静かな石畳の道を歩いて街の雰囲気をつかむことにした。

　カールスクローナの街は群島にあり、大小の島々同士が橋やフェリーで結ばれている。ちなみに、私が宿泊しているユースホステルは中心街であるトロスエー島（Trossö）にある。観光地図をよく見ると、このトロスエー島およびそれに隣接するストゥムホルメン島（Stumholmen）とリンドホルメン島（Lindholmen）に実に多くの「K」印が青色で記されているのに気づいた。地図の説明欄を見ると、K印は歴史的、文化的に価値のある建築記念物を示している。

　暇にまかせてこのK印を数えてみた。トロスエー島は35K、ストゥムホルメン島は13K、そしてリンドホルメン島には3Kの合計51Kが歩いていける距離にあった。軍港に関係してこれほど多くの建築記念物をもつカールスクローナという街の歴史を、簡単に紹介しておこう。

この街は、もともと港町であったところを利用して造られたものではなく、まったく何もなかったところに軍港都市として築き上げられた。その歴史を調べてみると、そこにはかつてバルト海の海軍大国であったスウェーデンの姿が浮かんでくる。

　1658年、国王カール10世グスタフ（1622～1660、在位1654～1660）は、当時デンマーク領であったスコーネ県（Skåne）、ハッランド県、ブレーキンゲ県およびボーヒュース県を領地化した。そして、1670年代になってからは、国王カール11世（1655～1697、在位1675～1697）が元領土の奪回を図ったデンマーク軍の攻撃を退け、1600年代の末期には現在のフィンランド、エストニア、ラトビアおよびドイツ北部地方をも領地とするほどの大勢力を誇った。

　1670年代のデンマークとの戦争当時、軍港はストックホルムにあった。当然、ストックホルムからバルト海を南下してデンマーク海域に達するには多くの日数を必要とする。しかも、ストックホルム海域は冬には氷に閉ざされるという問題があった。そのためカール11世は、氷の影響を受けることが比較的少ない南部に軍港や海軍造船所を設置して、そこを基地としてバルト海に艦隊を派遣するとともに戦争で勝ち取ったデンマーク領のスウェーデン化を図ることにした。

　そこで注目されたのがカールスクローナの群島である。トロスエー島をはじめとして周辺海域の群島には起伏があり、深くて狭い海路は防衛の面からも造船所を設置する面からも好都合であった。

　1679年、カール11世は当時のスウェーデンを代表する船大工や設計家、そして防衛技師や大工達を伴ってトロスエー島に上陸して軍港都市の設計を開始し、1680年、この島を「軍港都市カールスクローナ」として建設する勅許が出されて建設が始まった。しかし、都市というものは軍人だけでは成り立たない。そこでカール11世は、近接するロンネビー（Ronneby）やクリスティアノーペル（Kristianopel）に住む商人や職人達を強制的に移住させ、経済活動も行われる軍港都市の設立を目指したのである。

カールスクローナの群島を結ぶカーフェリー

　私はユースホステルを出て、散歩がてらストゥムホルメン島に行ってみることにした。石畳の坂道を下りていき、群島を結ぶカーフェリーの発着所がある岸壁へと出た。岸壁からは、かつては海軍の監視小屋であったと思われる石造りの小屋が立つ小島がすぐ近くに見えた。風も穏やかで、夕方の散歩にはもってこいの天気である。
　私の住むウプサラは内陸にあるために海を見ることはないが、こうして広々とした海を見るのはやはり気持ちがよい。しかし、バルト海は汽水海（15ページの注を参照）であるため、思い切り空気を吸い込んでも海の香りはしない。
　目前に見えてきたストゥムホルメン海峡に架かっている小さな橋を渡ると、そこはもうストゥムホルメン島である。ストゥムホルメン島は、周囲が2kmにも満たない小さな島であるが、かつてこの島は海軍の基地であったために一般人や外国人などは立ち入りが禁止されていた。そして現在は、海洋博物館や美術館がある文化の島となっている。
　海洋博物館の入り口の前には、1877年に製造され、1923年に解体された蒸気船のコルベット艦「サーガ号（Saga）」のとてつもなく大きいプロペラや、1777年に製造された3本マストの大型戦艦「グスタフ3世号（Gustav III）」の大きな碇、そして1904年に製造されたスウェーデン最初の潜水艦

第3章　軍港都市カールスクローナ　　53

海洋博物館とコルベット艦「サーガ号」の　　3本マストの大型戦艦「グスタフ3世号」
プロペラ　　　　　　　　　　　　　　　　の碇とスウェーデン最初の潜水艦「サメ号」

「サメ号（Hajen）」が展示されている。1904年（明治37年）と言えば日本で日露戦争が勃発した年である。果たして、このときの日本海軍に潜水艦があったのだろうか……。それにしても、小型潜水艦の「サメ号」は外観からすればおもちゃのように見え、安全性に大きな疑問をもった。

　海洋博物館の前には芝生が広がっており、遊歩道が海岸に沿って延びている。そこには飛び込み台があり、どうやら海水浴場になっているようだ。しかし、ここが日光浴をする人達や海水浴客で賑わうまでにはまだまだ日がある。

　私がスウェーデンで驚かされることの一つに、スウェーデン人達の入水温度がある。私にとって海水浴とは、真夏の燃えるような砂の上を走って海に入り、少なくとも20分や30分は震えることなく水の中にいることである。ゆえに、水温は少なくとも22～23度はあるだろう。それに比べてスウェーデン人達の海水（とはいっても汽水）あるいは湖水での水浴温度は非常に低く、17度もあれば十分らしく、鳥肌を立ててでも水浴をする。これまでに私は、スウェーデンにおいては、海水浴場や水泳場に行って足を水に浸けることはあっても泳ぐということはほとんどしたことがない。

　芝生公園の横に、落ち着いた感じの建物が数棟建っている。その中の一棟に、「建築記念物（Byggnadsminne）」という金属プレートが貼られているのを見つけた。説明を読んでみると、この建物は1960年代半ばまで海軍

の留置所であった建物で、水兵用の独房34房と将校用の独房が6房あったという。留置所においても、水兵と将校の待遇が違っていたというのはなかなかおもしろい。

　ストゥムホルメン島は、島全体が公園のような印象を受ける。以前、海軍によって使用されていた建物は海上保安庁や美術館といった公共施設として利用されており、これらの建物にもK印が付いている。このような静かな環境で仕事をするのは最高だろうと、中学校の高デシベルでの生活を余儀なくされた私には羨ましく思われた。★1

　現在、美術館となっているこの2階建ての建物は、かつては水兵達の宿泊施設であった。1フロアーに250人ずつ、計500人が同時にハンモックで寝泊りをしていたという。海軍の雰囲気を出すために船の甲板のように床を張り、柱もマストのように立てられていたらしい。

左の建物は美術館、右は海上保安庁。ここでも碇が展示されている

　翌、月曜日の朝、ツーリストインフォメーションが開くまでにまだ時間があったので、海岸通りに出て「オーロラ」という俗称の付いた稜堡に行ってみることにした。雲一つない快晴の海岸通りを、朝日を浴びながら散歩するのは実に気持ちがよい。街の中心から離れているため行き交う車も

★1　私が勤めていたウプサラのヴァクサラ中学校も建築記念物である。

皆無であるし、街の騒音もまったく聞こえてこない。昨日行ったストゥムホルメン島が、海を挟んで美しく見える。

　整然とした通りをしばらく歩くと、海に向かって銅像が立っているのが見えた。近くまで行って台座を見ると、海軍提督ハンス・ヴァハトマイステル（1641〜1714）と書かれていた。青年時代にパリで航海術を学び、17世紀にイギリスとオランダの間で起こったオランダ戦争[★2]では英国海軍の軍人となり、のちにカール11世やその後継者であるカール12世（1682〜1718、在位1697〜1718）のもとでスウェーデン海軍を率い、艦隊の再建やカールスクローナにおける海軍基地の完成に尽力したヴァハトマイステル提督の銅像であった。その銅像の横にあるベンチで一人の老女が新聞を読んでいた……平和な国である。

海岸に面した静かな住宅街に立つヴァハトマイステル提督の銅像

　稜堡「オーロラ」は高い石垣で囲まれ、上部には海に向けて銃や大砲を据えたと思われる数多くの銃眼があり、緑青が美しい小さな塔がその石垣から張り出している。

　稜堡の前にも胸像があった。周囲には小さな大砲４基が据えられ、積み上げた砲弾を鎖でつないで胸像を囲んでいる。胸像の台座には「エリック・ダールベリー（1625〜1703）」と記されていた。1680年、カールスクローナの街の建設が開始されたとき、都市計画や要塞設計の最高責任者を

稜堡の石垣とエリック・ダールベリーの胸像

務めたエリック・ダールベリーである。

　彼は、1650年代にフランス、ドイツ、イタリアで建築学を学び、その中でも特にイタリアの建築様式を好んだと言われている。教会や要塞の設計を数多く手掛け、彼の設計した教会や要塞は現在もスウェーデン各地に残っており、当時のスウェーデン建築界を代表する人物である。

　私は胸像の横を通り、海軍学校のものであろう大きな黄土色の建物が連なるヴァルガータン町（Vallgatan）を通って街の中心にある広場に行った。石畳の広場の周りには、1700年代に建てられた「フレドリック教会（Fredrikskyrkan）」や「聖三位一体教会（Heliga Trefaldighetskyrkan）[★3]」があり、広場の真ん中にある円形花壇にはカール11世の銅像が立っていた。

　その銅像から流れ出た緑青が時代の古さを語り、まるでカール11世の業績に対する賛歌のように思えてくる。広場には朝市が出ており、花の苗が売られていた。まだ春が始まったばかりのせいだろう、花を売る老人も暇そうであった。

　私は、海軍基地内にある1600年代の造船所へのガイド案内を申し込もう

★2　1665年～1667年。東インド会社における商業権および西アフリカにおける奴隷売買権の争い。
★3　別名、ドイツ教会。これは、当時、カールスクローナに住んでいた多くのドイツ人達が自分達の教会として建てたことによる。

フレドリック教会とカール11世

と思って、広場横にあるツーリストインフォメーションに向かった。

　旧造船所に入るには、ガイドが一緒でないと入れない。見学が許されるには、パスポートやIDカードなど、何らかの身分証明書をツーリストインフォメーションに提示し、見学参加者の身分証明番号があらかじめツーリストインフォメーションから海軍の検問所に提出されていなければならないというほど警備は厳重となっている。

　窓口で応対に出てきた女性所長のエヴァレナ・ガブリス（Evalena Gabris）さんに、今日か明日のガイド案内に参加したい旨を伝えた。しかし……である。彼女は、「ツーリストシーズンが本格化する6月20日までは、ガイド案内は毎週土曜日だけだ」と答えた。

　「ツーリストインフォメーションのホームページでは、ガイド案内は5月から毎日あるかのような書き方をしていた」と私は文句を言ってみたが、もちろん何の意味もなかった。

　彼女はホームページの表現の仕方が悪かったことを詫びたが、時間的な意味において私が土曜日まで滞在することはできない。しか

ツーリストインフォメーションのエヴァレナ・ガブリスさん

し、1600年代の造船所は世界遺産カールスクローナの歴史を今に伝える貴重な場所であり、ここを見逃すことはできない。では、どうするか？　仕方がない……カールスクローナには改めてもう一度来ることを決めた。

　私はガブリスさんにカールスクローナについていろいろと質問をし、多くの回答が得られた。ホームページの一件のせいか、彼女の回答や説明は非常に丁寧なものであった。

　ガブリスさんによると、カールスクローナが世界遺産に選定された直後は外国人の観光客が増加したが、その後は来訪者の数が伸び悩んでいるという。とはいえ、最近では、カールスクローナ群島の多くが海軍の立ち入り禁止区域からはずされたために、夏の休暇を利用して海水浴を楽しむスウェーデン人観光客で賑わっているということだった。そして、「世界遺産というレッテルだけでカールスクローナに来るスウェーデン人観光客は少ないだろう」と語った。

　最後に彼女は、「これさえあれば一人でもカールスクローナを見て回ることができる」と言って、地図、写真、ガイド音声で街の名所を説明するモバイルガイドがあることを教えてくれた。

　ガブリスさんの説明に感謝して、私はツーリストインフォメーションを出た。そして、観光地図を手にカールスクローナの街を歩くことにした。広場から海軍基地のほうに向かおうとすると、住宅の壁に塗料スプレーで殴り書きをしたような大きな落書きが目に入った。ストックホル

世界遺産の街にも落書きがある！

ムやウプサラなどの大都市での派手な落書きには慣れている私であるが、人口わずか61,000人の世界遺産の街の真ん中でこんな派手な落書きを見たことはさすがにショックであった。

　海軍基地への坂道を下ると、小さな丘の上にスウェーデンらしくない木

第3章　軍港都市カールスクローナ

造の鐘楼がある。それもそのはずで、この鐘楼は1600年代末期にエジプト、アレキサンドリアの灯台塔「ファルス[★4]」を真似て造られたものだという。そのころの日本はというと、中国（清）、朝鮮、オランダとの通交はあっても、オランダ人達を長崎の出島に移し、ポルトガル船の渡航を禁じ、イギリスの通商要求を拒否して鎖国を完成していた。カールスクローナの軍港や造船所、そしてこの街の建設がヨーロッパ各地との交流によって得られた造船・建築技術を取り入れたものであることを考えると、取り組み方の違いに驚くばかりである。

坂道を下りきると、鐘楼の下に鉄道の線路が見えた。地図を見ると、この鉄道は国鉄のカールスクローナ駅から広場の下を通って海軍基地内の造船所へと延びている。どうやら造船所に物資を輸送するための鉄道のようであったが、その線路は柵で封鎖されており、現在は使用されていないようだ。カールスクローナ・コミューンおよびブレーキンゲ県庁が発行している小冊子には、「物資を海軍造船所へ輸送するため、1887年に街の中心にトンネルを掘って鉄道を通した」と書いてあった。

鐘楼の下を通って物資を輸送していたと思われる旧造船所への鉄道

そのすぐ横手にある住宅の間から高い石垣が見えた。これは、海軍基地と一般人が住むエリアの境界線として造られた石垣であったという。その高さは5ｍ、幅は1.5ｍもある。現在なら、さしずめ鉄柵を設置したことであろう。カールスクローナの建設当時はトロスエー島全体を石垣で囲って外敵からの襲撃に備える計画であったようだが、時間的、資金的に問題があったために海軍基地だけを石垣

で守ることにしたのだという。

　私は、海軍基地の入り口へとやって来た。ここには検問所があり、鉄柵には「立ち入り禁止」、「写真撮影禁止」の札がかかっていた。せっかくここまでやって来たのに、今回は中に入れないということに改めて苛立ちを覚えた。旧造船所はほんの目と鼻の先にあるというのに……。

　昼食は、海洋博物館内のレストランでとることにした。窓が非常に大きく、すぐ横に海が見える明るいレストランである。窓際の一等席に座って海を見ながら食事をしていると、海洋博物館の横の岸壁に繋留されている木造の帆船の中で帆の手入れをしている数人の青年達が見えた。昼食後、岸壁に行って彼らから話を聞くことにした。

　岸壁には、この帆船のほかに1692年に建造された３本マストの帆船も繋留されていたが、まだ手入れは始まっておらず、甲板にはシートがかけてあった。話によると、これらの帆船はすべて海洋博物館の所有物であり、遠洋航海をすることはないが、現在でも近海を試験航海しているとのことであった。

　海洋博物館には、海軍史を好きな人ならきっと涙を流して喜ぶだろうと思われるくらいの多くの展示物がある。1600年代から海軍学校の授業に使用されていた帆船の実物模型が所狭しと並び、銃や大砲、実物大の人形が効果音とともに伝える帆船内での生活、そして近代潜水艦の各種機器などが展示されている。地下には海洋考古学の展示物もあり、1700年代に沈没した大型戦艦を実際にガラス越しの海底に見ることができるほどの懲りようである。

　この海洋博物館で私が非常に気に入った場所がある。それは、帆船戦艦の船首飾像を展示したガラス張りの大ホールである。このホールは床から天井まで12ｍの高さがあり、その三方がガラス張りで、海と空が船首飾

★4　ファルスはもともと男根像を意味し、オベリスクのような塔も男根崇拝から立てられたものだと言われている。

帆船の模型

像の背景を形成して空間をうまく利用している。展示されている船首飾像というのは、解体された帆船戦艦の船首を飾っていた全長4mにも及ぶ大きな像で、これらが10体以上が展示されているのだ。

　各飾像には、作品名や彫刻家名、そして飾像が飾られていた帆船戦艦名などの説明があり、それを読んでいくと、海軍の彫刻家であったヨハン・テーンストレーム（1744〜1828）の作品が多数あることが分かる。船首飾像は戦艦に幸運をもたらし、乗組員を鼓舞し、敵を威嚇するために造られたのであろうが、私が見たものはいずれも穏やかな顔つきをしていて、心が晴れ晴れすることこそあれ恐怖にはほど遠いものばかりであった。

　展示飾像の中で、私が淡い恋心に似たような感情を抱き、今すぐにでも動き出しそうな非常に美しい女性を紹介しよう。彼女は、戦艦「フレイヤ号（Freja）」の船首を飾っていたヨハン・テーンストレーム制作の飾像である。戦艦フレイヤは、1784年にカールスクローナ海軍造船所で造船されて1834年に解体されるまで、1788〜1789年のデンマークとの海戦や1790年のロシアとの海戦に参加した40砲フリゲート艦である。

　ここに展示されている飾像フレイヤは、1817年に完成した2代目である。当時は北欧神話が人気を博していたために、初代フレイヤとは趣を異にして、愛の女神、平和の女神としてのフレイヤが船首を飾ることになったよ

船首飾像を展示したガラス張りの大ホール。右端の像がフレイヤ

うだ。ちなみに、この２代目フレイヤは、フリゲート艦が解体されるまで海戦に参加することはなかった。まさしく、フレイヤが愛の女神、平和の女神であったからかもしれない。

　スウェーデン海軍の歴史を繙くとき、造船および造船技術の発展に最も大きな影響を与えた一人の人物を忘れることができない。それは、フレドリック・ヘンリック・オヴ・チャップマン（1721〜1808）である。

　彼の一生は、文字通り船と造船の人生であった。スウェーデンだけでなく外国の造船所でも造船技術を学び、スウェーデンやイギリスで数学および物理学を学び、経験に基づく造船ではなく理論に基づく船舶設計を確立した。チャップマンは、カールスクローナの海軍造船所所長に任命されると戦艦の設計ばかりではなく造船組織をも改革し、わずか３年の間に20隻（３本マストの大型戦艦10隻とフリゲート艦10隻）の戦艦を進水させたのである。

　チャップマンという名前を聞くと、ストックホルムに旅行された方であれば、すぐにシェップスホルメン島（Skeppsholmen）の岸壁に繋留され、ユースホステルとして人気がある全装帆船の「チャップマン号」を思い浮かべられることだろう。そこで、このチャップマン号に関して簡単に述べておくことにする。

第３章　軍港都市カールスクローナ

ユースホステルの「チャップマン号」

　もともと、チャップマン号はチャップマンが設計・建造した船ではなく、それどころかスウェーデンで建造されたものでもなかった。イギリスのカンバーランド（Cumberland）で1888年に建造されたこの船は、当初「ダンボイン（Dunboyne）」と命名された。そして、1915年に大西洋航路船としてスウェーデンの海運企業に買い取られて船名を「G.D. ケネディ（Kennedy）」と改名した。その後、海軍練習船として1923年にスウェーデン海軍に買い取られて、ここで初めて「チャップマン号」という船名が付けられたのである。スウェーデン海軍に大きく寄与したチャップマンの功績を称えて、彼の名が船名に冠された違いない。

　チャップマン号は1937年まで海軍の練習船を務めたが、1946年に廃船となり、1949年からはストックホルムのシェップスホルメン島で人気のあるユースホステルとして世界中のバックパッカーに利用されている。

　午後5時、海洋博物館の閉館時間となった。私は、ユースホステルへ戻ろうとアスファルト道をトロスエー島へと向かった。すると、すぐ右手の、倉庫だと思っていた建物のドアが開いているのに気づいた。そのドアの横手には、「リトリナ成人高校造船学科オープンハウス（Litorina Folkhögskola Båtbyggarlinje Öppethus）」という札が立てられていた。私には造船知識がまったくなく、展示物を見たり説明を受けても何の質問もできないのではと思ったが、湧き上がってくる好奇心にまかせて中に入ってみた。

　中に入ると、工場のような広いところに何隻もの製造中の木舟が置いてあった。大きさは異なるが、小さなものでも全長は優に4mあった。私は、ドアのすぐそばの舟で大きな固定冶具を使って作業をしていた少年にインタビューをしようと思い、「じゃまをしてもよいか？」と尋ねた。すると、

恥ずかしそうに顔を少し赤らめて「いいわ」と答えた。作業をしていたのは少女だった。

彼女は、カロリーン・レーヴダール（Caroline Lövdahl）という21歳のリトリナ成人高校の造船学科の1年生であった。彼女は他県の高校を卒業してから、自分のやりたい職業が見つからず、いろいろと迷った挙げ句に手で何かを創作したいと思い、中学生のころに好きであった木工に挑戦することを決意し、伝統的な木舟を製作するこの成人高校（3年制）の造船学科に入学したのであった。1学期目は木工に使用する多くの工具類の名前や使用方法、また舟の各部分に使われている専門用語に苦労したようだが、今は毎日が楽しくてたまらないとニコニコしながら話してくれた。

入学時には20人いた同級生達も、「1人減り、2人減りで、現在では13人になってしまった」と言う。ちなみに、カロリーンさんはクラスで唯一の女子学生である。

私は、彼女が1年生だと言ったとき、正直言って自分の耳を疑った。それほど舟の出来栄えがよいのである。今、彼女が造っている木舟は入学してから2隻目のもので、昔、バルト海沿岸でよく使われていた舟だという。彼女が最初に造った舟はもう少し小さく、レベルが上に行くに従ってより大きく、より複雑な舟を造るのだという。造船学科の実習で造られた舟は学校の所有となり、経費を捻出するために一般に対して販売されているが、もし学生が自ら造った舟を買いたい場合には材料費を支払えば自分のものになるという。

彼女は「将来、木舟大工としてやっていければ最高だが、それは無理だろう」と言った。材料費や手間賃を考えると、手造りの木舟の値段は非常に高くなるために商売としては成り立たないようである。そのため、「卒業生の大部分が、舟とはまったく関係のない木工関係の会社に就職している」と語った。

彼女にいろいろと話を聞いていると、作業ズボンをはいたおじさんが私達のところにやって来た。彼女の先生だろうと思って挨拶をすると、彼は

ケラケラと笑って「カロリーンの同級生だ」と言う。
「えっ!?」
　その彼は、51歳になるレンナート・マッティンソン（Lennart Martinsson）さんである。カールスクローナで会社員として26年間にわたって経理を担当していたが、「定年まで一生会社に勤めて経理を担当するだけでは人生はつまらない。自分で何かを創作してみたい」と思って、家族の了解を得て脱サラをし、造船学科に入学したのだと言う。彼は、「自分の選択にはまったく後悔していないし、脱サラをして本当によかった」と満足げに語った。

リトリナ成人高校造船学科学生マッティンソンさんとレーヴダールさん（右）

　それにしても、1600年代の末期から木造大型船艦の造船で栄えたカールスクローナの伝統を守ろうとする２人の熱意にはただただ感心するばかりだ。

　翌日、私はスウェーデン海軍の戦艦を製造し、カールスクローナの街を経済的に支えてきた造船所あたりを歩くことにした。街の建設直後の1700年代、この造船所には約700人が働いていたようだ。当時のスウェーデンでは、ファールンの銅山（第10章を参照）につぐスウェーデン最大の職場

現在ではドイツ造船企業に吸収されているコックムス。元カールスクローナ造船所

であった。

　1900年代後期、ヨーロッパの造船業界は日本、韓国をはじめとするアジア諸国の造船業界に押されて企業規模の縮小を余儀なくされた。そしてこれは、スウェーデンも例外ではなかった。

　1989年、カールスクローナ造船所は、民間船の造船活動を閉鎖して海軍船舶の造船を行っていた「コックムス（Kockums）」と統合され、名前も「カールスクローナ造船所」から「コックムス」へと変わることになった。そして、1999年にはドイツの造船会社である「Howaldtswerke-Deutsche Werft（HDW）」の子会社として吸収されるに至った。しかし、造船所の敷地内には、これまでの造船の歴史を物語る多くの建物が残されている。

　造船所のある通りには、約1.2 kmにわたって高い石壁がある。この石壁は、造船所と民間人居住区の境界として1600年代末期にロシア人捕虜達によって造られたものだという。造船所の入り口には「写真撮影禁止」の札が掛けられていたため、この石壁の写真を撮るにも何かうしろめたい気がした。

　造船所横にある丘を登ると観光案内板があり、石壁の中に旧造船所時代に造られたマストクレーンを見ることができた。この42 mのマストクレーンは1803年に建造されたものだが、これを使って最も重いマストを吊り

上げるためには96人の男達がウインチを回したという。建造から200年を経た今日でも、このマストクレーンは当時のままの状態で保存されており、もちろん使用も可能だという。

私は、街の広場の横にある屋外カフェテリアに座って、街行く人達やベンチで日光浴をする人達を眺めながらコーヒーを飲んだ。ここ、カールスクローナにも春が訪れようとしている。

造船所横の丘からは歴史的なマストクレーンを見ることができる

今回の旅の最後に、私は海軍学校が立ち並ぶ通りを通って提督教会（Amiralitets kyrka）と、その横に立つローセンボム（Rosenbom）人形を見に行くことにした。提督教会は1685年に建造され、一度に4,000人が礼拝に参加できるという、スウェーデン最大の木造の海軍軍人だけで教区を形成する特殊な教会である。また、1980年に行われた教会の内装および外装改修時には、床下から海軍軍人のものと思われる237人の墓が見つかったという。まさに、海軍の教会である。

教会の入り口には、1700年代中期の制服を着て、黒い帽子を被った「ローセンボム」という名の下士官の人形が立っている。この人形は寄付金箱になっており、蝶番（ちょうつがい）のついた帽子を開けると、ハゲ頭の天辺に寄付金の投入口があった。言い伝えによると、この下士官は1600年代末期の海軍軍人であったが、病気のために海軍での仕事ができず、大家族を養うために街で物乞いをして生計を立てていたという。

提督教会入り口に立つローセンボム下士官

このローゼンボムについては、スウェーデンの女流作家でノーベル文学賞を受賞したセルマ・ラーゲレーヴ（1858〜1940）の小説『ニルスの不思議な旅（Nils Holgerssons underbara resa genom Sverige）』にも書かれており、カールスクローナを訪れるスウェーデン人観光客の人気を集めている。

　このあと、先にも記したように、もう一度カールスクローナを訪れることにしてウプサラへと帰った。そして、まだ訪れていない世界遺産や、もう少し詳しく調べたいところへの旅をうまく組み合わせる計画を作成することにした。カレンダーとインターネットをにらみ合わせた結果、西海岸のターヌム、グリメトーン、南海岸のカールスクローナ、それにエーランド島の4か所を車で回ることにした。

　6月中旬の金曜日の午後、再びカールスクローナにやって来た。宿泊場所は前回と同じユースホステルである。今回は、前回の失敗に懲りて、あらかじめツーリストインフォメーションにメールを送って旧造船所のガイド案内への参加を申し込んでおいた。前回同様、ツーリストインフォメーションに行って、スウェーデンでの私の背番号を申し込み用紙に書き込んでガイドチケットを買った。
　翌土曜日、先月と同じ石畳の道をユースホステルから広場に行き、そこから海軍基地へと向かった。街の風景は5週間前と同じであるが、前回に比べると木々の新緑が鮮やかに映えている。初夏、スウェーデンが最も美しい季節である。土曜日であるために広場も人通りが多く、市（いち）も賑わっているようだ。
　集合時間は午前11時、その場所は海軍基地の入り口である。見学参加者はスウェーデン人、デンマーク人、ドイツ人、それに私を含めての12人である。ガイドはカタリーナ・セッテルファルク（Katarina Zetterfalk）さんという女性で、今はもう定年退職しているが、以前は中学校の家庭科の先生であったという。ちなみに、カールスクローナのガイドを始めて13年目

になるという大ベテランである。

　カタリーナさんは私達を前にして、「今から入るところは海軍基地であり、停泊している戦艦や掃海艇の写真撮影は禁止である」ことや「自由行動の禁止」などの注意事項を私達に話した。

　彼女が話をしていると、海軍の将校らしき人が家族を車に乗せてやって来た。彼は入り口の横に車を止めて受付に行き、窓ガラス越しに何かをしゃべって車に戻った。そして、入り口の停止機が上がったかと思うと家族とともに基地内へと入り込んだ。海軍基地にもかかわらず家族が入ることができるのか……と、私は少し不思議に思った。

私達のガイドをしてくれたカタリーナ・セッテルファルクさん

　カタリーナさんは受付に行き、ツーリストインフォメーションから手渡されたと思われる見学参加者のコピーを取り出して、それぞれの名前、国籍、パスポート番号もしくは背番号を、中がまったく見えない色ガラスの窓越しにマイクで報告した。受付の中で参加者の照合をしているのか、2、3秒ほど遅れて「OK」の声が聞こえ、そのあとカタリーナさんは参加者の名前を読み上げていった。

　全員の照合が済み、私達は狭い受付の前を通って海軍基地の中に入った。無風快晴の岸壁には、掃海艇やコルベット艦、潜水艦、それに大きな練習船が横付けされていた。カタリーナさんは私達に、「海軍の船を写真に撮らないように」と念を押した。私はこんな至近距離から掃海艇やコルベット艦、そして潜水艦を見たことがなかったので是非写真に収めたかったが、スパイ容疑で逮捕されて外交問題になってはまずいのでおとなしくしていることにした。

　掃海艇やコルベット艦が横付けされている長い浮き橋を渡って、旧造船所の建物がある半島へと向かった。浮き橋では、海軍に召集されたと思わ

れる若い男女の兵士達が大きなドラム缶でバーベキューを楽しんでおり、いくら土曜日とはいえ何か場違いな感じがした。しかも、浮き橋を渡ったところにある岸壁には、海軍将校達のものと思われる大きなヨットやモーターボートが数隻停泊しているのだ。海軍基地内にプライベートなヨットやモーターボートがあること自体、私には納得がいかなかった。

　私達はまず、1690年代に建設された2階建ての繊維ロープの工場に案内された。この建物はカールスクローナの建物の中でも最も古いものの一つであり、全長300mの建物はスウェーデン最長の木造建築である。この工場では、海軍の船舶で使用されていたすべてのタイプのロープが1960年代まで製造されていた。海軍のロープは182.5mが標準の長さとされていたが、最長ロープの製造にあたっては、工場の全長である300mの床をフルに使うこともあったという。

　このロープ工場では、標準の長さのものが1日に10～12本製造されていた。ロープ職人達は、床に敷かれた線路の上を工場の端から端まで機械を引っ張って往復し、軸を回転させてロープを製造していったのである。カタリーナさんは、「このロープ工場で一生仕事をすれば、地球を2周したことになる」と話した。

　ロープ工場のすぐ横には、過去に使用されていたと思われる帆船マストの置き場があった。大きなものでは10mはあるだろう。私が写真を撮っていると、基地内の見回りであろうか、海軍兵士が車に乗ってゆっくりとしたスピードでやって来た。ドキッとしたが、兵士は私のほうをチラッと見ただけで通りすぎていった。よく考えてみれば、ガイド案内される場所に軍事機密があるわけはない。

　次に案内されたのが、1763年に建築されたヴァーサ屋内造船所（**Wasaskjulet**）である。この屋内の造船所では、70基の大砲を装備した戦艦に至るまでの造船が可能であった。元来、造船は屋外で行われていたが、戦艦の完成までには多くの年月がかかるために船体や造船材料を雨や雪から守る必要ができ、1700年代に22mの高さをもつ屋内造船所が建設された。この造船

繊維ロープの工場内部

この機械を引っ張り、軸を回転させながらロープを製造したという

ヴァーサ屋内造船所の外観

所の複雑な天井は石柱によって持ち上げられている。また、「ヴァーサ屋内造船所」という名前は、大砲60基を備えた3本マストの大型戦艦「ヴァーサ号」が1778年にこの屋内造船所で製造されたことに由来している。

　ヴァーサ屋内造船所を出ると、すぐ横には岩壁を掘り砕いて造った大きなドックがあった。「掘り砕く」というのは、まず岩に小さな穴を開けてその穴に木を入れて燃やし、熱くなった岩に水をかけて急冷して破壊していったということである。

　1724年に7年がかりで完成したこのドックは、300年近くを経た今日でも戦艦の点検に使用していると聞いたので、私は勇気をふるって「写真を撮ってもよいか」とカタリーナさんに聞いてみた。しかし、ここに関しては彼女も分からないようで、「まあいいでしょう」という返事をもらった。

　バルト海には干潮、満潮がないため、このドックでは干満の差を利用してドックから水を抜くことができない。今でこそ電動ポンプが使用されているが、かつては90人の男達が3台の手動ポンプを使って水を抜き、木造戦艦の底部にタールを塗ったのだという。現在のドックは全長107 m、幅19 m、深さ15 mであり、建設当時のものよりは一回り大きくなっている。「カールスクローナの軍港は、中世ヨーロッパの各地に建造された軍港の

岩壁を掘り砕いて造られたドック

中でも最もよく保存されたものである」と、カタリーナさんは誇らしげに語った。

　私達は大きな体育館のように見えるコックムス造船所の横を通り、最後に、船首飾像の彫刻で多くの優れた作品を残した海軍彫刻家ヨハン・テーンストレームの仕事場へと向かった。カタリーナさんは、「現在、コックムスでは、レーダーに捕捉されないコルベット艦の造船に力を入れている」と話したが、コックムス自体がドイツ企業となっている現在、北大西洋条約機構（NATO）加盟国のドイツの軍事機密に溢れたコルベット艦の造船が、非加盟国であるスウェーデンの海軍基地内で行われていることに私は合点がいかなかった。

　ヨハン・テーンストレームが彫刻を行っていた仕事場は、5m近い大きさの彫刻をつくるために天井が高く、大きな明かり窓があるために内部も明るく、仕事場というよりはアトリエといったほうがピッタリとするような空間だった。テーンストレームはこのアトリエで飾像のデッサンをし、模型をつくり、海軍大将の承認を得たあとに実像を彫ったのである。海洋博物館で私の心を捉えたフレイヤの像もこのアトリエで製作されたのかと思うと感無量であった。

　カタリーナさんは時計に目をやり、海軍からもらった見学時間が過ぎているので早く基地から出なければならないと私達を促し、国王グスタヴ3世（第7章を参照）の命によってチャップマンが設計して1780年代に建設された模型館兼海軍入隊所の前を通って受付のほうへと急いだ。このときこの建物は改修中であったが、足場を通して入り口にある薄いブルーの木柱を見ることができた。そして、木柱の上にはスウェーデン国旗の色である青と黄色で三角旗が描かれ、その真ん中にはテーンストレームの手によるグスタヴ3世のモノグラムが彫り込まれていた。

　模型館は建物の2階にあり、海軍造船所で製造されるすべての戦艦や内部構造の模型を海兵教育のために保存している。現在、海洋博物館に展示されているすべての模型は、以前この模型館に保存されていたものである。

模型館兼海軍入隊所

　また、1階にある入隊所には、海軍に入隊して戦艦に配属が決まった海兵達を一同に集めることができるだけのホールがあるという。
　私達は、海軍基地を出、民間人が行き交うカールスクローナへと出た。不思議なもので、基地を出たというだけで急に胸のつかえがとれたような気がした。
　見学参加者達は街の広場のほうに歩いていったが、私はガイドをしてくれたカタリーナさんとしばらく話をした。彼女はスウェーデン第2のコミューンであるヨーテボリで生まれたが、父親が海軍将校であった関係で幼少時にカールスクローナに引っ越してきたのだと言う。彼女は、私達が海軍基地に入る直前に見た将校家族のことに触れて、「海軍も変わった」と言う。そして、「父親に連れられて海軍基地に遊びに来るなど、幼少時にはまったく考えられなかったことだ」とも話してくれた。
　この日の夕方、私は、18世紀ヨーロッパでロシアにつぐ大国となったスウェーデンの原動力となったバルチック艦隊の軍港都市カールスクローナ、そしてその艦隊の戦艦を造船し続けた造船都市カールスクローナを離れ、E22を海岸沿いに北上してエーランド島へと車を走らせた。

エーランド島南部の農耕地帯
(Öland)

第4章

> **ユネスコによる登録基準　文化遺産**
> （ iv ）　人類の歴史の重要な段階を物語る建築様式、あるいは建築的または技術的な集合体、あるいは景観に関する優れた見本であること。
> （ v ）　ある文化（または複数の文化）を特徴づけるような人類の伝統的集落や土地利用の優れた例であること。特に抗しきれない歴史の流れによってその存続が危うくなっている場合。

登録年度　2000年

世界遺産委員会による登録理由　エーランド島南部の農耕地帯は、長期にわたる文化史と島特有の地質および地形という自然条件への適応を反映している。エーランド島南部は、島に存在する異なった自然景観を最適な方法で利用したユニークな人間居住の一例である。

アルヴァール大平原と区画境界を示す石の壁

バルト海南東部に浮かぶエーランド島を思い浮かべると、私はいつも心が浮き浮きする。というのも、エーランド島の自然が私の趣味であるバードウオッチングに大きな満足感を与えてくれるからであり、フィールドスコープを担いで南部の農耕地帯を歩き回るときに、果てしなく広がる陸、海、空の大空間を直接肌で感じることができるからである。

　エーランド島の南部海岸の浅瀬や入江のすべてが野鳥観察に適した場所であり、至る所で大自然のドラマに接することができる。エーランド島の南部は、スウェーデンのバードウオッチャーの誰もが認めるスウェーデン第一の野鳥の宝庫であり、これまでにも毎年2度（春と秋の渡りの時期）はこの島にやって来ている。

　春の渡りでは、ヨーロッパ大陸やアフリカ大陸で冬を過ごした野鳥達が繁殖地を求めて北欧の山岳高原地帯、針葉樹林帯や湿地帯、さらにはシベリア針葉樹林帯（タイガ）やツンドラ湿地帯、そして北極海沿岸にまで北上する。エーランド島はバルト海を渡ってきた多くの野鳥達にとって羽を休めることができる最初の地であり、さらに北へ向かって渡りの旅を続けるために十分なエネルギーを補給する重要な中継地点でもある。

　逆に秋の渡りでは、北欧やシベリア、北極海沿岸で繁殖した野鳥達がヨーロッパ大陸やアフリカ大陸で冬を過ごすためにエーランド島を経由してバルト海を南下していくのである。そのため、エーランド島南端に位置する「背高のっぽのヤン（Långe Jan）」という名の灯台付近の海岸やその浅瀬、そして草原や森林を毎年何十万羽という野鳥達が通過することになる。

　この章では、世界遺産「エーランド島南部の農耕地帯」への旅を、バードウオッチング旅行でのエピソードと一緒に記すことにしよう。

灯台「背高のっぽのヤン」

▶ 植物生態学科の実習

　初めてエーランド島にやって来たのは、私がまだウプサラ大学の植物生態学科の学生のときであった。確か5月下旬だったと思うが、約1週間ほどかけてこの島の中部および南部にある数多くの自然保護地やアルヴァール大平原で植物生態学の実習を行い、エーランド島にのみ生育している固有植物や特殊な植層を調べた。

　ちなみに、ウプサラ大学植物生態学科は、動植物の学名命名法を確立した世界的な植物学者カール・フォン・リンネ（1707〜1778）の流れをくむ学科である。1700年代に、当時の学生達がリンネのあとについて植物を手にとりながら自然の中で講義をするリンネの言葉に聞き入ったように、私達もウプサラ大学の準教授のあとを歩いて彼の話を真剣に聞いた。

　大阪で育った私にとってはほとんどすべての植物が新種であり、動植物名を学名（ラテン語）で記憶させるスウェーデンの大学の厳しさに悲鳴を上げた。この実習旅行の思い出として今も強く頭に残っているのは、自然保護地で見た黄色の大きな花を咲かせるキンポウゲ科のヨウシュフクジュソウ（学名：Adonis vernalis）の美しさと、次節で詳述するアルヴァール大平原に面した丘の上に大きな石を並べた青銅器時代の墓地、そしてオラ

青銅器時代の舟をかたどった墓地

ンダのものだとばかり思っていた風車が島のあちこちに見られたことであった。

スウェーデン本土とエーランド島の間にはカルマル海峡があり、かつて島へ渡るためにはフェリーに頼るしかなかったが、今日では、本土側のカルマル（Kalmar）とエーランド島のフェリエスターデン（Färjestaden）とを結ぶ「エーランド島大橋（Ölandsbro）」のおかげで簡単に渡ることができる。

1972年9月に開通した長さ6 kmのこの大橋の建設にあたっては、当然のことながら賛否両論が起こり、賛成派は、本土への所要時間が短縮されることで経済効果が大きいことを述べ、反対派は、カルマル海峡での漁業への悪影響や海峡に沿って北上南下する渡り鳥達への悪影響といった自然環境の問題を取り上げた。

大橋が開通した翌年の春、ガンの群れが見慣れぬ大橋に驚いて橋のすぐ手前でUターンをしたことがあった（本当！）と聞いたが、現在ではそのような現象はまったく見られない。カルマル海

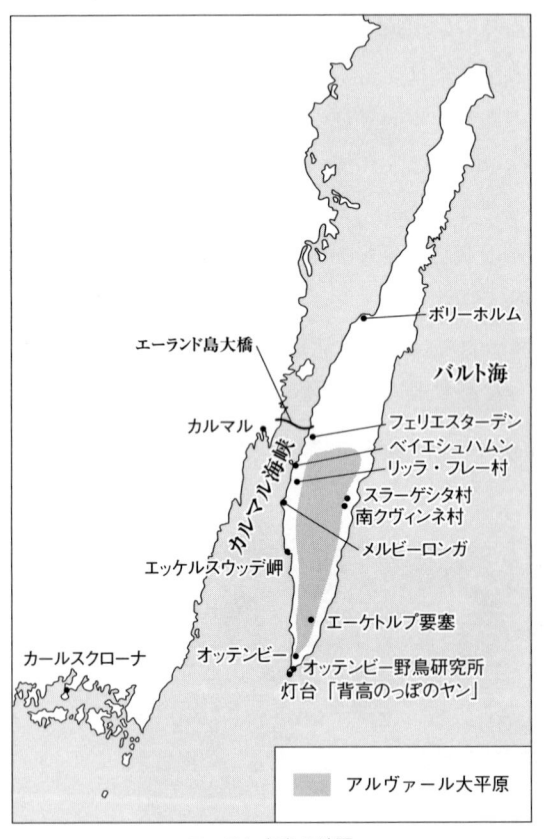

エーランド島の地図

峡には多くのタンカーが航行するため、大橋の道路の最高地点は海抜42 mとなっている。そのせいか、この橋を車で走行すると、いつも海に横たわる細長い恐竜の背中の上を走っているかのような感じがする。

エーランド島は、南北130 km、東西最大幅20 km、面積が約1,300 km^2 の細長い島で、第5章で取り上げることになる「ハンザ同盟都市ヴィスビー」のあるゴットランド島につぐスウェーデン第2の島である。そして、ユネスコの世界遺産に登録された「エーランド島南部の農耕地帯」はこの島のほぼ南半分にあたり、島全体の面積の約4割を占めている。

▶ 特殊な自然をもつアルヴァール大平原（Stora Alvaret）

中部および南部エーランド島で西海岸（カルマル海峡側）から東海岸（バルト海側）へと島を横断するとき、スウェーデン本土では見ることのできない小さな潅木や、道路の左右に大きく広がる下草しか生育しない赤茶色の土地が目に飛び込んでくる。それは「アルヴァール大平原」と呼ばれる260 km^2 にも及ぶ大平原で、島独自の自然を形成していることでも有名である。

アルヴァール大平原は、石灰岩盤がほぼ地表にまで露出し、その上に石灰質を多量に含んだわずか数 cm という非常に薄い土壌層からなっている。このような大平原は世界中に2か所しか存在せず、もう1か所はエストニア西部のヴェイナメーリ地区（Väinameri）である[1]。

このわずか数 cm という非常に薄い地層においても、動植物の生活が営まれていることが確認できる。言うまでもなく、気候の影響を大きく受けるこのあたりは季節によって様々な顔を見せてくれる。

まず、雪が解け出す春には、大平原は雪解け水のために長期間にわたっ

★1 ここでは、現在、世界自然保護基金（WWF）により保護プロジェクトが展開されている。

て冠水してしまう。雪解け水が石灰岩に堰止められて、すぐには地下に浸透しないからである。そして、雪解け水が蒸発して地表が乾燥し始めた5月下旬から6月には、大平原は黄色と赤紫のお花畑に一変する。サクラソウの一種であるプリムラ・ヴェーリス（学名：Primula veris）やランの一種であるオーキス・マスキューラ（学名：Orchis mascula）、ラン科ハクサンチドリの仲間であるダクティロリーザ・サンブキーナ（学名：Dactylorhiza sambucina）やダクティロリーザ・マキュラータ（学名：Dactylorhiza maculata）が春の訪れを告げ、エーランド島のシンボルとなっているエーランド・ハンニチバナ（学名：Helianthemum oelandicum）が初夏にかけて花をつける。

　夏のアルヴァール大平原は、太陽が照りつけ、地表は高温となって極度なまでの乾燥地帯となるため、ここに生息する動植物は乾湿両極端の環境に耐えなければならない。そのために、高山植物が地中海ステップ地帯やシベリア地方の植物と生育をともにするというユニークな場所であり、エーランド・ハンニチバナやヨモギの一種であるエーランド・ニガヨモギ（学名：Artemisia oelandica）のように、ここにしか自生しない固有種や紫色の花をつけるグロブラリア（学名：Globularia vulgaris）、そして地衣類のムシゴケ（学名：Thamnolia vermicularis）といった南欧や地中海沿岸にしか自生しない珍しい植物を見ることもできる。

　島の東岸と西岸とを結ぶ数本の横断道路を除けば、大平原には道はない。しかし、大平原で見られる植生は小さな藪であるために、歩くのも容易だし道に迷うこともない。というのも、エーランド島にある34軒の教会のいくつかが大平原のどこからでも地平線の彼方に見ることができるので、これらの教会を地図で探すことさえできればおおよそ自分の位置を知ることができるのだ。

　1569年、当時の国王であったヨハン3世（1537〜1592）はエーランド島全体を王領の狩猟地とした。それまで島の土地は農民の共同所有地であり、

至る所にある教会はエーランド島の良い道標である

　海岸沿いの放牧地やアルヴァール大平原では石器時代（BC3000～BC1800）より家畜の放牧が行われてきたわけだが、1801年になってこの取り決めが撤廃されるまで、農民達は野ウサギ1匹たりとも捕獲することが禁止された。しかも、国王の狩猟が行われたために農耕地は踏み荒らされてしまった。そして、当然のごとく、狩猟期には農耕地に入ることが許されなかった。もし、農民達の犬が狩猟地に入り込もうものなら、その犬は捕らえられて足を1本切ってから放されたという。

　中世の農村においては、アルヴァール大平原、干草の採草地および羊や牛の放牧地は村の共有地であり、採草地は農耕地の5～6倍の広さがあった。これは、農業の中心が牧畜にあったためであり、冬期の家畜飼料の確保が重要だったからである。一方、農耕地においては農民達が共同で栽培を行っていたが、その一部は各農家に所有が認められていた。

　狩猟地の廃止に伴って、農民達によるアルヴァール大平原の分割が可能となった。そして、農耕地や採草地を家畜や野ウサギ（学名：Lepus europaeus）、ノロジカ（学名：Capureolus capreolus）やファロージカ（学名：Dama dama）から守るために石灰石を積み上げて土地を囲うようになった。この石の壁は土地分割により生まれた境界線であり、この石の積み上げは1940年頃まで続けられたという。今日、アルヴァール大平原の至

農耕地帯の至る所で見られる石の壁

る所に見られる石の壁は、エーランド島を代表する自然な風景となっている。

　遠くから眺めていると非常に優雅に見える石の壁であるが、フィールドスコープをかついで、野鳥の群れに接近するときには障害物でしかない。

　ある年の春、北上するホンケワタガモ（学名：Somateria mollissima）の群れを観察していると、1,000羽を超えるカオジロガン（学名：Branta leucopsis）の大群が頭上を低空で飛び、私達がいた海岸から１kmと離れていない採草地に舞い下りた。カオジロガンは小形のガンで、春と秋には大群をなして渡りをする鳥で、エーランド島では決して珍しいものではないが、このカオジロガンの群れに一回り小さな珍鳥であるアオガン（学名：Branta ruficollis）が混じって行動していることがある。私達はこの日の朝、１羽のアオガンがカオジロガンの群れと一緒に行動しているという報告をミニコール（次ページを参照）で受けていた。

　私は「スウェーデン野鳥の会」のメンバーであり、その会の中で結成された「クラブ300」のメンバーでもある。今でこそ「クラブ300」には誰でも入会ができるが、私がメンバーになった当時は、スウェーデン国内において300種以上の野鳥種を観察していることが入会条件となっていた。日本だと、北海道から沖縄まで行けば毎年555種類（迷鳥をプラスすれば600

カオジロガンの大群

種）の野鳥を観察することができるが、スウェーデンで毎年観察できるのは約280種が限界である。このような環境で300種となると、何年にもわたって様々な自然環境に足を運んで野鳥を観察しなければクリアできない数である。

「クラブ300」には、観察した珍鳥の種類や場所をコード化（20桁）して表示したり教え合うというミニコールシステム[★2]があった。このシステムは「全国警報」とも呼ばれ、スウェーデン全土の珍鳥情報を即時に入手にすることができるものである。前述したように、この日に私達がアオガンの存在を知ったのもこのミニコールのおかげである。

　私達は、早速、カオジロガンの群れにアオガンが混じっているかどうかを調べることにした。海岸の放牧地を歩いている間はよいが、カオジロガンの群れが飛び下りた採草地に近寄るためには何か所もの石の壁を越えていかねばならない。また、当然、カオジロガンの群れが私達に驚いて一斉に飛び立たないように注意深く接近する必要もあった。

　私達は、カオジロガンの群れがいる二つ手前の石の壁に身を隠して、そこから双眼鏡でアオガンを探すことにした。フィールドスコープを使用す

★2　現在ではこのミニコールは廃止されており、携帯電話のメールを使って全国に情報が送信されている。

ると、どうしても石の壁の上に頭が出てしまうからである。野鳥図鑑で見ればカオジロガンとアオガンは体色が異なるために見間違えることはないが、草をついばむために絶えず歩き回っている1,000羽以上のカオジロガンの群れの中からたった1羽のアオガンを探し出すことは決して容易なことではない。結局、このときは、カオジロガンの群れに気付かれて発見できずじまいであった。

▶ 農地改革による農業の個人化

　エーランド島の農村では、1800年代半ばまで農村共有の土地利用が行われてきた。そして、その後に行われた2度の農地改革によって「土地再分配」や「農地区画整理」が行われた。これら農地改革の最大目的は、これまであちこちに分散していた各農家の農地を一か所にまとめて所有できるように区画整理を行って再分配するというものであった。この農地改革によって個人農業へと移行し、海岸沿いの土地（放牧地および採草地）や農耕地、およびアルヴァール大平原を個人が所有することとなった。

農耕地、牧草地を通って海岸にまで延びる農道

▶ 海岸沿いでの土地利用

　鉄器時代（BC500～BC1300）には、人々は海岸近くに居住していた。その後、肥沃な土地での農耕生活が始まると内陸部に村が形成されるようになった。そのため、海岸沿いの土地は何千年にもわたって肥料がまったく施されることがなく、採草地や放牧地としてだけ利用されてきた。現在

エーランド島大橋を背景に草を食む肉牛達

でも、海岸近くを歩いていると鉄器時代の石垣や家の土台、そして墓といった当時の人々の生活をかいま見ることができる。

この海岸沿いの放牧地では、1950年代まで、乳牛を農家の牛舎に連れ戻さないでその場で乳しぼりを行っていたということである。しかし、私が海岸地帯を歩いても目にするのは肉牛ばかりである。現在では、乳牛はすべて牛舎で飼われいるようだ。これは、1日に2度の乳しぼりの手間や牧畜業の機械化、そして農業従事者の減少という現状を考えると当然のことと思われる。

▶ 線状に発達した農村

アルヴァール大平原の東西を海岸線に沿って南北に走っている国道は南の端でつながっている。特に、この国道の東岸沿いを走ると、数kmおきに農家が線状に並ぶ村々を通過することになる。村とはいっても、10軒足らずの小さな村ばかりである。現在でこそ舗装されているこの国道も、かつては村と村をつなぐ砂利道であったことだろう。

このように農家が線状に並んで農村を形成する方法は、中世のスウェーデン東部（バルト海沿岸地方）ではごく普通であった。エーランド島の線

コラム　線状村（radby）の図

　図はエーランド島に実在する線状村で1674年に描かれた地図に見られる区画配分図である。

　村道に面した家屋用の土地は所有する農耕地の広さに応じて配分され、奥行きが同じであるため、豪農の区画は村道に沿って幅が広く、貧農の区画は狭くなっている。

　数字は各農家を表している。村道南側にある農耕地の区画は、異なった作物を植えていたことを表している。

状に発展した農村は、区画整備の結果であると言われている。道に沿って四隅を決めて長方形に農村を構成し、その長方形を分割することで道に面した四角い土地を各農家が所有した。そして、そこに家屋や作業場、家畜舎を建てた。

　各農家が所有する土地の奥行きはすべて同じであり、道に面した幅によって土地の広さが異なることになる。また、その幅は、農家が所有する農地の大きさに応じて振り分けられた。

　私がエーランド島でよく滞在する東海岸のスラーゲシタ村（Slagersta）の隣には、南クヴィンネ村（Södra Kvinneby）[★3]という線状村がある。2005

線状村の南クヴィンネ村　　　　　　　南クヴィンネ村の農家

年の春、エーランド島を訪れた際にこの南クヴィンネ村を歩いてみた。道路を行き来しながら農家の写真を撮っていると、一人のお婆さんが背後から声をかけてきた。
「私の家の写真を撮っているの？」
「線状村の農家を写真に収めたくてこの村を歩いているのだ」と、私はお婆さんに話した。このとき82歳と言ったこのお婆さんは、夫の死後、農地や農家を人に貸しているのだと言う。息子が一人いるそうだが、彼はストックホルム工科大学を卒業してからノルウェーの北海油田でエンジニアとして働いており、農業をやる気はまったくないそうだ。
「島にも、年に１、２度帰省するだけ」と、お婆さんは寂しそうに語った。

▶ エーランド島はスウェーデン一の野鳥の宝庫

　春に友人達とともにエーランド島へバードウオッチングに出かけるときは、たいていウプサラを夜の10時か11時ごろに出発する。夜は交通量が少なく、交差点でも、交差車線に車が走っていなければ進行方向の信号が自動的に青に変わるためにブレーキを踏むことなくスムーズに走れるからである。ウプサラからエーランド島までは約500 kmの距離だが、終日営業

★3　「södra」は南、「by」は村という意味。

のレストランでのコーヒーブレイクを入れても、約6時間後にはエーランド島大橋を渡って夜明け前には到着する。

　春にここを訪れるとき、私達は必ずカルマル海峡に面した「ベイエシュハムン（Bejershamn）[★4]自然保護地」へと直行する。ベイエシュハムンは大橋の南10 kmにある自然保護地だが、ここでは、朝日を背に受けて水辺の鳥達を観察することができる。それに、この自然保護地を散策することで「今年も春がやって来た！」という実感が味わえるのだ。

　ここからは、対岸にあるカルマル城や、たった今渡ってきたエーランド島大橋をフィールドスコープではっきりと捉えることができる。海岸や海岸沿いの浅瀬では、冬をヨーロッパ大陸で過ごしたミヤコドリ（学名：Haemotopus ostralegus）やツクシガモ（学名：Tadorna tadorna）、ソリハシセイタカシギ（学名：Recurvirostra avosetta）が餌をついばみ、ユリカモメ（学名：Larus ridibundus）が叫び声とともに迎えてくれる。

　チドリやシギ類を探しつつ海岸沿いの遊歩道を歩いていくと、近くの林からはカッコウ（学名：Cuculus canorus）の鳴き声が聞こえてくる。遊歩道に設けられた牛止めの木戸を通り、海と湿原に沿って旧突堤への砂利道を歩く。かつて、ベイエシュハムンに港を造ろうと突堤の建設を始めたが、財政破綻が理由で港の建設は中止されたらしい。今日では、この砂利の遊歩道だけがそのなごりを残している。

　途中で遊歩道を右に折れ、アシ（学名：Phragmites australis）やガマ（学名：Typha latifolia）の湿原に設けられた長い渡り木を歩いて対岸の林へと足を進めた。渡り木から見える浅瀬や湿原では、タカブシギ（学名：Tringa glareola）やアカアシシギ（学名：Tringa totanus）、ハジロコチドリ（学名：Charadrius hiaticula）、タゲリ（学名：Vanellus vanellus）などが泥の中で餌を探し、ダイシャクシギ（学名：Numenius arquata）が長いストローフを奏でて春の到来を告げている。湿原の放牧地にはすでに肉牛が放牧されており、カルマル海峡を背景にのどかな景色をかもし出している。

なぜかは分からないが、私は春にベイエシュハムンでこの光景に接するたびに「スウェーデンは平和な国だなあ」と感じる。林の中では、ズアオアトリ（学名：Fringilla coelebs）やキタヤナギムシクイ（学名：Phylloscopus trochilus）、マダラヒタキ（学名：Ficedula hypoleuca）やミソサザイ（学名：Troglodytes troglodytes）がまるで競い合って春の到来を告げているようだ。陽光の再来を歓迎する野鳥達のセレモニーである。

　このころの落葉樹林は、小鳥達がその存在を歌声で教えてくれるし、葉っぱによって野鳥の姿が遮られないためにバードウオッチングにはもってこいである。しかし、まだこの時期の朝晩は気温が氷点下になることもある。林の木々も、春の到来を疑うかのように蕾を固くしている。これはまさに、スウェーデンの女流作家であり、詩人のカーリン・ボイエ（1900〜1941）が書いた「新芽が出るのはきっと痛みを伴うのです。でなければ、春は何故躊躇するのでしょう？（Ja visst gör det ont när knoppar brister. Varför skulle annars våren tveka?）」の描写そのものである。

　木々の遅さに比べて春の草花の開花は早い。氷雪が解けて地面が少し暖められると、林の中ではユキワリソウ（学名：Hepatica nobilis）が木々の落葉の間から清楚な青紫の花をのぞかせ、ヤブイチゲ（学名：Anemone nemorosa）があたかも白の絨毯を敷きつめたかのように一斉に開花する。小鳥達の歌声を浴びながらその中の遊歩道をさらに進むと、日当たりのよい草地に出る。この草地では、もうすでにセイヨウオキナグサ（学名：Pulsatilla vulgaris）が紫色の花を咲かせている。ここに座り、気温の上昇を肌で感じながらセイヨウオキナグサに囲まれて朝食をとる。

日当たりがよく、水はけのよい草地に咲くセイヨウオキナグサ

★4　「hamn」は「港」という意味。

第4章　エーランド島南部の農耕地帯

このとき、徹夜で車を走らせて、日の出前から野鳥を観察した疲れがどっと出てくる。朝食後にここでする半時間ほどのごろ寝は、何事にも代えられない満足感を与えてくれる。

　春の渡りで最も印象に残っている出来事を記しておこう。
　2002年5月中旬の午後、ベイエシュハムン南の海岸沿いで何時間にもわたって見ることのできたコクガン（学名：Branta bernicla）の大移動である。500羽、1,000羽といった群れが次から次へとつながり、何時間にもわたってカルマル海峡を北上したのである。「数珠繋ぎ」とは、まさにこのことを言うのだとそのとき実感した。
　スウェーデンを渡るコクガンは、冬にはデンマークやドイツ、フランスの北海や大西洋沿岸で越冬し、春にはバルト海からフィンランド湾、シベリアを渡って北極海沿岸で繁殖をする。この日は、まさにその大移動の日であったらしい。
　なぜこの日が渡りに選ばれたのかは知る由もないが、この日の天候は快晴の無風であった。夜明け前にドイツやフランスの大西洋岸を飛び立ったコクガンの群れは、半日後にはカルマル海峡に到着してさらに北上を続けたのである。これぞ、大自然の神秘である。後日読んだ野鳥統計の調査結果では、この日だけで16万羽のコクガンがカルマル海峡を北上したという。

　季節が変わって、10月中旬から下旬にかけてのバードウオッチングでは、夕方にウプサラを出発して真夜中にエーランド島に到着するようにしている。エーランド島へ旅行をするときにはいつも、20年来の友人であるアンダシュ・エーク（Anders Ek）さんの両親が所有している別荘を貸してもらっている。ご本人はバードウオッチングにまったく興味をもっていないので、私達とともに旅行をしたことは一度もない。
　この別荘は、先に述べた島の東岸に位置するスラーゲシタ村にある。エーランド島に到着後、私達は別荘に直行して数時間の仮眠をとることにし

夜明け前の南端海岸はバードウオッチャー達で賑わう

ている。そして、日の出の1時間前に起床して、朝食もそこそこに、夜明け前に島の南端にあるオッテンビー（Ottenby）に到着するように車を走らせる。エーランド島は南北に長く、スラーゲシタ村からオッテンビーまでは約40 kmの距離があるが30分とはかからない。というより、「かからせない」と言ったほうがよいかもしれない。

夜明け前に南端に着いても、駐車場がすでに満車であることが多い。そして、ほとんどすべての車に赤丸に黒いX印の付いた「クラブ300」のステッカーが貼られている。バードウオッチャー達は夜明け前に海岸に出て、バルト海を越えてヨーロッパ大陸へと向かう渡り鳥の大群をフィールドスコープで観察するのである。10月中旬の夜明け前と言えば気温が氷点下になることもあるし強風の日もあるので、真冬のような防寒姿で海岸に出ることになる。

秋のバードウオッチングでは、無風の日の早朝にやっかいな問題が現れる。その問題というのは、南端をすっぽりと覆う深い霧である。泊まったスラーゲシタ村から南下してオッテンビーの灯台が地平線に見えなければ、その日の予定は変更せざるを得ない。そして、そのような日は、南端の灯台付近の藪や林の中に棲む小さな野鳥を追うことになる。キマユムシクイ

（学名：Phylloscopus inornatus）やカラフトムジセッカ（学名：Phylloscopus schwarzi）、カラフトムシクイ（学名：Phylloscopus proregulus）などは、バードウオッチャー達が目を凝らして探し求める価値ある小鳥達である。

オッテンビーには、1946年にスウェーデン野鳥の会によって設立された「オッテンビー野鳥研究所（Ottenby fågelstation）」があり、ここでは、カスミ網やケージを使って捕獲した野鳥に足環をつけてから放鳥して渡り鳥の標識調査を行っている。このオッテンビー野鳥研究所での捕獲・放鳥数は毎年約2万羽を数え、種や亜種の識別をはじめとして、性別や年齢による羽色の変化、夏羽、冬羽、エクリプス羽[★5]といった換羽の状況、鳥体各部の計測、体脂肪を基にした体調や時期による体重の増減など、野鳥研究にとって貴重なデータを提供している。

2005年秋には人間も感染して死亡する「H5N1型鳥インフルエンザ」がヨーロッパにおいても確認され、ヨーロッパ各国の野鳥研究所は一躍世間の注目を浴びることになった。ここオッテンビー野鳥研究所においても、捕獲した水鳥や海鳥の採血を行い、血液のサンプルを「国立獣医学研究所（Statens veterinäranstalt：SVA）」に送ってウイルスの早期発見に一役買うことになった。

2005年10月下旬、スウェーデンにおいてもストックホルムの西約120 kmにあるエスキルスチューナ（Eskilstuna）の街中を流れる川で死亡しているマガモ（学名：Anas platyrhynchos）が約10羽見つかった。センセーショナルな記事を売り物とする夕刊紙が、あたかもH5N1型鳥インフルエンザがスウェーデンでも発見されたかのような報道を大々的にして人々の不安を煽り立てたが、ウイルス培養の結果、死亡したマガモからはH5N1は発見されなかった。

▶ エーランド島は茶色豆[★6]の大産地

エーランド島の西海岸、カルマル海峡に面したメルビーロンガ

(Mörbylånga) 平野は石灰質を多く含んだ塩基性の肥沃な土壌で、菜の花、タマネギ、茶色豆、砂糖ビートやイチゴといった農作物が栽培されている。かつては、秋にエーランド島に行くと畑に高く積み上げられた砂糖ビートをあちこちで見かけたが、島南部の中心地メルビーロンガの砂糖精製工場が閉鎖されたために最近ではこの光景もなかなか見られなくなった。

このメルビーロンガ平野にあるリッラ・フレー村（Lilla Frö）[★7]は、エーランド島にある数多くの線状村の中で最も代表的なところだと言われている。私はこれまでに何十回となくこの村を通ったが、本書を書き始めるまで線状村については何の知識もなかったし、「線状村」という言葉すら耳にしたことがなかった。先に記した南クヴィンネビー村の農家と同じく、このリッラ・フレー村の農家の建物も中庭を囲むようにして建てられており、たいていの農家の庭には大きな石灰岩板が地面に敷き詰められている。

2005年夏、私はカールスクローナ軍港からウプサラへの帰り道にエーランド島に立ち寄った。そして、この村を通過した際、ペンキ塗りの手を休めて休憩中の夫婦を見かけた。当然のことのように、私はこの夫婦にインタビューを試みた。気軽に応じてくれたこの夫婦の名前は、ローランド・

畑に高く積み上げられた砂糖ビート　　　　線状村リッラ・フレー

★5　カモ類の雄は、繁殖が終わって再びつがい形成をするまでは雌と同じような地味な羽色になる。これを「エクリプス羽」という。

★6　(bruna börnor) 小豆を一回り大きくした茶色の豆で少々甘味があり、食料として使用される。薄切りの豚肉をフライパンで炒めて、炊き込んだ茶色豆と一緒に食べる料理はスウェーデンの伝統的な家庭料理である。

★7　「lilla」は小さい、「frö」は種子という意味。

世界遺産の住人、ローセンベリー夫妻

ローセンベリー（Roland Rosenberg）さんとその妻であるシーヴ（Siw）さんであった。

　２人は、定年退職後にストックホルムからエーランド島に移ってきたという。ローランドさんはもともとこの島の出身であるが、奥さんはストックホルム生まれのストックホルム育ちである。大都会で生まれ育ったシーヴさんがエーランド島の小農村での生活をどのように思っているのか、野次馬的な興味から尋ねてみた。「気候はよいし、自然もきれいだし、ストックホルムに行くにも車で6時間で行けるので、エーランド島に引っ越しをしてきたことを後悔したことはありません」と、彼女は楽しそうに話してくれた。

　現在、彼女は家畜舎を改造したブティック兼手工芸品店を経営しており、亜麻を原材料にして自分でデザインした婦人服をブティックで販売している。彼女にとっては、商売よりも観光客が立ち寄ってくれることのほうが楽しいらしい。

　彼らも農地はもっているが、エーランド島の多くの農村がそうであるように、農作業ができる年齢でないために他人に貸していると言う。そして、その農地では茶色豆の栽培が行われていた。

　ローランドさんによると、スウェーデンで採れる茶色豆の98％がエーランド島産だという。「エーランド島の土壌が石灰質に富んでいること、そして秋の気候が穏やかなことが茶色豆の栽培に適しているからだ」と、農業組合のホームページに説明があった。スウェーデン農業省は、島の農業文化遺産を守るために、エーランド島にある伝統的な茶色豆の栽培を行っている農民に対して年間1ヘクタール当たり約4万円の補助金を支給し、伝統的な農業の保護に努めている。

リッラ・フレー村は、1950年代からバラの栽培にも着手し始めた。現在、この村には約5万本のバラの苗木が植えられており、開花時には、島を訪れる観光客の目を楽しませているという。しかし、バラの開花時は春や秋のバードウオッチングとは時を異にするため、残念ながら、私はその光景を目にしたことがない。

▶ 鉄器時代の要塞を復元した博物館

　アルヴァール大平原の南部には、鉄器時代の要塞を復元した「エーケトルプ要塞（Eketorps borg）」がある。1960年代から1970年代にかけて国立文化財保護委員会の手によって発掘調査が行われ、1984年、鉄器時代や中世時代に使用されていた材料や建築方法によって要塞が復元された。要塞内にある博物館では出土品が展示されており、当時の人々の生活ぶりが体験できるようになっている。

　私がこの博物館を初めて訪れたのはかなり以前のことであるが、いまだに最も印象深い博物館として記憶に残っている。その理由は、やはり発掘調査地のすぐそばに博物館があり、そこに出土品が展示されることによって当時の人々の生活がぐっと身近に感じられるからである。

エーケトルプ要塞

▶ スウェーデン最大の牧草地での忘れることのできない出来事

　スウェーデンを統一した国王グスタフ・ヴァーサ（1496?～1560）は、エーランド島に5か所の荘園を設けた。そのうちの一つが南端にある「オッテンビー荘園」であり、現在は国有地化されているエーランド島最大の農場で、約180頭の肉牛や約400頭の羊が南端の海岸付近で放牧されている。その東側の海岸には「シェーフェリー牧草地（Schäferiängarna）」と呼ばれるスウェーデン最大の牧草地があり、多くのシギやチドリ類が繁殖する自然保護地ともなっている。野鳥保護のために、繁殖期（4月1日から7月31日）はこの牧草地への立入りが禁止されている。

　秋のバードウオッチングのとき、まだ薄暗いシェーフェリー牧草地で一生忘れることのできない大自然のドラマを体験した。2001年10月のある朝、私はウプサラ野鳥の会のメンバーとともにコシギ（学名：Lymnocryptes minimus）を探鳥すべく、薄霧の中、秋雨で半ば湿地化したシェーフェリー牧草地をゆっくりと歩いていた。コシギはその名の通り、体長がわずか20 cmの小さなシギで、草陰に身を深く伏せて、まさに人に踏みつけられるのではないかという距離になって初めて飛び上がる習性がある。しかし私達は、ここで多くのタシギ（学名：Gallinago gallinago）に出合うことはできたが、コシギを見ることはできなかった。

　海岸よりの牧草地からは、非常に多くのガン類が一夜を過ごしたようで、大群の叫び合う声があちこちから聞こえてきた。私が海岸のほうを見ると、1羽のハヤブサが海岸線と平行に牧草地の上をゆっくりと南端に向かって飛んでいくのが見えた。次の瞬間、今まで牧草地で草を食んでいた1万羽以上ものガン類が大声で叫びながら一斉に飛び上がり、あたりは一瞬のうちに大混乱となった。右往左往するガン達の乱舞である。ガン類はいくつかの大きな群を形成しており、遠くから見ているとまるで自由に動き回る雲のようでもある。

　しかし、このハヤブサはガンを襲う気はまったくなかったようで、海岸

線に沿って、何もなかったかのようにゆっくりとした飛翔で灯台方向に南下して薄霧の中に消えていった。そして、この牧草地に静けさが戻ったのは、それから20分ほどしてからであった。

▶ 南部の沿岸はバルト海の数少ないアザラシの生息地

カルマル海峡に面した南部西岸のエッケルスウッデ岬（Eckelsudde）の入江は非常に遠浅で、ミヤコドリやソリハシセイタカシギ、ハマシギ（学名：Calidris alpina）、ダイゼン（学名：Pluvialis squatarola）といった多くの渉禽類やツクシガモやハイイロガン（学名：Anser anser）が数多く観察できる格好の場所である。

それと同時に、この岬の岩場は、スウェーデンのバルト海では数少ないゼニガタアザラシ（学名：Phoca vitulina）やハイイロアザラシ（学名：Halichoerus grypus）の生息地でもある。フィールドスコープを岩場に向けると、長々と横たわっているゼニガタアザラシやハイイロアザラシがよく見かけられる。

バルト海のアザラシの生息数は1970年代に大幅に減少し、かつては絶滅

岩の上に寝そべるハイイロアザラシ

★8　ツル、シギ、チドリ、サギなど、くちばし、首、脚が長く、浅瀬で餌を求める鳥。

の危機に追い込まれていた。これは、食物連鎖の頂点に立つアザラシがDDT（殺虫剤）、PCB（ポリ塩化ビフェニール）などの環境汚染物質の影響をもろに受けたことや狩猟によるものであった。現在は絶滅の危機から脱したものの、「漁業権」か「アザラシ保護」かという対立する問題が相変わらずあり、マスメディアを賑わしている。

　このようなエーランド島に来て最近よく目にするようになったのが、風力発電のための風車である。エッケルスウッデ岬やカルマル海峡の海中にも風車が聳え立っている。エーランド島には発電のための風車が現在48基あり、島全体の総電力需要量の約16％を風力発電で賄っている。風力発電は地球温暖化ガスを排出することなく電力の供給が可能なため、電力エネルギーの自給自足を目指すエーランド島としてはこれからも風力発電を推進するとのことである。しかし、発電効率の低さや自然景観を損ねるために、これ以上の風車設置は反対であるという意見も多い。
　スウェーデン国会の資料によると、現在、エーランド島には900基の風車の建設申請が出されており、そのうちの500基は南部に位置するメルビーロンガ・コミューンからのものであるという。

林立する風力発電用風車

ハンザ同盟都市ヴィスビー (Visby)

第5章

ユネスコによる登録基準　文化遺産

（ⅳ）人類の歴史の重要な段階を物語る建築様式、あるいは建築的または技術的な集合体または景観に関する優れた見本であること。

（ⅴ）ある文化（または複数の文化）を特徴づけるような人類の伝統的集落や土地・海洋利用、あるいは人類と環境の相互作用を示す優れた例であること。特に抗しきれない歴史の流れによってその存続が危うくなっている場合。

登録年度　1995年

世界遺産委員会による登録理由

ヴィスビーは、北ヨーロッパの石垣で囲まれたハンザ同盟都市の卓越した例である。人間の居住をその形態と機能から意義深く物語る市街区や非常に価値のある建造物がユニークな形で保存されている。

ハンザ同盟都市ヴィスビーの航空写真
（写真提供：ヨスタ・リットケンス Gösta Lyttkens 氏）

スウェーデン南東部のバルト海に浮かぶゴットランド島（Gotland）は
スウェーデン最大の島であり、ヴィスビーはその島最大の都市である。私
は、1995年に世界遺産に制定されたハンザ同盟都市ヴィスビーの旧市街を、
ライラック（学名：Syringa vulgaris）の花が咲き始めた5月下旬から6月
上旬に訪れることにした。
　同じくバルト海に浮かぶエーランド島（第4章を参照）には本土と島を
結ぶ大橋を渡って車で行くことができるが、ここへは飛行機かフェリーを
利用しなければならないために、私にとってはゴットランド島は遠い島で
あった。しかし、よくよく考えてみれば、ストックホルムのアーランダ空
港かブロンマ空港からはわずか40分で行くことができるし、以前は6時間
以上もかかっていた船の旅も、最近では高速フェリーが運航されており、
フェリー埠頭のあるニーネスハムン（Nynäshamn）からは3時間しかか
からない。
　今回はヴィスビー旧市街に限られることもあり、私は電車とバス、そし
てフェリーを乗り継いでゴットランド島に行くことにした。日本と違って
スウェーデンの鉄道網の運行時間は非常に不安だが、幸い電車とバスの乗
り換えには十分余裕があるので、フェリーターミナル行きのバスに乗り遅
れることもないだろうと判断した。
　ウプサラから電車でストックホルム中央駅に行き、長距離バスの発着所
である中央駅横のシティターミナルからニーネスハムンへと向かった。例
年ならこの時期は快晴の日が続くことが多いので今回の旅を計画したのだ
が、あいにくとこの日は雲が低く垂れこめ、小雨がぱらついていた。
　フェリーターミナルに着くと、クラス旅行に出かけると思われる小中学
生や高校生の団体が何組かいた。思わず、私は3年前に教え子達と行った
ゴットランド島へのクラス旅行のことを思い出した。
　当時、中学の教師をしていた私が受け持っていたクラスは、アイスホッ
ケーとダンスの授業を時間割に組み込んだテーマクラス[★1]であった。アイス
ホッケーをやっていた17人の男子生徒達の夢は北米のプロリーグである

「ナショナル・ホッケーリーグ」の選手になることであったが、高校に入ってからは毎日の厳しい練習に耐えられなくなったり、ほかの趣味やガールフレンドと付き合う時間のなさから徐々に辞めていったようで、高校を卒業する時点でアイスホッケーを続けているのはわずか6人となってしまった。また、ダンスをやっていた女子生徒達も、今は2人が続けているにすぎないようだ。彼らは今ごろどうしているかな……と、一人ひとりの顔を思い浮かべながらカーフェリーに乗船した。

埠頭を離れたフェリーはヴィスビーへと向かった。この日のバルト海は、どんよりと曇ってはいるものの風は弱く、波も穏やかであった。私は、バルト海を船で渡るときにはいつも悔恨の念に襲われる。1994年9月28日、エストニア船籍のカーフェリー「エストニア号」が強風下のバルト海に沈没したからである。この事故で852人が死亡し、その中には、私の元同僚であった2人も含まれていた。

乗客のほとんどがエストニア人、フィンランド人、スウェーデン人で、関係諸国はエストニア号を海底から引き揚げることなく、沈没した場所を死者の墓場とすることを決定した。沈没事故調査委員会が設けられて事故原因の究明にあたった結果、荒波によってフェリー後部の開閉部の付け根が捥ぎ取られたために浸水、沈没したと発表された。しかし、船体は海底に取り残されたままであり、事故原因についてはいまだに多

1994年9月29日付のダーゲンス・ニーヘーテル紙（Dagens Nyheter）の第一面

★1　一般クラスとは異なって義務教育科目以外のテーマを授業として取り入れており、各学校のプロフィールクラスとなっている。私の学校ではアイスホッケーとダンスであったが、学校によってはサッカークラス、音楽クラス、自然科学クラスなどがある。

くの憶測が飛び交っている。そして何よりも、現在も757人が海底に眠ったままなのである。

　午後2時過ぎ、雨のヴィスビー港にフェリーは到着した。私は、フェリーターミナルから歩いて5分のところにある「ヴィスビー刑務所ホテル」へと向かった。ここが今回の旅の宿である。名前の通り、この刑務所ホテルは1859年から1998年まで刑務所であった。閉鎖後、独房28室のベッドの入れ替えや壁の塗り替えを行ってはいるが、当時の雰囲気を可能な限り残してホテル兼ユースホステルとして利用されている。
　この日、私が入った独房は1階にあった。窓から見えるのは、鉄格子と鉄条網が巻きつけられた高い外壁と空だけである。独房の大きさは2m×3mほどで、狭所恐怖症の人にとっては胸が締め付けられる思いであっただろう。もちろん、洗面所やトイレはない。

現在はホテル兼ユースホステルとなっている元ヴィスビー刑務所

　ヴィスビーに来るのは今回で10回目になる。これまでは、旧市街をブラブラして「考古学館（Fornsalen）」と呼ばれるヴィスビー歴史博物館での展示物を見たり、友人達から街の説明を聞くことはあってもなかなか歴史の本を読むまでには至らなかった。しかし今回は、事前に「スウェーデン

国立文化財保護委員会（Riksantikvalieämbetet）」のホームページから資料をダウンロードして読み通し、基礎知識だけは頭に入れてこの街にやって来た。

　世界遺産となっている旧市街は、ドイツのリューベックやハンブルグを中心に、北海やバルト海沿岸諸都市と貿易を行う商人達によって13世紀に結成されたハンザ同盟の都市である。しかし、その前後の歴史を繙くと、わずか1世紀の間に大繁栄と衰退を味わった街の姿が現れてくる。

　12世紀、ヴァイキング時代の一市場としてのヴィスビーに始まり、13世紀にはバルト海沿岸諸国やロシアとの貿易海路を手中に治めんとするデンマークやドイツの商業中継地として、そしてバルト海沿岸住民のキリスト教化を図る聖戦兵士の戦略中継地として大発展を遂げた。その後、商業権を独占しようとしたヴィスビー住人と旧市街の石垣外に住んでいた農民達との間に内戦があったり、バルト海貿易の中心がストックホルム、タリン（エストニア）、リーガ（ラトヴィア）、ゲダンスク（ポーランド）へと移行したことに伴って貿易都市としての地位を失っていった。

　こんな歴史がある、世界遺産に登録されているハンザ同盟都市ヴィスビーの現在の姿を見ていこう。

　今日、ヴィスビーは人口23,000人の小コミューンであり、世界遺産となっている石垣に囲まれた旧市街の77ヘクタール（0.77 km^2）には2,900人が住んでいる。私は、刑務所ホテルを出所して、地図を片手に、旧市街の多くの通りや小路を見て回ることにした。

　ヴィスビーの旧市街を取り囲む石の防御壁は、北欧においては非常に大規模なものであるが、南欧や中欧の市街壁と比較すればそれほど驚嘆に値するものではない。それでも、高さが9m、全長は3.5kmにも及んでいる。

　この石壁は、内陸側からの攻撃に備えた約2kmの陸壁と、海側からの攻撃に備えた1.5kmの海岸壁に分けることができる。これらの石壁には土台から組み込まれた防衛塔が29塔あったが、2塔を除いて現在も残ってい

陸壁に沿った旧市街の小路 　　　　　　　　防御塔

小防衛塔 　　　　　　　　南門

る。その2塔というのは、1411年に既存の石垣の上に築城されたヴィスボリー城の塔であるが、1679年に起こったデンマークとの戦争のときに完全に崩壊した。また、防衛塔と防衛塔の間には、同じく石壁に取り付けられた小防衛塔が23塔あったと考えられているが、現在残っているのは9塔にしかすぎない。小塔とはいっても石で造られたものであり、塔自身の重さゆえに崩れ落ちたとも考えられている。

　ヴィスボリー城跡の石壁に沿って「城南小路（Södra Slottsgränd）」から「砲兵坂（Artilleribacken）」をしばらく行くと、旧市街と内陸部の農村とを結ぶ南門に出る。旧市街の石垣には「南門」、「東門」、「北門」と呼ばれる三つの大門があり、これらの門を通って食糧などが農村から旧市街に搬入され、そこで税金が課せられて、広場で開かれる市場で売買されていた。これらの門の扉は毎朝開かれ、夜間は外部からの進入を防ぐため毎晩閉じられていたという。

　ちなみに、南門の扉は1873年まで残っていた。その南門から街に延びる「貴族通り（Adelsgatan）」には、今日、商店街が続いている。

　門の開閉が何時ごろであったのかと思い、後日、私はゴットランド島の歴史博物館にメールで問い合わせてみた。博物館員の女性からは、「ヴィスビーについては記録が残っていないが、ほかの町では日の出、日の入りに門を開閉していたという記録が残っており、ヴィスビーにおいても同様だったと思われる」という返事が届いた。彼女は中世ドイツのヴィスマール（Wismar）を例に挙げ、「夏の開門は午前3時、閉門は午後10時半、そして冬の開門は午前7時、閉門は午後5時だった」と教えてくれた。

　ヴィスビーはヴィスマールよりも北に位置する。したがって、夏の日の出はさらに早く、日の入りはさらに遅くなり、逆に冬は日の出が遅く、日の入りは早くなる。よって、夏はほとんど1日中開門されているが、冬はかなり短い時間しか開門されていないことになる。

　南門から東門へと向かう石垣に沿った「南石垣通り（Södra Murgatan）」では、石垣の造りを600ｍにわたって間近に見ることができる。この石垣

「貴族通り」の商店街

石垣に面した南石垣通り

東門はヴィスビー観光列車の出発駅でもある。
左に見えるのはセメント製の羊の車止め

幅は、下部が約1.5m、上部は約1mとなっている。高さは約5mほどだが、その境がはっきりしていることから2度に分けて建造されたようだ。

　さらに石垣に沿って南石垣通りを行くと、1361年にデンマーク軍がゴットランド島を攻撃して1,800人もの農民を殺害し、石垣内のヴィスビーに攻め込んでゴットランド島をデンマークの領地とした（1361年～1645年の間）ときに崩壊させたと伝えられている石垣の部分や、1600年代末期から1800年代中期に至るまで刑務所として使用されていた塔、そして小麦粉を挽く臼が設置されていた塔など、600年以上にわたる歴史の舞台を見ることができる。

　東門に到着。東門は旧市街と農村を結ぶ最も重要な大門であり、この門の塔は1280年に建造されたものだという。現在の東門付近は、旧市街、新市街ともに商店街が広がり、旅行者やヴィスビーに住む人々で賑わっている。

　私は、東門から新市街へと出た。門の横にある貸し自転車屋には100台以上の新しい自転車が並んでおり、観光シーズンの訪れを待っていた。駐輪場の木陰でタンデム・サイクルの手入れをしていた店員に話しかけてみた。その店員は、「5月から8月までが観光シーズンの最盛期で、そのときには、自転車の修理や調整で休んでいる暇がないくらい忙しい」と言っていた。

　ゴットランド島は、クラス旅行の地としてスウェーデンの小中学校には人気がある。クラス全員でサイクリングをして島内をめぐっていくことが多い。海岸線には切り立った崖もあるが、島自体は比較的平坦でたくさんの自転車道が整備されているし、一般道路も交通量が少なくて安全だからである。6月の第1週と第2週（小中学校が夏休みに入る前後）にクラス旅行は集中している、と店員は言っていた。私自身も、中学校の担任教師として2度クラス旅行でここを訪れている。

　東門から北門までの約700mは、石壁の外側の遊歩道を空堀に沿って歩くことにした。天気もよかったし、緑を見ながら歩くほうが気持ちがよい

敵の侵入を阻止するための柵　　　　　石壁を庭の塀にもつ家

からである。そして、石垣に小門を見つけるたびに門をくぐってはまた門外に出て歩くことにした。

　しばらく歩くと、空堀に木橋が架かった赤い屋根の塔が見えてきた。「ダールマン塔（Dalmanstornet）」と呼ばれるこの塔には、毎晩閉鎖される扉のほかに敵の侵入を阻止するための柵が造られている。今日、扉のほうは撤去されているが、尖った先をもつ柵は鉄の鎖と閂（かんぬき）によって塔の前面に吊るされている。イザというときには、閂と塔内の鎖止めを外して柵を落下させ、旧市街を守ったのだろう。

　北門付近の「北石垣通り（Norra Murgatan）」では、石壁を庭の塀として利用している住宅が数件並んでいる。1280年代の遺跡を庭の一部として使うとは、実に贅沢な住宅である。ここから海を眺めると、旧市街の家屋の屋根瓦の間に教会の廃墟が見え、中世の時代、この平和な町に何か大きな事件があったことを想像させる。あとで街を散策する予定にしているので、そのときに詳しく紹介しよう。

北門から海岸に向かって北西に伸びる石垣は約400ｍの長さがあり、外から見てみるとこの石壁はかなりの斜面に建てられていることが分かる。このあたりは起伏に富んだ緑の遊歩道があるせいか、散歩をする人達やハイキングに来ているクラス旅行のグループが多い。

　海岸沿いに見られる海岸壁は、旧市街の石壁では最も古く、全長は１km以上ある。しかし、海岸壁は陸壁に比べると石壁の高さがかなり低く、厚さも薄く造られている。これは、当時の武器が剣や弓矢であったため、帆船からの攻撃に対しては容易に阻止できたからであろう。

　海岸壁のすぐ横には植物園があった。数々の品種のバラが植えられているのを見て、バラの咲き乱れる６月下旬に改めて訪れてみたいと思った。この植物園のそばに「漁師小路（Fiskargränd）」と呼ばれているところがある。ここは、1700～1800年代には漁師や労働者達の居住区だったが現在は小住宅地となっており、バラの開花期にはヴィスビーの住民や観光客でにぎわう散策道となるらしい。

　植物園から海岸壁に沿って南に行くと、「火薬塔（Kruttornet）」と呼ばれている赤い屋根の大きな塔が見えてくる。ヴィスビーがまだヴァイキング時代の一市場にすぎなかった1100年代に建造されたもので、1700年代に国の火薬庫として使用されていたことからこの名で呼ばれるようになった。

　海岸壁は、この火薬塔から現在の旧市街の中心部へと延びている。この海岸壁に沿ってアルメダーレン（Almedalen）公園があり、廃墟となった教会やヴィスビー大聖堂を背景にして広がっている。ヴァイキング時代やハンザ同盟時代には港があったところだと聞くと少なからず驚かされるわけだが、今日この公園は、毎年７月中旬に行われる各政党の党首演説会の会場、つまり政治公園となっている。

　私は、旧市街の石畳の道を歩いて、たくさんのレストランが立ち並ぶ大広場へと向かった。観光シーズン中、どのレストランでも屋外にテーブル

アルメダーレン公園

席を設けている。昼食時であったが、観光シーズンが始まったばかりということもあってどの店もそれほどは混んではいなかった。今では廃墟となった大広場に面した聖カタリーナ教会（S:ta Katarina ruin）の横にあるレストランの屋外テーブルに座り、大広場を行き来する人達を見ながら食事をすることにした。1225年から25年の歳月をかけて建造された聖カタリーナ教会は、細いアーチ型の柱で造られた、ヴィスビーで最も美しい教会廃墟だと言われている。

聖カタリーナ教会の廃墟

食事をしている私の横で、若いウェイターが周りのテーブルを拭き始めた。スウェーデン語で話しかけてみたが、「スウェーデン語ができない」と言って英語で答えてきた。聞くと、彼はポーランド人で高校を卒業したばかりであるという。
　「ポーランドもEUに加盟したので、EU諸国ならどこでも自由に仕事ができる。スウェーデンは給料がよさそうなので、夏のアルバイトとしてヴィスビーでウェイターをやっているのだ」と言っていた。
　昼食後、聖カタリーナ教会の廃墟を近くで見ていると、イタリアのテレビチームが撮影にやって来た。イタリアにも世界遺産を紹介する番組があるかどうか知らないが、ご存じのようにイタリアにはローマやフローレンスといった歴史のある街があり、イタリア人の目にヴィスビーがどのように映るのかと興味をもった。
　私は、大広場を横切ってヴィスビー大聖堂に向かって小路を歩いた。正式には「聖マリア教会（S.ta Maria kyrka）」と言い、ドイツ商人の教会として1100年代後半に建設が始まって1225〜1250年ごろに完成した。当時のキリスト教はもちろんカトリックであり（ルーテルによる宗教改革の250

　　　　ヴィスビー大聖堂　　　　　　大聖堂横の階段

年以上も前)、この教会も当然それにのっとった造りである。

　大聖堂には、二つの東塔と一つの西塔がある。これらがヴィスビー港に入港する帆船の目標となっていたのは想像に難くないが、二つの東塔の間に西塔を見て進んでいけば火薬塔の横にあったヴィスビー港に入港できるように配置されていたと聞くと、さすがは海の商人のアイディアだと感心させられる。

　1530年、スウェーデンは国教をカトリックからプロテスタントへと改宗した。スウェーデン全土を初めて国として統一したグスタフ・ヴァーサの時代である。国王は、当時デンマーク領にあった聖マリア教会もスウェーデン教会(プロテスタント)に編入したが、この教会が正式にスウェーデン教会の大聖堂となったのはゴットランド島がスウェーデンに返還された1645年のことである。

　しかし、なぜ聖マリア教会がヴィスビー大聖堂に選ばれたのかは不明である。というのも、聖マリア教会はヴィスビー最大の教会ではないし、後述する「聖ペール教会(S.t Per)」とそれに隣接する「聖ハーンス教会(S.t Hans)」はここの2倍の大きさがあるのだ。

　私は、ヴィスビー大聖堂には特別な愛着がある。今から13年前の1995年、私の親友がヴィスビー出身の女性とこの大聖堂で結婚式を挙げたのだ。私は、新郎の友人代表としてベストマンなる「大役」を果たすことになった。大役とはいっても別に特別なことをするわけではない。結婚式の間、新郎側に立って結婚式の成り行きを見つめ、指輪交換のときに新郎に指輪を手わたすだけであるが、初めての経験であったために緊張したのも事実である。

　挙式後、式に参列していた友人達から「ミキオの顔は石のような硬い顔つきだったぞ」と言われたが、それではいったいどんな顔をすればよかったのかといまだに思っている。

友人のグニッラとビヨーンの結婚式　　　聖ハーンス教会の廃墟にある喫茶店

　中世の時代、ヴィスビーには非常に多くの教会があった。少なくとも17軒の教会があったことが今日では知られている。しかし、教会の場所が記録と一致しなかったり、土台が地下に埋もれたままとなっているため明らかにはなっていない。また、1700年代には、県知事が廃墟化した教会の石壁を使って家屋の建築を住民に奨励したために石壁が消失し、廃墟調査が困難になっているのも事実である。

　それにしても、なぜこれほど多くの教会がヴィスビーには建築されたのだろうか。一説では、ヴィスビーが4教区に分けられていたため、それぞれの教区が独自に教会を建築したのではないかと考えられている。

　旧市街には、廃墟となった教会が9か所保存されている。前述した聖ペール教会と聖ハーンス教会は壁を共有する双子教会で、中世においてはヴィスビー最大の教会であった。ちなみに、聖ペール教会は1100年代に建造されたヴィスビー最古の教会だと考えられている。そして、聖ハーンス教会のほうは、なんと廃墟をそのまま利用して喫茶店を営業している。

第5章　ハンザ同盟都市ヴィスビー

手入れの行届いた古い建物を見ながら石畳の街を歩き、私は海岸通りへとやって来た。「海岸通り」とはいっても海岸からは少し離れた街のほぼ中心にあり、その不合理さが不思議に感じられるが、これはスウェーデンの氷期後の土地隆起によるものである。もちろん、中世の時代にはこの通りにあった岸壁にバルト海貿易の帆船が何隻も停泊し、積荷の揚げ下ろしをする多くの人達でごった返していたにちがいない。

　私は通り沿いにある「歴史博物館（Fornsalen）」に行き、その当時の街の様子を見て回ることにした。当時、海岸通りには建物の上部に階段状の壁面をもった「パックヒュース（Packhus）」と呼ばれる多くの倉庫群が整然と並んでいた。積荷を満載した帆船は火薬塔の横にあった港に入港し、海岸壁の門を通って積荷を倉庫に保管していた。

　ヴィスビーには、スウェーデンからは鉄、ロシアやフィンランドからは毛皮や蝋、ハチミツ、西ヨーロッパからは繊維製品や塩、ワインといったものが運び込まれていた。倉庫は大抵が5、6階建てであったが、なかには9階建てのものもあったという。積荷を上の階に上げるには、建物の上壁面に通された材木に取り付けられた滑車を利用していた。

上壁面に通された材木や滑車が残されている建物　　　　パックヒュース「古い薬局」

ヴィスビーの全盛期には20軒以上のパックヒュースが海岸通りに並んでいたらしいが、今日ではわずか3軒が残っているにすぎない。そのうちの1軒は「古い薬局（Gamla Apoteket）」という名前でヴィスビー市民に知られているもので、すでに1800年代から薬局として営業していたらしい。石灰石やレンガを使って造られたこのパックヒュースは5階建てで、建築文化財にも指定されている。

　建物の前面には積荷の搬入、搬出に使用されたアーチ型の扉があり、各階には明かり窓が設けられているが、側面には小さな明かりとり窓が2階にあるだけなので内部はかなり薄暗かっただろう。中世以後、2階と3階の扉はガラス窓に換えられたが、4階および5階は当時のままの木の扉が残されている。

　もう一軒、歴史博物館の横にある白壁が美しいパックヒュースを紹介しておこう。

　私が訪れたとき、このパックヒュースは900万クローナ（約1億3,000万円）で売りに出されていた。同じく5階建てのこのパックヒュースは5階までの総面積が750㎡あり、1階の別棟にはレストランが入って、建物全体が賃貸アパートになっている。この広告を見たとき、私にはある夢が膨らんだ。その夢については、最後に後日談として記すことにしよう。

　私は、このパックヒュースのことを考えながらツーリストセンターにマッツ・ヤンソン（Mats Jansson）所長を訪ねることにした。しかし、地図上に記された場所にツーリストセンターはなかった。地図通りに歩いているし、道路わきに記された街頭名もあっている。何かおかしいと思い、私は刑務所ホテルに戻ろうと海岸のほうへと向かったら、ゲストハーバーの前に新装されたツーリストセンターがあった。

　私は中に入って、レセプションの女性にマッツ・ヤンソンさんへの面会を求めた。実は、彼は私の親友の弟で、このツーリストセンターの所長をしている。私がここに来るのに迷ったと話すと、ツーリストセンターは今

年移転してきたばかりということであった。どうやら、私がフェリーでもらった地図は昨年版であったようだ。

彼は新築されたツーリストセンターの展示室を私に案内してくれ、ゴットランド島の出土品や展示してあるパネルの説明をしてくれた。そして、「ヴィスビーは世界遺産に制定される以前から夏の観光地として国内では人気があり、世界遺産に制定されたからといって観光客の数はそれほど増加していない」と語った。ちなみに、「ゴットランド島を訪れる観光客の90％以上がスウェーデン人であり、外国人の観光客はドイツ人が大半を占めている」とも言っていた。

ヴィスビーの住宅事情について彼に尋ねてみた。というのも、私が見た広告では、旧市街の一軒家が小さくても300〜400万クローナ（約4,500〜6,000万円）もするからである。彼は、「旧市街に住むことはヴィスビーの住民にとってもステータスシンボルであり、最近、旧市街にある19㎡のアパートが95万クローナ（約1,400万円）で売買された」と言っていた。この値段は、ストックホルムの一等地にあるアパートよりも高い。

私は、一人の日本人観光客としてヴィスビーの印象を述べた。そして、いかにここが日本人の好みにあったところかを彼に述べ、「日本人の団体客をここに呼ぶためには、いかに日本の旅行会社にアピールするかであろう」と話してツーリストセンターを後にした。

親友に教えてもらった大広場の横にある有名な魚料理のレストランへと向かった。しかし、運悪くこの日は予約客でいっぱいであった。仕方なく、大広場に面したレストランでゴットランド島の名物料理である羊料理を食べることにした。スウェーデンは国土面積が日本の約1.2倍あり、また南北に長いために各地方の名物料理が数多くあるのではないか

ヴィスビーの街並み

と思われがちだが、最近ではどこに行っても中華料理店やイタリアンレストランが目立つようになり、残念ながらスウェーデン料理を出すレストランは少なくなってきた。

　夕食後、私は石畳の道を刑務所ホテルへと戻り、ヴィスビーに住むアーネ・レイトネル（Arne Reithner）さんに電話をした。レイトネルさんとは、先に紹介した親友と結婚した女性の父親である。結婚式のあとに数回ウプサラで会ったこともあって親しくしている。

　彼はゴットランド島生まれではないが、ヴィスビーに住んで50年以上になり、ここにあるフリーメーソン（秘密結社）の中心的な人物である。私はこの謎めいたフリーメーソンのことをいろいろ聞いてみたいと思って、彼に電話をしたわけである。その結果、翌日、一緒に昼食をとることになった。

　正午過ぎ、レイトネルさんは友人のフォルケ・ヴェスティーン（Folke Westin）さんと一緒に車で迎えに来てくれた。ヴェスティーンさんは、かつてはヴィスビーにある高校の社会学や心理学の教師であったが、現在は定年により退職をしている。ヴィスビー生まれのヴィスビー育ちで、もちろん彼もフリーメーソンのメンバーである。

　私達は旧市街にあるレストランで昼食をとった。彼らはヴィスビーでは有名人のようで、私達の座っているテーブルの横を通る人達がみな彼らに声をかけ、挨拶をして通りすぎていった。

　昼食後、レイトネルさんの運転する車でヴィスビーの旧市街を通ってフリーメーソンのある館へと向かった。旧市街では、原則的には4月30日から8月21日までは車の乗り入れが禁止となっている。これは、フェリーでやって来る観光客の車を旧市街の狭い小路から締め出すことを目的としているものである。

　車中、彼らに私の世界遺産プロジェクトの話をし、たいていの写真は自分で撮っているが航空写真だけは経済上無理であることなどを話した。レイトネルさんとヴェスティーンさんは、「あいつなら航空写真を撮ってい

るのでは」という話をしていたが、写真家が撮った写真を買うのは高くつくので、私は彼らの話をただ漠然と聞き流すことにした。
　車は、見覚えのある道路を右折、左折しながら大聖堂前を通って北門近くにやって来た。このあたりは静かな住宅街で、昼間は閑散としている。
　レイトネルさんは、車の速度を落として反対側から歩いてきた2人の老人の前で車を止めた。どうやら、知り合いのようだ。2人は車の窓を開け、老人の1人と話し始めた。
　「これから友人とセスナ機で飛ぶんだ」と言う老人に対して、レイトネルさんが「飛行機のライセンスをもっていないじゃないか」と返すと、「昨日、更新したよ」と言って老人はにこやかに笑った。
　こんな老人がセスナを操縦して本当に大丈夫なのかなと私は不安になったが、レイトネルさんらはそんな心配はしていないようである。それもそのはずで、聞くと、この老人はラーシュ・ギブソン（Lars Gibson）さんという人物で、以前はスカンジナビア航空のパイロットをしていたそうだ。この彼も、やはりフリーメーソンのメンバーであった。
　「確か、君はヴィスビーの航空写真をもっていたと思うけど、それをミキオに貸してやってくれないか？　彼は、今、世界遺産の本を書いているんだ」と、レイトネルさんがギブソンさんに言ってくれた。
　「いいとも。今から写真を取りに来たらいいよ」という返事に、私はギブソンさんの家庭を訪問することになった。
　そのギブソンさんの家は、フリーメーソンの館とは目と鼻の先にある一軒家の2階にあった（1階には別の人が住んでいる）。庭にある木の階段を上ると、裏手には旧市街の石垣が、そして表側には海をバックに聖ニコライ教会の廃墟が手に取るように見ることができた。
　何と素晴らしい居住環境か！　こんな素晴らしいところに住んでいる人も実際にいるんだ、と改めて感動してしまった。居間の天井には太い梁が通り、壁にはシマウマの皮や、アフリカのものであろうか大きな木彫のオブジェが飾られている。

ギブソンさんは、ガラステーブルの下側に貼り付けてあったヴィスビーの航空写真を外しながら「スカンジナビア航空を休職して、アフリカで赤十字や国連の食糧援助プログラムのパイロットをしていたこともあった」と言い、「声を大にして言うようなことではないが、ヴィスビーの旧市街を世界遺産の候補地として申請するようコミューンに働きかけたのは自分である」と恥ずかしそうに語った。また彼は、「ヴィスビーが世界遺産に指定されたあとも旅行者が増加しないのは、ツーリストセンターがあまりにもパッシヴだからだ」と批判的な意見を述べた。
　その所長を知っている私は、何か一緒に批判されているような感じがした。

　ヴィスビーの航空写真を借りたあと、私はフリーメーソンの館に向かった。かなり大きな建物である。レイトネルさんとヴェスティーンさんは、まず2階にある秘密ではないいくつかの部屋を案内してくれた。それぞれの壁には異なったシンボルを描いた多くの金属板が飾ってあった。これらは、フリーメーソン発祥の地であるイギリスで、要塞や教会、そして城の壁を造っていた塗工達が使用していた工具や祭礼の際に使用される道具などをシンボル化したものらしい。

ヴィスビーにあるフリーメーソンの館

これらの部屋の後ろに、どうやら秘密の部屋があるようだ。そして、私達は懐中電灯を持って地下室への階段を下りた。

　地下室には電気がないようだ。懐中電灯の光を頼りにして案内された石壁の部屋の天井には梁が見え、いくつかの長テーブルや長椅子が目に入った。長テーブルの上には、前回の集まりで使用されたのであろう、ほとんど燃え尽きかけたロウソクが残っている燭台があった。中世の衣装を身に纏い、ロウソクの光だけを頼りにこの真暗な部屋の中でフリーメーソンのメンバー達は、普段、いったい何をしているのだろうか？　いやがうえにも、フリーメーソンへの興味が沸いてくる。

　私は思わず、アメリカの作家ダン・ブラウン★2が書いた『ダ・ヴィンチ・コード』に描かれているフリーメーソン「シオン修道会」の儀式の場面を頭に思い浮かべた。この小説に書かれているフランスのフリーメーソンでは女性も儀式に参加していたが、スウェーデンは女人禁制であるという。しかし、どうやらこの部屋は儀式の部屋ではなさそうである。私を招き入れ、自由に写真を撮らせてくれるぐらいだからそのはずがない。

地下にある「謎の部屋」　　　　　フォルケ・ヴェスティーンさん（左）と
　　　　　　　　　　　　　　　　アーネ・レイトネルさん（右）

　このあと私達は、館の庭にあるテーブルに座って、コーヒーを飲みながらフリーメーソンの話をすることになった。彼らに聞いた話の内容を簡単にまとめると次のようになる。

　フリーメーソンがフランスからスウェーデンに入ってきたのは1700年代

前半のことで、ヴィスビーには1874年に支部が組織された。国王カール16世グスタフ（1946～、在位1973～）が後見人となり、現在、スウェーデンには約15,000人のメンバーがおり、そのうちヴィスビーには150人のメンバーがいる。メンバーは男性に限られ、キリスト教信者であることが前提となっている。メンバーになるためには、既存のメンバー2人の推薦が必要で、年齢は24歳以上となっている。ちなみに、ヴィスビーにおけるメンバーの平均年齢は55歳である。

　フリーメーソンにはメンバーの位階制度がある。スウェーデンでは10位階のヨーロッパ方式を採用しているのに対して、アメリカは33の位階システムを採用しているという。位階1～3では、自分が所属するフリーメーソンの場所で進級できるが、4以上となるとほかの場所で進級テストを受けることになる。ちなみに、レイトネルさんは最上級の10であった。

　進級テストでは、キリスト教学や先に述べたフリーメーソンのシンボルが試される。進級に際しては集会への出席率も対象となり、冬季は2週間に一度開かれているが、夏季には各家庭の事情を考慮して（父親として家族と休暇をともに過ごすため）月に一度あるかないかである。集会では、経験豊かなメンバーの講演やメディテーション、そしてメンバー間の親交を深めることを目的として食事会や儀式が行われている。

　普段、集会には黒いスーツで出席しているが、儀式となると特別な衣装を身に纏うことになる。そして儀式のときには、使用される言語や表現内容が中世当時のものとなるために、新しくメンバーになった者はなかなか理解できないようだ。「『ダ・ヴィンチ・コード』に書かれているような儀式はあるのか？」という問いには「ある」という返事が返ってきたが、具体的にどのような儀式であるのかを知ることはできなかった。

　彼らによると、ボッティチェルリ、ニュートン、レオナルド・ダ・ヴィンチ、ベートーベン、モーツァルト、シベリウスもフリーメーソンのメン

★2　（Dan Brown, 1964～）処女作『パズル・パレス』で文壇にデビュー。ほかの著作として『天使と悪魔』、『デセプション・ポイント』がある。

バーであったらしい。ベートーベンの『交響曲第9番』やモーツァルトのオペラ『魔笛』には典型的なフリーメーソンの思想が反映されているということだったが、それがどのようなものなのかは分からなかった。のちに調べた文献によると、『交響曲第9番』の第4楽章で歌われる『歓喜の歌(An die Freude)』は、ドイツの詩人、フリードリヒ・フォン・シラーの詩を[★3]ベートーベンが手直しをしたものであるという。歌詞に謳われている「博愛の精神」、「平和」、「愛することの歓び」が、フリーメーソンの思想の根底をなしているということだろうと私は解釈した。

　また、モーツァルトの『魔笛』はフリーメーソンへの参入儀式に基づいて生み出された作品であるということだが、『魔笛』のどの部分にそれが描かれているのかは部外者の私には知る由もない。

　フリーメーソンは兄弟愛や個人の精神的向上を謳う組織であり、社会的には経済援助を必要とする人達をサポートすることが目的となっている。「では、ロータリークラブと同じではないか」と質問すると、「フリーメーソンにはキリスト教の信仰が基礎にある」という答えが返ってきた。これも文献によるのだが、ロータリークラブの創始者はフリーメーソンのメンバーだったと言われている。しかし、フリーメーソンの閉鎖性、秘密性に疑問を感じて、より社会性のあるロータリークラブを設立したと言われている。

　レイトネルさんは、「きみをメンバーに推薦しようか」と冗談とも言えない質問をしてきた。秘密のベールに被われたフリーメーソンの世界に入って自ら体験してみたいとも思ったが、私はメンバーの資格をもっていないのでレイトネルさんのご厚意に感謝しつつもお断りをした。

　私は、日本では高校、大学とキリスト教系の学校に通ったし、本棚には今でも聖書や賛美歌があるがクリスチャンではない。聖書も、英語やスウェーデン語の小説に出てくる引用句を詳しく知るための事典として使っているだけである。しかも、キリスト教に関していえば、プロテスタントよ

りも伝統や儀式を重んじるカトリックの荘厳さに興味をもっている。

　私の宗教は、強いて言えばヴァイキングの自然信仰に最も近いと思われる。それは、人間の力を超えた計り知れない偉大なものに対する畏敬の念であり、「トゥール（Tor：雷神）」、「フレイ（Frej：豊穣の神）」、「フレイヤ（Freja：愛の女神）」、「オーデン（Oden：戦争と死の神）」といった北欧神話に出てくる神々への信仰に似ているのかもしれない。

　館の横には聖ニコライ教会（S:a Nikolai）の廃墟があり、ヴェスティーン氏は扉の鍵を開けて中へと案内してくれた。この聖ニコライ教会は、黒のマントや黒のケープで黒ずくめの衣装に身を纏ったドミニカ派教徒によって1230年頃に建てられたもので、ここで行われていたロウソクだけのミサの様子を想像するだけで異様な感じに襲われる。

聖ニコライ教会の廃墟　　　　　　夏に、廃墟はコンサートホールになる

　現在、この廃墟では毎年夏の夕方にコンサートが開かれているが、特殊な環境下でのコンサートということもあって非常に人気があるらしい。廃墟の中は非常に音響がよくてアーティスト達にも人気があるのだが、「一つだけ問題がある」とヴェスティーンさんは言った。そして、石柱にとま

★3　（Johann Christoph Friedrich von Schiller, 1759～1805）歴史学者、劇作家、思想家で、ゲーテと並ぶドイツ古典主義の代表者。
★4　1215年、スペイン人のドミニクス・デ・グツマン（Dominicus de Guzman）により設立されたことからこの名がある。説教を通してキリスト教（当時のキリスト教はカトリック教）の布教を図った。黒装束に身を固めていたため、「黒い兄弟」、「黒い修道士」とも呼ばれる。

っているハトを指差し、そのあと地面を指差した。そこには、山のように積もったハトの糞があった。

　翌朝、私はフェリーに乗ってウプサラへと戻った。その日の晩、私は最も親しくしているスウェーデンに住む5人の親友達に次のような「夢メール」を書き、先に述べたパックヒュースの写真を添付して送信した。

　今日、ヴィスビーへの世界遺産旅行から帰ってきた。海岸通りの歴史博物館の横に添付写真のパックヒュースが1軒ある。ビヨーン、グニッラ、ベンクト・エーリックにはどの家かもう分かっていることだと思う。

　一つ提案があるんだが、家族とよく相談をして返事を送って欲しい。このパックヒュースが今900万クローナで売りに出されている。「オッサン仲間」6人でこのパックヒュースを買い、老後の楽しみとして今からホテル経営を始めてみないか？

夢のパックヒュース

　1人当たり200万クローナを銀行で借りると6人で1,200万クローナになる。パックヒュースが900万クローナだから、残りの300万クローナで内部をホテルに改装する。1階別棟のレストランはそのままでよいし、1階はレセプションと朝食や軽食用のビュフェ、地下は石灰石の壁をそのまま生かした中世の雰囲気のパブに最適だと思う。現在、2階から上は賃貸アパートになっているから上下水道や電線はすでに引かれている。このパックヒュースは建築記念物には指定されていないから内部の改装も問題ないだろう。パックヒュースのホテルは、きっと国内外の観光客の人気を集めると思う。

みんなもよく知っている通り、ヴィスビー石垣内の旧市街には多くの教会廃墟や古い建物があり、地図を見ながら一人で簡単に石畳の街を散策することができる。つまり、ヴィスビーでは現代の便利さの中で中世への旅ができるということだ。
　日本人旅行者の一人として今回の世界遺産旅行で思ったんだが、ヴィスビーは日本人の趣味にピッタリだ。歴史を感じさせる旧市街の石垣や落ち着いた街並み、手入れが行き届いた小ぎれいな住宅や庭、ストックホルムからの交通も便利になったことだし、将来は必ず観光都市として国際的に注目を集めることが確実だ。
　観光都市として発展しつつあるヴィスビーを先取りしようじゃないか！　日本のツアー旅行社への売り込みはオレが担当する。欧米旅行者への案内は、インターネットやツーリストセンターを通したらよいと思う。返事を待っている。

幹雄

　しかし、親友達からの返事は、私のヴィスビー観や国際観光都市としての将来性には同感できてもホテルの開業には否定的なものばかりで、残念ながら私の夢も単なる夢としてヴィスビーの廃墟の中に消えてしまった。

　数日後、レイトネルさんからメールをもらった。彼は、私がギブソンさんから借りた航空写真を撮ったヨスタ・リットケンス（Gösta Lyttkens）さんと連絡をとり、本の出版にあたって写真を使用してもよい旨の連絡をくれた。私は、レイトネルさんの親切に感謝をするとともにリットケンスさんにお礼のメールを送った。
　その後、リットケンスさんからはpdfファイル化した数枚の航空写真が送られてき、写真を自由に使ってもよいという非常に親切なメールをいただいた。本章の扉に掲載した航空写真は、このリットケンスさんの撮影によるものである。

毎年8月上旬には、ヴィスビーの街は1週間にわたって中世の街へと一変する。この街を挙げての祭りである「中世週間（**Medeltidsvecka**）」は1984年に始まった。人々は商人や農民、修道士、街頭芸人や魔法使い、兵士などといった中世の衣装を身につけて旧市街を歩き、子ども達も普段とはまったく違った服装ではしゃぎ回っている。

　かつて一度、私もこの「中世週間」のときにヴィスビーを訪れたことがある。街の至る所で見かける中世の衣装に最初は少し面食らったが、目が慣れてくると、石壁と石畳のこの古い街にはこの衣装がピッタリしているように思え出した。ただ、スーパーで見かけた「中世の女性」には場違いさを感じてしまったが……。

　この祭りに「中世人」の一人として参加するには、あらかじめ着用する衣服の「中世チェック」を受けなければならない。また、この「中世週間」には、ウイリアム・テルでお馴染みの、騎士達による馬上の槍試合や中世の弓であるクロスボウの大会が開催される。そしてレストランでは、豚肉のリンゴ炒めや野菜と鶏肉のビール炊きといった一風変わった中世の家庭料理がメニューに並び、当時の社会習慣や生活を体験することができる。そのため、街は国内外の観光客で大賑わいとなる。

ヴィスビーの中世週間
（写真提供：グニッラ・セーデルストレームさん）

第6章 ヴァイキング都市 ビルカ(Birka)・ホーヴゴーデン(Hovgården)

ユネスコによる登録基準　文化遺産

（ⅲ）　現存する、あるいはすでに消滅してしまった文化的伝統や文明に関する独特な、あるいは稀な証拠を示していること。

（ⅳ）　人類の歴史の重要な段階を物語る建築様式、あるいは建築的または技術的な集合体、あるいは景観に関する優れた見本であること。

登録年度　1993年

世界遺産委員会による登録理由　ビルカおよびホーヴゴーデン地域は200年にわたって、ヨーロッパで経済的、政治的に勢力を拡大したヴァイキングたちの交易網が非常によく保存された一例である。ビルカは、700年〜900年にかけてのヴァイキング時代の最も完全なままに保存された商業地の一例である。

土塁に囲まれた岩山に立つアンスガールの十字架

ストックホルムは、メーラレン湖（Mälaren）がバルト海へと注ぐ河口の島々に造られた人口約80万人（ストックホルム県人口約190万人。2005年3月31日現在）の政治および商業の中心地である。街の至る所で湖水や運河、バルト海の入り江に遭遇し、ここが「北欧のヴェニス」と呼ばれるゆえんでもある。

　今日、北欧最大の都市であるストックホルムも、今から1200年前にはその大部分がバルト海の海中にあり、メーラレン湖も湾の一つにしかすぎなかった。しかし、その湾にあるビヨルクエー島（Björkö）★1と隣のアーデルスエー島（Adelsö）★2は、スウェーデンの中心地として発展することになった。そして、ビヨルクエー島に開設された市場は商業地となり、「ビルカ」と名付けられた。

　ビルカはスウェーデンに形成された最初の都市であり、アーデルスエー島のホーヴゴーデンには国王★3が住み、ビルカへ出入する船や商業地の警備にあたっていた。これが、ヴァイキング時代の幕開けである。

　しかし、960年、ビルカは突然「蒸発」した。そして、その移転先となったのはやはりメーラレン湖に面したシグチュナ（Sigtuna）であるが、木板を敷いた道路や下水路までが完備されていた都市ビルカがなぜ「蒸発」してしまったのかはいまだに謎となっている。

　1993年に世界遺産に登録されたビルカとホーヴゴーデンを訪問するにあたって地図を開いてみた。すると、メーラレン湖を挟んで目と鼻の先の距離にあることがわかる。しかし、1度の訪問で両方を見て回るのは無理なように思えた。というのも、ホーヴゴーデンがあるアーデルスエー島には車で行くことができるが、ビルカがあるビヨルクエー島には観光フェリーでしか行けないからである。そのため、どうしても2度に分けて訪問せざるを得ないかと思われた。

　しかし、元同僚の友人と電話で話をしていると、その彼が耳寄りな話を聞かせてくれた。彼はロジャー・ニコルス（Roger Nichols）というイギ

リス人で、やはりウプサラに住み、私が勤めていたヴァクサラ中学校で長年にわたって木工の教員をしていた人物である。冗談ばかりを言っては笑っているという彼とは気が合い、彼が病気で教職を辞めてからも付き合いを続けている。その彼が言ってくれた話とは、私が島に行くとき、アーデルスエー島に住んでいる彼の友人達に観光ガイドを頼んでみようというものであった。

　翌日、早速彼は友人のティッティ・エクマン（Titti Ekman）さんに連絡をしてくれて、「アーデルスエー島の案内は OK だ」という返事をくれた。しかも、「案内後には、別の友人宅に行ってコーヒーをご馳走する」ということだった。

　ロジャーと私は、6月上旬の日曜日にアーデルスエー島を訪問することにした。当日、彼は午前8時半に迎えに来てくれ、私達は快晴のヨーロッパ4号線（E4）をウプサラからストックホルムへと向かった。アーデルスエー島はストックホルムの西に位置するベッドタウンであるエーケレー・コミューン（Ekerö）にあり、ウプサラからの道筋はかなり複雑である。
　私達はストックホルムの北にあるソッレンチューナ・コミューン（Sollentuna）で E4 を折れ、ソールヴァッラ繫駕速歩(けいがそくほ)競馬場★4（Solvalla travbana）、ブロンマ国内空港（Bromma flygplats）、ドロットニングホルム宮殿（第7章を参照）を通ってエーケレー・コミューンへと入った。その車の中で、ロジャーはアーデルスエー島と自らのつながりを詳しく話してくれた。

★1　「Björk」は白樺、「ö」は島という意味。
★2　「Adel」は貴族という意味。
★3　「Hov」は宮廷、「gården」は庭園という意味。ただし、この頃はまだ国家という形態ではなかった。
★4　繫駕速歩とは、競走馬の後ろに小さな2輪の台車を取り付けて台車に座った騎手が馬を走らせるもの。競走馬は「トロット」と呼ばれる速足で走らなければならず、ギャロップで走ると失格になる。スウェーデンではギャロップよりも繫駕速歩に人気があり、「競馬」と言えば普通「繫駕速歩」を意味する。ソールヴァッラは、スウェーデン最大の繫駕速歩競馬場である。

彼はコンピュータが市場に出始めた頃からのマック派で、私の友人の中では唯一残っている「マック人」である。アーデルスエー島には、故人となったイギリス人のロン・バローン（Ron Baron）さんが住んでいた。そして彼らは、「マッキントッシュを愛するイギリス人会」なるグループをつくっていたのである。このグループの会長がバローン氏であり、ロジャーはその会員であった。彼らはアップルコンピュータを通じて知り合い、バローン氏が脳溢血で亡くなるまで、20年以上にわたって家族同士の付き合いをしていたようだ。そのため、ロジャーはアーデルスエー島をよく知っているのである。

　2時間後、アーデルスエー島へ向かうフェリーの波止場に着いた。波止場からは、メーラレン湖の水面を挟んでアーデルスエー島が目の前に見える。このような距離なら橋を架ければよいと思うのだが、島の住人達は、そうすると治安が悪くなる恐れがあるので橋の建設には反対だそうだ。それに、1936年に就航した道路局（Vägverket）の無料フェリーが1時間に2、3回往復しているため、まったく不便は感じていないそうだ。

　対岸に停泊していたフェリーが波止場に向かって進んできた。スウェーデンの「短距離道路フェリー」[★5]の多くがそうであるように、この道路フェリーも水中に引かれたワイヤーに沿って運航している。

　このフェリーでアーデルスエー島に渡った。アーデルスエー島の人口は約700人であるが、春から秋にかけては、この島にあるサマーハウスからストックホルムの職場へと通勤する別荘族で人口は大きく膨れ上がるという。

　島内の曲がりくねった道路を通ってロジャーはホーヴゴーデンへと車を走らせ、10分ほどで古い教会に着いた。「ここがアーデルスエー教会だよ。左側の丘にホーヴゴーデンがあったんだ」と言って、彼は教会の石垣の前に車を停めた。

　アーデルスエー教会は、1100年代の後期に建造された石造教会である。当時の国王が、アーデルスエー島の教区教会として、また近接するホーヴ

アーデルスエー教会
(写真提供：ロジャー・ニコルスさん)

ルーン石碑と友人ロジャー

ゴーデンの王室の荘園教会として建設したものだと考えられている。石造教会が建設される前には木造の教会があったと考えられているが、その痕跡を証明するものは見つかっていない。ここには、1100年代の教会建造時からの洗礼盤や、1300年代につくられた十字架が今日においても使用されている。

　ここがホーヴゴーデン？

　一見しただけでは、初夏を彩るピンクや黄色の花が咲いているだけの、ただの小高い丘にしか見えない。ビルカ行きのフェリーの発着所がある湖畔へと向かう砂利道に立てられた世界遺産の案内板がなければ、まさかここが世界遺産だとは誰も思わないだろう。

　私達が丘に向かって歩くと、大きな三角形をしたドングリ頭の「ルーン石碑」があった。このルーン石碑は花崗岩でできており、普通に写真を撮るだけではその大きさがわからないので、ロジャーにモデルとして石碑の

★5　橋がないために対岸道路への交通が遮断されるとき、道路局は無料のカーフェリーを運航している。このカーフェリーが両岸をつなぐ「道路」の役目を果たすことから、「道路フェリー」と呼ばれている。

横に立ってくれるように頼んだ。この石碑には1頭の龍に絡みつく3匹の蛇が彫り込まれており、石碑の横の説明板には次のように書かれていた。
「ルーン文字を解読せよ。ロースラーゲン（地方名）の執政官トーリルが、国王のために正しく彫らせた。トーリルおよびジッラ（夫妻）が記念として彫らせた。ホーコン（国王名）が石彫をすすめた」

　ルーン文字は、ゲルマン民族が2世紀頃から使用し始めた文字で、中世に至るまで使用されていた。地域により24文字式のものや16文字式のものなど、4種類の文字形式があることがわかっている。

ᚠᚢᛒᚨᚱᚲ ᚷᚹᚺᚾᛁᛃᛈ ᛉᛊᛏᛒᛖᛗᛚᛜᛟᛞ
f u b a r k g w h n i j ï p z s t b e m l ŋ o d
　　　　　　　　　　　　　　　R　　　　　　　　ng

（24文字式のルーン文字：上がルーン文字、下はアルファベット）

　この草原の丘からは森と湖と島々が眼下に見え、春や夏の晴れた日には格好のピクニック場となる。丘の頂上付近には、かつては建物の土台をなしていたであろう大きな石がいくつも土に埋まっている。
　私達は丘を越え、ビルカに渡るフェリー乗場へと向かった。フェリー乗場とはいっても湖岸にコンクリートの岸壁があるだけで、待合室や切符の売場もない。ほかには誰も観光客はおらず、アーデルスエー島からビルカへ行くのは私だけのようであった。
　アーデルスエー島からビルカへのフェリーは1日1便だけである。しかも、観光客が私1人では燃料費も出ないだろう。観光シーズンがまだ始まったばかりだから……と思っていると、男3人、女2人の中年グループがやって来た。彼らは、ウプサラやルレオに住む親戚グループであった。
　「つい最近、ルレオ・ガンメルスタードから帰って来た」と私が話すと、ルレオの住人は「よく、ルレオまで行ってくれた。ガンメルスタードの教会街はよいところだ」と喜んで、私をグループに入れてくれた。

まもなく、午前11時30分発のフェリーがやって来た。ロジャーは、ビルカから帰ってくる際に乗るフェリーが着く午後3時過ぎに「ここで待っている」と言ってくれた。

　私達が乗ったフェリーは、アーデルスエー島が始発ではないが、乗客はこのグループと私のわずか6人である。フェリーの中はサロンのようになっており、売店があってテーブルに座ってコーヒーや紅茶が飲めるようになっている。[★6]
　私がコーヒーを注文していると、一人の女性がサロンに入ってきた。彼女は、「ビルカでガイド役を務めるヘレーナ・イェルム（Helena Gjaerum）です」と自己紹介をし、パンフレットを配ってガイド料込みの往復フェリー料金として95クローナ（約1,500円）を徴収した。
　アーデルスエー島からビルカまではわずか15分で、ゆっくりとコーヒーを飲んでいる暇もなくビルカに到着した。ヘレーナさんは、「10分後にガイド案内を始めますので、博物館の前に集合して下さい」と言ってフェリーから降りた。
　ヴァイキングの博物館である「ビルカ博物館（Birka Museum）」は、船着場から歩いて3分とかからないところにあった。博物館の前にある白樺林には、ヴァイキング時代を演出するためなのか、奇妙なシンボルが描かれた大きなテントが数張りあった。
　私達が博物館の前で待っていると、白いブラウスに赤いロングスカートをはいたヘレーナさんと一緒にもう一人の女性ガイドがやって来た。この女性ガイドは、薄いグレーの「セルク（särk）」と呼ばれる服の上にエプロンのようなものを前後に着けていた。
　たった6人に2人のガイド……と不思議に思っていると、私達が乗って

★6　スウェーデン人にとってコーヒーは非常に大切な飲み物で、1人当たり年間160リットル、1日当たりにすれば5.9杯の消費量がある。ちなみに、コーヒーの国ブラジルの消費量はわずか1.8杯にしかすぎない。

きたフェリーとほぼ同時に到着したストックホルムからのフェリーには多くの観光客が乗っていたようで、二つのグループに分かれてガイド案内を受けることになった。

ヘレーナさんのグループには、ストックホルムから来た小学生のいる家族4人と犬1匹が加わった。博物館の前から新緑の小道を歩き、草に覆われた小さな丘へと私達のグループは向かった。

ヘレーナさんは丘の下で立ち止まり、私達に質問をしながらヴァイキング時代の説明を始めた。正直言ってヴァイキングに関する知識の乏しい私は、「聞かないでくれ」と願いながら彼女の質問や説明を聞いていた。

セルク姿のガイドから説明を受ける観光客　　ビルカでガイドを務めるヘレーナさん

ある意味で私がホッとしたのは、スウェーデンの大人達もヴァイキングについてはほとんど何も知らないということであった。それに比べて、小学生はよく知っていた。それは、小学校のテーマ教育や少人数によるグループ教育でヴァイキングをよく取り上げているからであり、ストックホルムの小学生であれば、ほとんどみんなが歴史博物館に行ってヴァイキングの展示物を見学しているであろう。

「793年から1050年頃までを『ヴァイキング時代』★7と呼んでいます。正しく言えば、793年6月8日からです」と、ヘレーナさんは説明した。では、6月8日に何があったのか？

その日は、舟で移動してきた北欧人達の集団が、イギリスの東海岸のリ

ンディスファーン (Lindisfarne) を襲撃した日である。この日の出来事については、当時の修道士達が記した『アングロサクソン・クロニクル (Anglo-Saxon Chronicle)』に「異教徒達の襲撃は、略奪と大虐殺で神の教会を哀れにも破壊させた」と記されている。この襲撃事件が、ヴァイキング時代の幕開けとなったのである。

　この頃のスウェーデンはまだキリスト教国ではなく、多くの小国からなっていた国である。クロニクルに書かれている異教徒達が、今日のデンマーク、ノルウェー、スウェーデンのどこから来たのかは定かでない。異教徒達の信仰は「アーサ信仰 (Asatro)」と呼ばれたもので、主神で、戦争と死の神であり、吟遊詩人達の神でもある「オーデン」や、雷や力強さ、多産の神「トゥール」、そして豊穣の神「フレイ」といった北欧神話の神々を信仰の対象とする多神教であった（125ページを参照）。

　「ヴァイキング時代というと、スウェーデン人のすべてが角の付いた兜を被って虐殺や略奪を繰り返していたと思っている人が多いですが、ヴァイキングは当時の人口のわずか1％にしかすぎなかったのです。たいていは農民か漁師で、常に略奪をしていたのではなく、凶作や不漁が続いたときにのみ略奪の旅に出ていたのです。それに、角の付いた兜などはまったくのデタラメで、観光客用につくられたものとしか考えられません。もちろん、商人も多くいました。彼らは、新しい交易地や商品を求めて海を渡っていったのです。このビヨルクエー島があるメーラレン湖は、ヴァイキング時代にはバルト海の湾でした。その頃の海面は今よりも約5m以上も高かったのです。つまり、今私達が立っているところは海面下だったわけです」[★8]

[★7] ヴァイキング時代の終わりをいつにするかについては意見が分かれている。1050年という説は、北欧諸国においてもキリスト教が定着をした頃であり、鉄器時代の終了時期とも一致するということから立てられた説である。一方、1066年という説もある。これは、この年にイギリスのスタンフォード・ブリッジ (Stamford Bridge) を攻めたノルウェーのヴァイキング王ハラルド・ホードローデ (Harald Hårdråde, 1015～1066。オスロの基礎を築いた) 軍が敗れ、王自らも戦死したことに基づいている。

[★8] スウェーデンの自然を語るときには、氷河期後の土地隆起の影響を絶えず考慮する必要がある。氷河期後の土地隆起については第11章を参照。

ヘレーナさんは丘への坂道を上り始め、私達もその後に続いた。中腹から丘の外周に沿って進むと、斜面の右手が開けて牧草地が広がっていた。
　今日、ビヨルクエー島には何世帯かの農家があるという。草原の丘の斜面には半ば埋もれた岩があちこちに見られ、自然の丘ではないことが素人の私にも推測できた。丘というよりは、むしろ「土手」と言ったほうが正解かもしれない。
　メーラレン湖の水面を挟んで正面にアーデルスエー教会が見える斜面でヘレーナさんは立ち止まり、ビルカでの発掘調査について説明を始めた。
「1994年夏に行われた発掘調査では、ビルカが建設された760年頃の居住地層に突き当たりました。ここで調査員達は、今までまったく想像もしていなかった事実を発見したのです。その事実とは、ビルカは最初から計画されて築かれた都市だということです。これまでは１軒１軒家が建てられて村から都市になっていったという説が多かったわけですから、これは大きな驚きとなりました。760年当時の、海岸線近くや波打ち際の海底に掘られた多くの穴を発見したのですが、前者は垣根や家を造るためのもので、海底のものは船着場を取り囲むために棒を立てた穴だったと考えられています。さらに驚くべきことに、よく計画された下水溝や木を敷きつめた道路跡も見つかったのです」

　何もないバルト海の湾の一つの島に都市を築き上げることができた人物は、よほどの権力者であったに違いない。では、ヴァイキング時代にスウェーデン最初の都市であるビルカを築き上げたのはいったい誰だったのか？
　先にも話したように、当時はスウェーデンという国はまだ確立されておらず小国が群雄割拠する時代であったし、記録らしきものがまったく残っていないために多くの推測がなされている。文化財保護委員会では、どの国王がビルカを建設したかについては結論を避け、現在も「不明」としている。

ビルカでは3,000もの墓が発見され、これまでに1,100か所で発掘調査がなされてきた。その結果、多くの墓から北欧神話の神トゥルが携えていた鎚をかたどった装飾品が見つかっている。鎚は信仰のシンボルであると同時に、それをシンボルとしていたスヴェア（Svea）[★9]の王がビルカを建設したことを証明するものだというのが一般的な説となっている。

　過去の歴史については不明なことが多く、歴史学者の間でもビルカがどこにあったのかということについては様々な説がある。ビヨルクエー島のビルカ説が通説ではあるが、エーランド島（Öland）のシェーピングスヴィーク（Köpingsvik）のビルカ説、スウェーデンとフィンランドの間にあるオーランド島（Åland）のビルカ説などがこれまでに議論されてきた。

　ちなみに、ビヨルクエー島のビルカ説は、ここが700年代初期に築かれたデンマークの都市リーベ（Ribe）の都市計画をもとにして築かれたことや、ヴァイキング時代の地理的、建設年代的至な近さ、墓穴や埋葬品の類似性から出された結論である。

　約200年にわたるビルカの人々の生活は、ゴミ山の調査から明らかになってきた。彼らが何を食べていたのかは、5トンにも及ぶ動物の骨が物語っている。ブタのあばら肉や牛の尻尾、魚類ではカワカマス（学名：Esox lucius）やパイクパーチ（学名：Sander lucioperca）、ニシン（学名：Clupea harengus）が多く食され、小麦や大豆を原料にしてパンを焼いていたようである。

「今私達が立っているところのすぐ後ろにくぼ地が見えますね。そこに墓があったのです」と言って、ヘレーナさんは私達の斜め後ろを指差した。「ヴァイキング時代の墓は木棺でした。そのため、年がたつにつれて木が腐って地面が陥没したのです。土葬も火葬も行われていたようです。土葬された遺体では、横たわった状態だけでなく座った格好で木棺に入れられ

★9　地理的には、現在のウップランド地方にほぼ相当する。

ているものも多く見つかっています。アーサ信仰では、死後の世界で故人の役に立つようなものが埋葬品として一緒に入れられていました。埋葬品を調べることで、故人の社会的地位や職業を知ることができます。槍や刀剣や防御盾、馬やあぶみなどが埋葬されていれば兵士の墓だと考えられますし、秤や器、絹の帽子などが見つかれば商人の墓です。子ども達の墓からも、鈴やガラス玉の首輪が埋葬品として見つかっています。しかし、ヴァイキング時代の末期には、キリスト教化によって墓自体も地面を掘っただけの簡素なものとなりましたし、埋葬品が一緒に入れられることもなくなりました。ただ、トゥールの鎚をかたどった装飾品と十字架が一緒に埋葬されていた墓も見つかっています。これは、アーサ信仰からキリスト教への改宗が行われたときの初期の墓だと考えられます」

　では、なぜヴァイキング時代にアーサ信仰からキリスト教へと改宗したのだろうか？
　これにも多くの説があるが、ヨーロッパ大陸の国々はすでにキリスト教国であり、社会的、政治的に大きな影響力をもっていたカトリック教会がキリスト教国以外の国との貿易を禁じたため、ヴァイキング時代の王や商人達も政治的・経済的理由から改宗せざるを得なくなったと考えられている。しかし、王や大商人達が改宗したあともビルカの住民の大多数はアーサ信仰を変えなかったため、ビルカではアーサ信仰とキリスト教が共存することになった。
　ヘレーナさんは少し離れたなだらかな丘を指差し、次のように話してくれた。
「町を囲むように、あの丘に沿って防御壁が円弧状に築かれていました。人々は、海岸から防御壁に向かって築かれたまっすぐな町並みに住んでいたのです。ビルカの人達は、農民でも漁師でも猟師でもありませんでした。彼らは、工芸職人や商人、そして王に雇われてビルカの防衛にあたっていたヴァイキング兵士達でした。それ以外にも、略奪戦争で連れて来られた

この丘の裏側にヘムランデンがあった

奴隷達もいたようです。さらに、丘になっている防御壁の後ろ側は『ヘムランデン（Hemlanden）』と呼ばれ、1,600以上もの墓がある大きな墓地でした」

　私達の後ろには細長い土手があり、その裏側には非常に大きな片麻岩の千畳岩が小山のように広がっている。ビルカの案内地図を見ると、これらの土手は単なる土手ではなく、4か所の土手が放物円状に千畳岩を囲んで土塁を形成しているのがわかる。
　私達は、ヘレーナさんの後に続いて土塁の小道を歩いた。1200年前には、この土塁の中にヴァイキングの兵士達が斧や槍や刀剣を手に持ってたむろしていたに違いない。しかし、周囲の初夏の緑はそのような不気味さをまったく感じさせることはない。
　千畳岩の頂上には、上部に円形の装飾を施した石の十字架が立っている。不思議なもので、ヘレーナさんからビルカやヴァイキング時代の説明をこれまで聞いていても、私には、今ヴァイキング時代の都市ビルカにやって来ているという実感も感動もなかった。しかし、ビルカのシンボルともなっているこの十字架を見たとき、初めてここはヴァイキング時代の町の跡なのだという感動を覚えた。それは、各種パンフレットで見たこの十字架

土塁の跡

の写真が強く印象に残ったためであり、「ビルカ＝十字架」という視覚的イメージを自分なりにつくってしまっていたからだろう。

　ヘレーナさんは千畳岩の中ほどで止まって、崖下を指差しながら、「このあたりに武器庫があったと考えられています。ここから、非常に多くの武器類が見つかっているのです。しかし、いまだにわからないのは、ビルカが蒸発したときになぜ武器を持っていかなかったかということです。仮に、襲撃を受けて蒸発したのであれば、見張りをしていた兵士達は当然武器を手にして戦ったはずですし、武器があちこちに散乱したはずです」と話した。

　そして続けて、次のような説明をしてくれた。

「千畳岩の上に立てられている十字架は、『アンスガールの十字架（Ansgarskorset）』と呼ばれています。これは、829年にキリスト教をスウェーデンに布教しようと、最初にビルカにやって来たフランス北部のベネディクト会の修道士であるアンスガール（Ansgar）の訪問1000年を記念して1934年に建てられた記念碑です。また、アンスガールは、852年にもビルカを訪問しています。このときの様子は、のちにアンスガールの後継者となったリンバート（Rimbert）司教により書かれた『アンスガール・クロニクル（Ansgar Chronicle）』という書物に残されています。これが、ビ

アンスガール十字架

ルカの生活を綴った最も古い書物で、それによると、ビルカの人達は多神教であるアーサ信仰から一神教のキリスト教への改宗に戸惑っていたようです。アンスガールは、のちにドイツのハンブルグとブレーメン大教区の大司教となり、865年に死亡しました」

　ヘレーナさんは私達に博物館の展示を見るようにすすめ、約1時間のガイドを終えた。参加者達はそこから思い思いの方向へと散らばっていったが、私はその場に残って彼女に質問をした。彼女は大学で考古学を勉強し、ビルカだけではなくほかの発掘調査にも参加していたが、考古学調査員として定職に就くのが難しいため、現在はビルカのガイドをしているということであった。

　私の質問というのは、彼女の服装についてである。彼女は、「この服装はヴァイキング時代の中流階級の服装であった」と言い、当時は、肩からの吊りスカートを胸のところで大きな銀のブローチで止めて、ガラス玉のネックレスをしていたと説明してくれた。銀のブローチやガラス玉はヴァイキング時代のステータスシンボルであり、ヨーロッパやアラブ諸国との交易によって、また略奪品としてビルカにもたらされたものらしい。

　私はヘレーナさんにお礼を言い、アンスガール十字架を見るために千畳岩を上った。

アーデルスエー島へのフェリーが出るまでにはまだ時間が十分にあったので、私はビルカの散策道を歩き、ヴァイキング時代を偲ばせる何かを探してみようと思った。しかし、私が目にする光景は、ガイド案内がなくてはただのありふれた草原や丘にしかすぎなかった。ただ、少し離れたヘムランデンの丘から草原の彼方に大きく広がる土塁を見たときは、ヴァイキング時代がなぜか身近に感じられた。
　このあと、ビルカでの発掘品やヴァイキング時代に関する展示物を見るために博物館へ行くことにした。湖に沿って散策道を歩くと、1本の杭が目に入った。説明によると、ちょうどこの杭のあたりがビルカ建設当時の海岸であったらしい。

ビルカ建設当時の海岸線を示す杭

　さらに散策道を行くと、アンスガール十字架が立っている大きな片麻岩の崖下を通った。私は、土塁をこの下から攻めるのは容易なことではないと考えながら博物館へと向かった。昼食時間はとっくに過ぎていたが、今から昼食をとっていたのでは展示物をゆっくりと見ている時間がなくなってしまう。昼食を抜くことにして、私は博物館の中に入った。
　博物館では、2人のヴァイキング兵士の人形が入り口で出迎えてくれた。展示室にはビルカの町並みを示す大きな模型が展示されており、粘土の人形で人々の生活ぶりを紹介している。発掘調査で見つかったものも展示さ

ヴァイキング兵士の人形　　　　ビルカの町並みを示す大きな模型

れているが、思っていたほどの展示数はなかった。おそらく、たいていの発掘品はストックホルムにある国立歴史博物館で展示・保存されているのだろう。

　別室に進むと大きな布製のヨーロッパ地図が壁に飾ってあり、ヴァイキング達の航海の足跡を知ることができる。彼らは航海術に長けていた。ノ

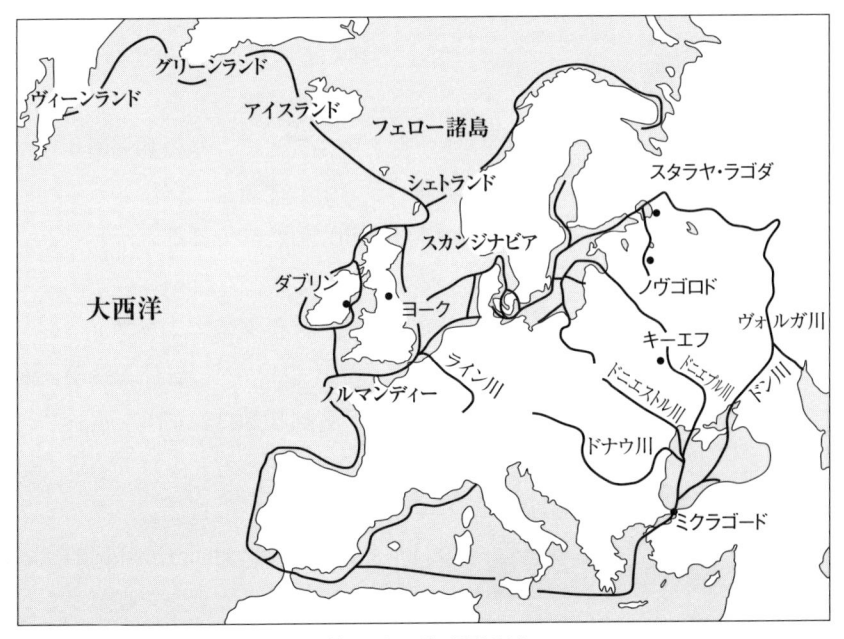

ヴァイキングの活動地域

第6章　ヴァイキング都市ビルカ・ホーヴゴーデン　　145

ルウェー、デンマークのヴァイキング達は主に西を目指したようで、北海や大西洋を越えてイギリス諸島やアイスランド、グリーンランド、さらにアメリカ大陸にまで達していたのである。

　日本で教えられている歴史では、イタリア人のクリストファー・コロンブス（1451〜1506）が1492年にアメリカ大陸を発見したということになっているが、これよりも約500年も早い1000年頃にアメリカ大陸に到達したヨーロッパ人がいたのだ。その人物とは、アイスランド生まれのヴァイキング、レイフ・エリクソン（970?〜1020）である。

　レイフ・エリクソン（アイスランド語ではLeifur Eriksson）は、現在のボストン付近に上陸し、その土地を「ヴィーンランド（Vinland）」と呼んだ。「Vin」とはワインのことであり、ブドウのなる土地ということで「ヴィーンランド」と呼んだと言われている。

　しかし私は、この説に少々疑問を感じている。これは私の推測にすぎないが、雪と氷河に覆われた北大西洋上の島を「グリーンランド（緑の土地）」と呼んで人々に憧れを抱かせたように、アメリカ大陸の地を「ヴィーンランド」と呼ぶことで人々の夢を煽り立て、開拓移民者として新地に定住させるための宣伝文句だったのではないかと考えている。

　1960年代、カナダのニューファウンドランドでヴァイキングの居住地跡が発掘された。この居住地は、レイフ・エリクソン時代のものだと考えられている。そして、アイスランドの首都レイキャビクのハルグリム教会（Hallgrímskirkja）の前には、遠くアメリカ大陸を眺望するレイフ・エリクソンの銅像が立っている。

ハルグリム教会前に立つレイフ・エリクソンの銅像

スウェーデンのヴァイキングや商人達は、バルト海を越えてフィンランド湾からロシアの河川に入り、黒海やカスピ海を経てビザンチン帝国（東ローマ帝国）の首都コンスタンチノープ★10ルやアラブ諸国にまで交易を広めていった。船に積み込まれて

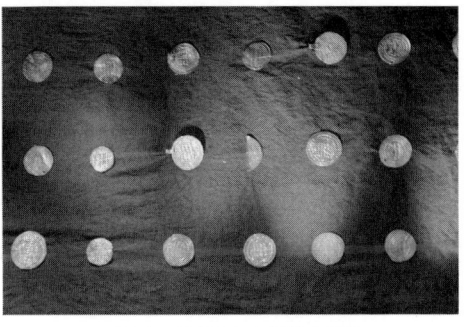

ビルカで発掘された世界の銀貨

ビルカを出航した鉄や毛皮は、ガラスや陶器、布地、香辛料と交換されて再びビルカに戻ってきた。ビルカで発掘されたガラス玉の8割が東地中海地方で製造されたものであり、アラビア諸国の銀貨も多く発掘されている。また、ビルカでの発掘では22,000もの陶器の破片が発掘されているが、その中には黒海とカスピ海の間の地方で製造された陶器もあるという。

　私がイスタンブールに旅行をしたとき、アヤソフィア寺院で内陣を見下ろすことのできる回廊の手すりのところに、ヴァイキング時代に彫り込まれたルーン文字が大切に保存されているのを見て感動したことがある。ヴァイキング達は航海の先々で植民地の形成にも意欲を燃やしていたようで、ロシアのノヴゴロドやキーエフは、定住したヴァイキング達が築いた都市であると言われている。

　地図を見ていると、今朝、ホーヴゴーデンで会ったグループがやって来て私に尋ねた。

「発掘調査の記録映画は観たかい？」

「ビルカを歩き回っていたので、まだ観てないんですよ」と私が答えると、「よい映画だから、絶対に観るといいよ」とすすめてくれた。

　次の上映時間ならフェリーの出発にも間に合うので、映画室へと急いだ。座席が階段状になっており、70～80人は入りそうな大きなところであった

★10　ヴァイキング達はここを「ミクラゴード（Miklagård）」と呼んでいた。現在のイスタンブール。

が、この日は20人くらいしか観光客が入っていなかった。

　映画では発掘調査の模様や当時のビルカについて詳しく説明がされていたが、もちろん、この映画からもなぜビルカが「蒸発」したのかという答えを得ることはできなかった。後日、私が読んだ多くの資料でも推測の域を出ない答えばかりであったが、そのいずれもが、土地隆起による航海の困難さや交易の進展による船の大型化、そして船足の深さの上昇などを理由として挙げていた。

　しかし、デンマークやノルウェーのヴァイキング船は外洋航海に適した船足の深い大きな船であったが、スウェーデンではそのような外洋航海用の船が見つかっていない。スウェーデンで見つかっている最大のヴァイキング船と言えば漕ぎ手12人用の平底で、船足の浅い帆船である★11。当時、彼らはバルト海では帆を使い、ロシアの河川では櫓を漕いで進んでいたようだ。

　映画が終わり、私はフェリー乗場へと急いだ。今回、私が行ったように往復ともアーデルスエー島を経由するフェリーを利用した場合、ビルカでの滞在時間は3時間となってしまい、昼食を抜いても、ガイド案内や散策、博物館の展示品の観覧、映画鑑賞のすべてをこなすには時間が短すぎる。フェリーの中でこのことをヘレーナさんに話すと、「またもう一度、日を改めてビルカに来て下さい」という返事が返ってきた。

　アーデルスエー島のフェリー乗場にはロジャーが待ってくれていた。私は親戚グループに別れを告げてフェリーを降り、ロジャーとともにアーデルスエー教会に向かって緑の丘を上った。丘の上まで来ると、ルーン石碑の横に一人の中年女性が立っていた。「友人のティッティ（Titti）だよ」と、ロジャーは告げた。

　私達は丘を下り、石碑のところで彼女に会った。ティッティさんと自己紹介をし合い、握手をした。そして、ホーヴゴーデンのガイドをしてもら

ティッティさんと友人のロジャー

えることにお礼を述べた。
　ティッティさんはホーヴゴーデンがあるアーデルスエー島に住む元教員で、15年前からガイドを始めたという。
「このルーン石碑が立てられた当時は、このあたりが海岸線のすぐ上だったのです。そして、この石碑はホーヴゴーデンの船着場に入港してくる船の目印の役割をしていたんです。船着場は、石を積み上げて造られていました。280ｍもあったんですよ。当時の海底からは、船着場を囲っていたと思われる多くの腐食した棒が見つかっています。腐食度がビルカで見つかったものと同様なので、ビルカ時代のものだと考えられています」と話しながら、彼女は私達を丘の上へと導いた。
「ビルカ時代にはこの丘に王室の荘園があって、ここから、王がビルカを管理していたのです」
「丘の上に残っているこの崩壊した石垣はビルカ時代のものですか？」
「いいえ、この石垣はビルカが蒸発し、ヴァイキング時代が終了したあとに建てられたアルスネー城（Alsnöhus）の石垣の一部です」
「アルスネー城……？」

★11　「船足の浅い」とは、「船体が低い」、「舟の高さが低い」という意味の専門用語。

話がだんだんとややこしくなってくる。ポカンとしている私に、ティッティさんは次のように分かりやすく説明をしてくれた。
「ビルカがバルト海の商業都市として存在したのは760年頃から960年頃まででした。人々はビルカを捨て、970年に建設されたシグチュナへと移住したと考えられています。ビルカがあったビヨルクエー島は空になりましたが、王室の荘園はここに残されました。ヴァイキング時代が終了し、歴史上では中世に入った1200年にもまだ王室の荘園がここにあったことが資料からわかっています。1270年代、当時の国王が荘園のあったこの場所に２階建てのレンガ造りの大きな館を建てたのです。その館がアルスネー城で、夏に使用されていたようです。今で言うサマーハウスですね。1279年に、この城でスウェーデン史に残る条例が出されました。それは『アルスネー条例』と呼ばれるもので、スウェーデンに貴族制度を設けて貴族の税金を免除するというものでした。アルスネー城は1300年末期に戦火により焼失しました。発掘調査によって、アルスネー城があった丘ではあたり一面からクロスボウの矢先が見つかっています。ヴァイキング時代からビルカやメーラレン湾を取り仕切ってきたホーヴゴーデンの時代が終わったのです。この石垣は、そのアルスネー城跡のものなのです」

アルスネー城跡の石垣からアーデルスエー教会を望む

私はティッティさんの説明を聞いて、この緑の丘が単なる緑の丘ではなく、そこにはヴァイキング時代からの秘められた深い歴史があったということがよく理解できて嬉しくなった。
　そのうえ、今まで私が気にも留めていなかったことが一つ明らかになった。それはこの島の名前、「アーデルスエー島（貴族島）」である。つまり、アルスネー条例（貴族条例）がこの島で発令されたためにこの島が「貴族島」という名になったことである。

　私達は丘を下り、少し起伏がある草原を歩いた。この草原のあちこちにも地表から岩が半ば露出し、古い建物の土台をなしていたものが見える。この時期はリクニス・ビスカリア（学名：Lychnis viscaria）が赤紫の花を咲かせ、周囲の緑の中でいっそう引き立って見える。ティッティさんは、小さな丘の下で立ち止まって説明をしてくれた。
「ホーヴゴーデンにはいくつかの古墳があります。そのうちでも大きな円墳は、ヴァイキング時代の王達、エリック（Erik）、ビヨーン（Björn）、オーロフ（Olof）の古墳です。829年に、修道士アンスガールがキリスト教を布教させるためにビルカにやって来たことは知っているでしょう。あれは、当時ビルカの王だったビヨーンがドイツ・フランク王国のルドヴィ

ヴァイキング時代の王の円墳

第6章　ヴァイキング都市ビルカ・ホーヴゴーデン

グ1世（778〜840、在位813〜840）に使者を送って、キリスト教修道士の派遣を要請したからなのです」[★12]

　ティッティさんはリュックサックの中から「これはアーデルスエー島のガイド用に私がまとめたプリントだけど、よければ読んで下さい」と言って、10ページほどのプリントを2冊取り出して私にくれた。今朝、ホーヴゴーデンに着いたときにはただの草原にしかすぎなかったところが、ティッティさんのガイドのおかげで、スウェーデン史に残るヴァイキング時代および中世初期の出来事や人物がいたところであるということを現場で知ることができた。

　私達はロジャーの車に乗り、ロジャーやティッティさんの友人であるバーバラ・バローン（Barbara Baron）さん宅を訪問した。バーバラさんは、「マッキントッシュを愛するイギリス人会」の会長だったロン・バローン氏の奥さんである。彼女はハンガリー出身で医者をしている。そのバーバラさんの家の大きな台所で、コーヒーと手焼きのスコーンをご馳走になった。ビルカで昼食を食べる暇がなかったために非常に空腹だったこともあって、スコーンが特別美味しく感じられた。
　バーバラさんは植物の栽培が趣味で、自宅の一室を改造した温室に多くの鉢を並べている。大きな窓がある温室では、天井までもの高さがあるサクラランが長い蔓を延ばし、数多くの花が甘い芳香を放っていた。バーバラさんとティッティさんはジャムをつくっており、アーデルスエー島を訪問する観光客に売っているとのことだった。
　この日、ロジャーと私がバーバラさん宅を失礼するとき、私は六角形の瓶に入ったジャムをおみやげにもらった。その瓶には、「アーデルスエー島の夏の味覚、ティッティとバーバラのショクヨウダイオウ（学名：Rheum rhaponticum）マーマレード」と書いたシールが貼ってあった。

スウェーデンでヴァイキングやルーン石碑を語るとき、必ず紹介しておかなければならない人物が一人いる。それは、アーデルスエー島に住むカッレ・ダールベリーさんである。ヴァイキングやルーン石碑に興味をもつスウェーデン人であっても彼の名前を知らない人が多いかもしれないが、ニックネームである「カッレ・ルーン石工（Kalle Runristare）」と言えば知らない人はまずいないだろう。

　彼は、世界中でルーン文字の石彫りを職業としているおそらく唯一の人であろう。私もアーデルスエー島を訪問した日に会いたかったのだが、奥さんの話では、ちょうどこの日はストックホルムから来ているグループのガイド案内をしていて留守をしているということだった。

　カッレ・ルーン石工さんは、ストックホルムの歴史博物館やアーデルスエー島、ビヨルクエー島でヴァイキングに関する行事が開催されるときには、いつもルーン石碑に関する講演や石彫の実演を行っている。レイフ・エリクソンのヴィーンランド上陸1000年を記念して2000年にカナダのニューファウンドランドで記念式典が開催されたときにカナダからの依頼でルーン石工さんがアーデルスエー島で彫った約2ｍのルーン石碑は、ニューファウンドランドの海岸に永遠に残ることだろう。

　現在、文化財保護委員会では、ビヨルクエー島へのフェリーを運航している「ストゥレンマ・カナールボラーグ社（Strömma kanalbolag）」と共同で、ビルカにヴァイキング時代の家屋の建設を計画中である。もちろん、誰もそのような家屋を見たわけではないし、設計図などもない時代のことであるから発掘調査や研究結果に基づく建設であって、想像の域は出ない。

★12　父カール大帝の死後、フランク王国（ピレネー山脈からエルベ川に至る今日の西欧および中欧）の国王となったルドヴィグ1世は、829年にビルカからの使者達の訪問を受け、その使者達から「多くの人々がキリスト教への改宗を望んでいる」という話を聞き、キリスト教を布教するためにアンスガールを宣教師に任命してビルカに派遣した。当時、ルドヴィグ1世は王国の統治に大きな問題を抱えていた。それは、しばしば繰り返された息子達との権力争いである。そして、国王の死後、相続問題は内紛へと発展し、これを収拾するため843年にヴェルダン条約が結ばれ、大王国は東フランク王国、西フランク王国、中央フランク王国の3王国に分割された。

カナダのニューファウンドランドに立てられた
カッレ・ルーン石工さんのルーン石碑

　家屋の建設にあたっては、ヴァイキング時代の建築技術を使用し、ヴァイキング時代の文化と大きなかかわりがあったゴットランド島にあるヴィスビー大学の「ヴァイキング時代の大工建築研究室」がこのプロジェクトに参加することになっている。

ドロットニングホルムの王領地
(Drottningholm)

第7章

ユネスコによる登録基準　文化遺産
（ⅳ）　人類の歴史の重要な段階を物語る建築様式、あるいは建築的または技術的な集合体、あるいは景観に関する優れた見本であること。

登録年度　1991年

世界遺産委員会による登録理由　ドロットニングホルムの王領地（宮殿、宮廷劇場、中国離宮および庭園）は1700年代のスウェーデンにおける宮殿の最高傑作であり、この時代のヨーロッパ建築を代表するものである。ドロットニングホルム宮殿は、フランス国王のヴェルサイユ宮殿（Versailles）やこの時代のヨーロッパ宮殿の影響を強く受けている。

ドロットニングホルム宮殿

ドロットニングホルムの王領地は、ストックホルムにあるメーラレン湖のローヴエーン島（Lovön）にあり、内外から年間数万人の観光客が訪れる観光地であるとともに、スウェーデン国王の家族が日常生活を送っている宮殿でもある。このドロットニングホルムの王領地は、1991年、スウェーデン最初の世界遺産として登録された。
　そのニュースを初めて聞いたとき、私はまさかと思った。それは、私にとってはドロットニングホルムと言えばドロットニングホルム宮殿のことであり、フランスのヴェルサイユ宮殿を模して建てたにすぎない宮殿という印象が強かったからである。しかし、世界遺産に登録された決定的な理由が、宮殿の建物ではなく、王領地内にある「中国離宮」と「宮廷劇場」および「王領地内の庭園環境」によるものだと知って納得をした。
　これまでにドロットニングホルム宮殿や王領地の庭園は何度か訪れたことがあるが、中国離宮や宮廷劇場には行ったことがなかった。
　夏至を前にした2005年6月、私は中国離宮や宮廷劇場とはどのようなものなのかと思い、ドロットニングホルムの王領地を訪れることにした。夏至の頃は、ストックホルムでは午後10時を過ぎても日が残っているので時間を気にすることなく1日ゆっくりと王領地の見学ができる。
　私は、ホームページでガイド案内の時間を調べ、「ガイド案内時に宮殿内での写真撮影が許可されているのか、また撮影禁止の場合には許可の申請をすれば可能か」という質問を書いて宮殿管理局のインフォメーション宛てにメールを送った。
　宮殿管理局からは、「写真撮影は禁止されており、撮影許可証の申請は宮内庁の担当係員にすればよい」という内容の文面と、そのメールアドレスが書かれた返信をもらった。
　私は、撮影目的や、写真撮影はガイド案内が行われる場所に限ることなどを書き込んで、宮内庁の担当係員に撮影許可証の発行を求めた。しかし、3週間たっても返事は来ず、毎年、日本人の観光客が多く訪れる観光地に無視されたことに苛立ちを覚えた。そして同時に、建物の内部を紹介する

写真を挿入することなくここを本書においてどのように紹介すればよいのかと心配になってきた。
「1枚の絵（または写真）は1,000語の美しい言葉よりも大きな意味をもつ」(En bild betyder mer än tusen vackra ord：スウェーデンの諺)

　ドロットニングホルムへは、ストックホルム市庁舎の横から観光フェリーが出ている。メーラレン湖を通るこの船旅では、水の街ストックホルムの美しさを水上から満喫することができる。ただ残念なのは、往路復路とも同じ水域を通るため、帰りの船旅が単なる輸送になってしまうことである。私も、かつて夏に観光フェリーでドロットニングホルム宮殿に行ったことがあるが、船の上から見た木々の緑、真っ青な空、そしてメーラレン湖の美しさには感動したものである。

ドロットニングホルムへ向かう観光フェリー

　今回私は、ドロットニングホルムへは車で行くことにした。ウプサラからなら1時間半で行くことができるし、国鉄と観光フェリーを利用するときのように時計を気にしなくてもいいからである。
　私が訪問したこの日は、平日であったためにストックホルムに入ると道路は混んでいたが、渋滞することもなくドロットニングホルムのあるローヴエーン島に到着した。観光シーズンがまだピークに達していないためか、

第7章　ドロットニングホルムの王領地

それとも今日が平日であるためなのか、王領地内にある駐車場はすいていたし観光バスも数台が停まっているだけだった。
　ドロットニングホルム宮殿はメーラレン湖畔に建てられたバロック様式の荘厳・壮麗な宮殿で、湖畔公園やフェリー乗場から空と水と新緑に囲まれた宮殿を見ると、思わずその美しさに見とれてしまう。現に、ここからほんの目と鼻の先にある漁業局の淡水研究所に勤務する友人は、「毎日ウプサラから通っているが、20年間見慣れた宮殿であっても朝日に映えるその姿は見飽きることがない」と言っている。
　私は、快晴の空に新緑が燃える庭園の木々を見ながら宮殿へと向かった。宮殿の入り口にある石の階段を上って2階にあるインフォメーションに行き、ガイド案内の切符を買った。「スウェーデン語と英語、どちらのガイド案内がよろしいですか？」と、カウンターにいた女性係員が尋ねてきた。私はテレビでCNNのニュースをよく見るのである程度耳は英語慣れをしているが、宮殿の建築物や内部装飾の説明に使われるであろう特殊な単語は聞いてもわからないに決まっているのでスウェーデン語のガイド案内に参加することにした。
　ここで私は写真撮影に関するメールのコピーを見せ、「3週間たってもまだ返事が来ないが、ここで許可証を発行してもらえるか」と尋ねた。相談を受けた男性係員は、「今、上司を呼んで来ます」と言って建物の奥へと消えていった。しばらくすると、上司らしき男性が現れたので彼にもう一度コピーを見せ、同じ質問をした。
　「残念ですが、撮影許可証は宮内庁のプレスセンターでしか発行できません」という説明を受けた私は、渋々納得するしかなかった。
　ガイド案内が始まるまでにまだ30分ほどの時間があったので、私は新鮮な空気を吸うため外に出て待つことにした。宮殿の入り口横に護衛兵が立っていた。その彼に「写真を撮ってもいいか？」と尋ねると、優しい声で返事が返ってきた。
　「えっ!?」、護衛兵は女性であった。

ストックホルム・ガムラスタンの王宮やドロットニングホルム宮殿の護衛は、スウェーデン各地の師団に徴兵された兵士達が当番制で行うことになっている。兵士の両親にとっては、息子が王宮の警護にあたるということは非常に名誉のことのようで、その晴れ姿をストックホルムにまで見に来る両親が多いと聞いている。

　しかし、である。スウェーデンには男性に対しては徴兵制があるが女性にはないのだ。私はその女性がなぜドロットニングホルム宮殿の護衛をしているのかに興味をもち、彼女にいくつかの質問をした。護衛兵の規則がどのようになっているのかは知らないが、彼女は私の質問に気楽に答えてくれた。

　彼女はファールン（第10章を参照）の出身で、男性にできることは女性にもできるはずだと思って志願兵になったのだと言う。今のところ、将来、職業軍人になるつもりはないらしい。「護衛兵の当番は2時間の交代制で、今日のような好天の日はまったく苦にならない」と話して、ニコッと笑った。その笑顔から、イザというときには手にした銃剣を武器として戦うという彼女の姿を想像することができなかった。

宮殿の女性護衛兵

　私は、湖岸に沿って設けられている公園のベンチに座って、日光浴をしながらガイド案内を待つことにした。彫刻の間に置かれたベンチでは、新聞を読む人や、目を閉じて顔を太陽に向けて気持ちよさそうに日光浴をする人達が夏の陽光を満喫していた。私もしばらくの間ベンチに座って、メーラレン湖とあたりの緑、そして宮殿を眺めた。淡いピンク色をした、美しい建物である。

　ドロットニングホルム宮殿へ来る前に読んだ宮殿管理局のホームページ

に、「この宮殿はヘドヴィグ・エレオノーラ皇太后（1636〜1715）によって建てられた」と書いてあったことを思い出した。

ヘドヴィグ・エレオノーラ？　たしか彼女の息子は、カールスクローナの街を建設して軍港を築き上げたカール11世だったはずだ（第3章を参照）。

宮殿の屋根に注目すると緑青が目に入った。銅屋根……この宮殿の屋根は、ファールン大銅山の銅で葺かれていたに違いない。1600年代後半から建築、増築されたというドロットニングホルム宮殿の建築費は、私が今回の世界遺産旅行で訪問してきたラップランドのサーメ人や新開拓者達が税金として払った大量の魚や毛皮や肉（第13章を参照）、ファールン大銅山の銅、そしてエンゲルスベリー製鉄所の鉄（第9章を参照）などの輸出で得られた収入によるものであるに違いない。このようなことを考えていると、今まで歴史の中の一つとしてとらえていたスウェーデン各地の世界遺産が深くつながり、その中心に王室があったことにようやく気がついた。

私は、ガイド案内に参加するために再び宮殿へと向かった。先ほどまで入り口にいた女性護衛兵は、すでに当番を終えたのか代わりの男性護衛兵が立っていた。2階のインフォメーション付近には、ガイド案内に参加すると思われる観光客が数人待っていた。私は窓際に行き、宮殿裏手にあるバロック庭園を窓越しに見た。手入れの行届いた庭園が美しく、写真を撮ろうとカメラを取り出すとすぐに男性係員が飛んできた。

「ここは撮影禁止です」
「外の景色を撮るのもダメですか？」
「ダメです」

写真撮影については嫌な思い出が一つある。もうかなり前の話であるが、私がスウェーデンの友人とこれからまさにインド旅行を始めようとしていたときに起こった。

私達はパキスタン・イスラマバードの空港待合室に座ってニューデリー

への乗り継ぎ機を待っていた。友人はカメラを取り出して、記念写真だと言って椅子に座っている私を写した。自動的にカメラのフラッシュが飛び、普段あまり写真とは縁のない彼はこれで写真が撮れたと喜んだ。

しかし、その喜びもつかの間であった。制服を着た空港係員が血相を変えて彼のところに飛んで来て、フィルムを要求した。空港内の待合室なら写真は撮っても大丈夫だと思っていた友人と私は、思わず顔を見合わせた。すると、係員は友人のカメラをひったくり、裏ブタを開けてフィルムをサッと引き抜いた。その手際は、見事なほどの速さであった。それで満足したのか、係員は友人にカメラを返すと空港通路へと去っていった。

可哀想なのは私の友人である。インド旅行を前に新しく買ったカメラで撮った最初の1枚が、小事件を引き起こしてしまったのである。私達は「撮影禁止」の貼り紙がどこかにあったのかと探してみたが、待合室の壁にはそのような貼り紙はどこにもなかった。

ガイド案内の時間になった。英語でのガイドは女性が、そしてスウェーデン語でのガイドは男性が担当することになった。私に撮影禁止を告げに来た男性係員がこのガイドであった。彼は約10人の観光客を前に、ドロットニングホルム宮殿の歴史を非常に速いテンポで説明し始めた。ガイド案内をするならもう少しゆっくりと話せばよいのに、と思いながら私は彼の話を聞いた。その説明を要約しておこう。

スウェーデンを統一して初代国王となったグスタフ・ヴァーサの息子ヨハン3世は、1579年、カタリーナ王妃（1526〜1583）のためにメーラレン湖の小島に小さな宮殿の建設を命じた。現在、地名となっている「ドロットニングホルム」[★1]は、そのときに付けられた名前である。しかし、この宮殿の建設には時間を費やし、カタリーナ王妃は宮殿の完成を見ることなく

★1 「drottning」は王妃、女王、「holm」は小島を意味する。

亡っている。

　その後、数世代を経た1661年に宮殿は火災により焼失した。そのときの宮殿所有者は、カール10世グスタフと死別したヘドヴィグ・エレオノーラ皇太后であった。皇太后は、王室顧問建築士であったニコデームス・テッシン（1615～1681）に新宮殿の建設を命じた。イタリアおよびフランスで建築を学んだテッシンは、宮殿主館の建設後に主館の南北に翼棟を増築して、フランス建築様式を取り入れたこのドロットニングホルム宮殿を完成させた。しかし、宮殿の内装や造園に関しては完成することなくテッシンは亡くなってしまった。

　そして、父の跡を継いだニコデームス・テッシン・ジュニア（1654～1728）が、1690年代にヨーロッパ宮殿の模範とされていたヴェルサイユ宮殿の様式を取り入れて内装を行い、造園にあたっては父の遺志をついでバロック庭園を完成させたわけである。

　私達はガイドに案内され、一般公開されている宮殿の一部を見て回った。一部とはいっても10か所以上もあり、すべてが「○○の間」と呼ばれる広間や大広間である。この宮殿は、謁見や王家の宴に使用する目的で建築された夏宮殿だという。広間の天井には、王家の権威や勢力、そして知識の象徴としてギリシャ神話やローマ神話の神々やライオンが描かれ、多くの肖像画やタペストリー、そして胸像や大きな鏡が富を誇示する装飾品として飾られている。

　そして、この宮殿の建築を命じたヘドヴィグ・エレオノーラ皇太后の権威は、扉の上に刻み込まれた王冠と皇太后のモノグラム HERS（Hedvig Eleonora Regina Suecia スウェーデン国王妃ヘドヴィグ・エレオノーラ）に象徴され、謁見を許された人達は宮殿を訪れるたびに皇太后の権威を知らされたことになる（173ページの写真を参照）。

　皇太后の死後、宮殿は孫のウルリーカ・エレオノーラ王妃（1688～1741、在位：1718～1720）に譲られ、その後ロヴィーサ・ウルリーカ王妃（1720

> **コラム　グスタフ3世**（Gustav III, 1746～1792、在位：1771～1792）
>
> 　グスタフ皇太子は、文学、芸術、オペラ、演劇など、フランス文化に親しんで育った母ロヴィーサ・ウルリーカ王妃の影響を大きく受けて成長した。1771年、父アドルフ・フレドリック（1710～1771、在位：1751～1771）の死後に国王となったグスタフ3世は、文化政策を推進させ、音楽アカデミー（1771年）、美術アカデミー（1773年）、オペラ座（1782年）、スウェーデンアカデミー（1786年、ノーベル文学賞受賞者の選考および決定を行う）、文学・歴史・古美術アカデミー（1786年）、王立劇場（1788年）を設立し、スウェーデンの芸術家を援助するかたわら名高い外国の芸術家達をスウェーデンに招待して交流を図った。
>
> 　1783～1784年にわたるイタリア旅行では、数多くの彫刻を買い求めてバロック庭園やイギリス庭園に設置した。また、グスタフ3世の演劇熱は高く、ときには宮廷劇場で上演される演劇の脚本や舞台演出を手掛け、自ら主役を演じることもあったという。しかし、国王権拡大憲法の強制施行や貴族階級の権利を抑えて平民階級の権利を高めたこと、そして戦争による膨大な赤字の処理問題で貴族達の反感を買い、1792年、ストックホルムのオペラ座で催された仮装舞踏会で撃たれ、数日後に敗血症と肺炎のために死亡した。ヴェルディのオペラ『仮面舞踏会』は、この話をもとにして描いたものである。

～1782）やその息子である国王グスタフ3世の嗜好や当時流行していたロココ様式に基づいて改装されたため、今日見られる宮殿の内装は完成当時のものとは異っている。

　立板に水を流すかのような速いテンポで説明を受け、私達は約1時間にわたる見学を終えた。

　スウェーデンの名所旧跡を訪問するとき、そこでガイド案内があれば、私は時間が許す限り参加するようにしている。歴史や見どころを短時間で知ることができるし、案内なしでは疑問のままで終わってしまうことが解

明できるからである。しかし、ガイド案内に参加したためにかえってわからなくなってしまうこともある。ガイド案内ではよく「国王〇〇の時代に」という表現が使われるのだが、その「〇〇」が果たして誰なのか、どの時代の何をした国王なのかがまったくわからないからである。

　1814年のノルウェーとの戦争を最後に戦争を行っていないスウェーデンであるが、中世にはデンマークやプロイセン王国、ポーランド、ロシアとたびたび戦争を繰り返してきた。そのため、スウェーデン人であれば「〇〇国王」と言えば「あの戦争の時代」とすぐに理解できるようだが、スウェーデン史を知らない私にはそれができないのである。

　カナダで約20年前に開発された家族ゲームで、「Trivial pursuit（無駄な楽しみ）」という今日でも人気の高いクイズゲームがある。サイコロを転がし、盤上に印された分野に関してのカードに書かれたクイズに答え、盤上を一周して最初にゴールインした人が勝ちというゲームである。クイズの分野としては、娯楽、自然・自然科学、歴史、スポーツなどがある。

　私が友人達と暇つぶしにこのゲームをすると、決まって歴史の分野では友人達からバカにされる。歴史の問題はスウェーデン史やヨーロッパ史が中心で、「国王は誰か」、「女王は誰か」という問題が圧倒的に多いからである。「こんなことも知らんのか？」と言う友人達の軽蔑の目を感じるたびに、「日本史の問題を出せ！」と私は叫びたくなる。

　私は宮殿を出て、イギリス庭園を通って中国離宮に行くことにした。このイギリス庭園は、宮殿建設時に計画された庭園ではない。1777年、母ロヴィーサ・ウルリーカ王妃の死後に宮殿主となった国王グスタフ3世が、自然風景を庭園の理想としたイギリス庭園を模して1780年代に造園したものである。

　私は小さな川に架かる橋を渡って、池が見える広い芝地へと出た。池には小島があり、並木道や藪や叢林が池を取り巻いて、人工的な自然、ランドスケープを形成している。しかし、スウェーデンの自然なら当然あるは

ずのマツやモミといった針葉樹がまったく見られず、スウェーデンの庭園でないことが理解できる。

池の岸では、カオジロガンの夫婦がまだ綿羽姿のヒナを見守りながら草を食み、グスタフ3世が理想とした自然風景がこの庭園にうまく反映されているようにも思えた。

池の岸に沿って曲がりくねった遊歩道を私は歩き、この王領地の中の東洋とも言うべき中国離宮がなだらかな坂の上に見える並木道へとやって来た。平日であったが、並木道の横に広がる芝生の上でピクニックを楽しむグループを何組も見かけた。

中国離宮へと続く並木道

私はこれまでに2度にわたって中国旅行をしたこともあって、ドロットニングホルムにある中国離宮がどのようなものであるかと好奇心を抱きながらここにやって来た。坂を上るにつれて、2階建ての中国離宮の外観がはっきりと見えてきた……が、これが中国離宮？

絶対に中国の建物ではない。中国の建物のイメージをロココ風にアレンジした建物のようで、言ったら悪いが、外観からは何か行楽地の遊園地にありそうな建物のように思えた。

私は中国離宮に入り、インフォメーションデスクでガイド案内のチケットを買った。「写真撮影はOKか？」と私が尋ねると、「離宮の中は撮影禁

中国離宮

止だ」と言う。女性係員は、「この離宮は国王のプライベートな建物で、国王の身の安全を守るために撮影は禁止になっています」と説明を付け加えた。

　私は、ガイド案内が始まるまで外に出て離宮の外観を見て待つことにした。離宮の入り口とその上の２階部分は、八角形を基準に設計されているようだ。そして、緑の屋根は波を打つような変わった葺き方となっている。残念なのは、外壁にあまりにも多くの「ファンタジーあふれる彫刻」をベタベタと飾りすぎていて、離宮主館を安っぽくしていることである。

　主館の前には両側に翼棟があり、片方は中に入れるようになっており、その中には多くの木工工具があった。ここの建設を命じた国王アドルフ・フレドリックには木工の趣味があり、これらの工具を使用してこの翼棟で木工を楽しんでいたという説明書きがあった。

　反対側の翼棟には入ることができなかったが、坂を利用したこの２階建ての翼棟には特殊な工夫がなされており、「内緒話（Confidencen）」という名が付けられている。どういうことかというと、下の階にある調理室で調理された食事を食卓に乗せ、その食卓ごと床に設けられた穴を通して滑車で上の階に引き上げて国王や王妃は食事をしていたのである。こうすることで、国王や王妃は、側近や侍女達と接することも盗み聞きをされるこ

中国離宮の翼棟「内緒話」

ともなく、それこそ内緒話をしながら食事ができたのだという。

　参加者4人のガイド案内が始まった。女性ガイドは、まずこの中国離宮の歴史から説明を始めた。現在の中国離宮が建設される以前、ここには1753年に建設された木造の小さな中国離宮があった。それは、国王アドルフ・フレドリックが妻であるロヴィーサ・ウルリーカ王妃への誕生日のプレゼントとして建設したものだという。東インド会社[★2]を通じて紹介された中国や日本の美術・芸術・文化への関心が高かった1700年代のヨーロッパでは、東洋ブームを引き起こすほどであったようだ。しかし、木造の離宮は北欧の冬の気候に耐えることができずに腐食し、10年後には取り壊されてしまっている。

　新しい中国離宮の建設は1763年に始まり、ヨーロッパのロココ建築様式と中国的な彫刻および配色を組み合わせた、現在に残るエキゾチックな離宮が1769年に完成した。この中国離宮は、王家がドロットニングホルム宮殿での執事を離れてプライベートな昼間のひと時を過ごすために建設され

★2　17世紀以降、ヨーロッパの国々がアジア地域での貿易を独占するために設立した企業をいう。東インド会社の設立はイギリスが1600年と最も早く、以後オランダ1602年、デンマーク1616年、フランス1664年と続く。スウェーデンの東インド会社は1731年に設立され、1813年に閉鎖されるまで、合計132回にわたって3本マストの大型帆船による中国への航海が行われた。

たものであるために寝室はない。

　これは余談になるが、後日、私が読んだ本の中に面白いエピソードが記されていた。最初に建造された木造の小さな中国離宮は、ドロットニングホルムで建造されたのではなく、ロヴィーサ・ウルリーカ王妃に内緒にするためにストックホルムで建造させたらしい。そして、誕生日の前日に船で輸送し、この地において1日で組み立てたのだという。今でいう、プレハブハウスの第1号であろうか。

　宮殿で王妃の誕生日を祝った後、国王は王妃を散歩に誘って完成したばかりの離宮へと導いた。何も知らない王妃は中国離宮を見て非常に驚いたが、さらにもう一つの演出を国王は行った。それは、金の鍵を持った当時7歳になる息子のグスタフ皇太子（のちのグスタフ3世）が中国服に身を包んで王妃を待ち受けていたのである。

　私はこのエピソードを読んだとき、政略結婚が多かった中世の王室にも民間人と同じような夫婦愛や家族愛があったことを初めて知ることができた。

　離宮内部も、外観と同じくロココ様式のフランス建築に中国のファンタジーを取り入れている。私達が最初に案内されたのは食堂であったが、家具にはヨーロッパ家具が使用され、ガラスケースには中国や日本の食器類が収められていた。次に案内された部屋は柔らかなカーブを描く細長い円弧状のロココギャラリーで、大きなフランス式のガラス扉やガラス窓を通して光が床板に明るく射し込んでいる。窓と窓の間には壁に沿って低い長椅子が並んでおり、私達はここに座ってガイドの話を聞くことになった。反対側の壁に沿って置いてあるガラスケースの中にある中国製の陶磁器の塔がなければ、ここはまさしく近代的な美術館の一室である。

　ガイドは、スウェーデンの東インド会社に勤務していたスウェーデン生まれのイギリス人であるウイリアム・チェンバース（1722～1796）が広東滞在後の1757年に書いた1冊の本『中国の建造物、衣服、機械および道具の

デザイン（Designs of Chinese Buildings, Dresses, Machines and Utensils）』がスウェーデン人に中国への興味を駆り立てたことや、この本が離宮の内装設計にも影響を与えたことを話した。一連の説明を終えるとガイドは次の部屋へと歩き出したが、このギャラリーが気に入った私はもう少しここに座っていたかった。

　ギャラリーの横にある大理石を床に敷いた赤扉の部屋は、中国の感じがよく出ている。朱色に塗られた扉、天井や壁には金色の縁取りがされ、壁には中国の立体彫りが埋め込まれている。1冊の本とファンタジーだけを頼りに、内装設計者がここまで中国の雰囲気を再現したことは見事としか言いようがない。

　私達はガイドに続いて2階への階段を上った。ガイドは「2階の部屋はすべてロヴィーサ・ウルリーカ王妃のプライベートな部屋です」と話し、ある一室へと案内した。王妃の部屋としては小さな部屋で、絹を壁紙として貼った宮殿の部屋とは違って、ここには紙製の壁紙が貼ってある。
「壁紙は、この離宮が建てられたときのままです」
「そのまま⁉」
　中国離宮が建てられて約240年になるが、かつての王妃の部屋には壁紙がそのまま変色もせずに残っているのである。

　その部屋の隣は王妃の図書室であった。本棚に並べられたすべての本の背にはスウェーデンを建国したヴァーサ家の家紋が入れられ、本の裏表紙には「中国離宮」と印されていた。王妃がどのような本を読んでいたのか興味があったが、本を手に取ることができないため、そのまま疑問として残ることになった。しかし、プロイセン王国の国王フリードリッヒ・ヴィルヘルム1世（1688～1740、在位1713～1740）の王女であった王妃は、フランス語に長け、フランス文化を高く評価をしていたことを考えると、王妃の読んでいた本がフランス語で書かれたものであっただろうということは想像に難くない。

　私達が最後に案内された部屋はやや楕円形をしていた。ガイドは参加者

を1人連れて私達から離れた壁に立ち、その人の耳に何かを囁いたようだ。すると、ガイドの囁き声が壁に反射されて増幅され、私達の耳にはっきりと聞こえてきた。驚きのあまり、このような音響効果を最初から考えて設計したかどうかをガイドに聞くのを忘れてしまった。

中国離宮を出た私は、「内緒話」という翼棟の坂下にあるカフェーでコーヒータイムをとることにした。今でこそこのカフェーは観光客用として利用されているが、もとは中国離宮と同時に建設され、離宮に出向いてきた国王家族の食事をつくる調理場であった。注文をするために中に入ると、小さな窓からの薄明かりで、レンガと白壁の屋内がまさしく中世を演出しているように思われた。白壁には埋め込まれたオーブンがあり、これでパンや肉や魚を焼いていたのだろう。

私はコーヒーとサンドイッチを注文し、レジ係の若い女性にオーブンのことを尋ねた。私の想像通り、オーブンは1700年代のものであった。私は野外に設けられたテーブルに座り、中国離宮や「内緒話」を見ながらコーヒーを飲んだ。昼食時であったが、カフェーはそれほど混んでいなかった。

壁にオーブンが埋め込まれた1700年代の調理場

「内緒話」（左の建物）の坂下にある野外カフェー

コーヒータイムのあと、バロック庭園を通ってドロットニングホルム宮廷劇場に行くことにした。

このバロック庭園は、宮殿を設計したニコデームス・テッシンが、フランス・パリ郊外のヴォー・ル・ヴィコント城（Château de Vaux-le-Vicomte）やヴェルサイユ宮殿の庭園を模範として1660年代に設計したものである。

しかし、テッシンは庭園の完成を待たずに死亡したため、先に述べたように、息子のニコデームス・テッシン・ジュニアが父の跡を継いで完成させた。バロック時代の宮殿や城の庭園を見て感じたことは、当時理想とされた庭園は、果てしなく無限に広がる庭園を左右対称に造成して、植物を短く整枝したということである。

　バロック庭園に造られた遊歩道を歩くと、目線が低くなり、庭園が左右対称になっているかどうかはまったくわからなくなってしまう。しかし、私が宮殿でガイド案内を待っているときに窓際から見た庭園は遠くへと広がり、たしかに左右対称になっていた。

　宮殿が正面に見える遊歩道には噴水がいくつかある。現在はポンプで水を供給して水圧を高くしているのだろうが、ポンプのなかった時代はいったいどうして水を出していたのだろう？

彫刻の噴水

　バロック庭園の3要素は「木」、「花」、「水」だという。手入れの行届いた木や花を見る楽しみ、鳥の声や噴水の音を聞く楽しみ、そして花の香りを匂う楽しみが夏の庭園を散策する楽しみであった。バロック庭園の花を絶えず植え替え、宮殿への野菜を供給するためにヘドヴィグ・エレオノーラ皇太后はバロック庭園のほかに花園や野菜園を設け、その野菜園には375本もの果樹が植えられていたという。

遊歩道をさらに宮殿に向かって歩くと、宮殿のすぐ下に彫刻が何体か見えてきた。1600年代のスウェーデンには大きな彫刻を造ることのできる優秀な彫刻家がいなかったため、戦勝品として他国からよく彫刻が持ち帰られたようだ。バロック庭園に設置されている彫刻は、オランダの彫刻家アドリアーン・デ・ヴリース（1556〜1626）の作品ばかりだという。それらは、チェコのプラハ城（1648年）やデンマークのフレデリクスボリー城（Fredriksborg）（1659年）からの戦勝品であり、庭園の完成とともにここに設置されたということである。しかし、なぜデ・ヴリースの彫刻ばかりが選ばれたのかはわからない。

　こうして木と花と水と彫刻で仕上げられたバロック庭園であるが、1715年の皇太后の死後、庭園は荒廃の一途をたどり、1950〜1960年代にかけてようやく現在の国王の祖父であるグスタフ6世アドルフ（1882〜1973、在位1950〜1973）によって修復され、かつてよりはいくぶん簡素化された現在のバロック庭園が形成された。

　バロック庭園から宮廷劇場へ行くには、庭園横の道の両側に大きなフユボダイジュ（学名：Tilia cordata）が植えられた並木道を通って宮殿の翼棟裏に出ることになる。フユボダイジュが木陰をつくる爽やかな並木道を行くと緑色の鉄柵門があり、門上では王冠と左右の門柱から延びる蔓状の花飾りが金色に輝いていた。

　私は門の下に立ち、王冠の下に記されているアルファベットを読み取ろうとしてハッとした。念のため、門をくぐって反対側からも眺めてみた。私が思った通り、やはりこれは門の両側から読めるようにしたヘドヴィグ・エレオノーラ皇太后のモノグラムであった。このバロック庭園に出入りする人は、少なくとも2度はこのモノグラムを目にするようになっている。

　宮殿の翼棟裏へと出た。右手を見ると、複数の護衛兵達が門番をしている。そこから先は国王一家が住むところであり、警戒が厳重になるのも当然であろう。

鉄柵門上にあるヘドヴィグ・エレオノーラ皇太后のモノグラム。門のどちらから見ても HERS と読めるようになっている

　砂利敷きの長方形の広場に建設された2階建てのクリーム色のドロットニングホルム宮廷劇場は、今日ヨーロッパで最もよく保存されているバロック劇場である。この劇場が素晴らしいのは、単に劇場の保存がよいだけではなく、現在も当時の舞台や舞台設備を使って劇が上演されていることだ。

　広場に立つギリシャ青年の大理石裸体像を見ながら、扉が開いている宮廷劇場へと私は向かった。入り口ホールに座っていた女性係員に「ガイド案内に参加したい」と話すと、「劇場翼棟にあるインフォメーションでチ

ドロットニングホルム宮廷劇場

第7章　ドロットニングホルムの王領地

ケットを買って下さい」と言う。距離からすれば50mもないが、これでは昔のソ連と同じではないか。

　ロシアがまだソビエト連邦であった頃、私はスウェーデンの友人達とモスクワから北京までシベリア鉄道で旅行をしたことがあった。モスクワにはソ連最大の「グム百貨店」があり、ソ連の百貨店とはどのようなものかと好奇心にかられて見に行った。その結果、この国の百貨店での買い物が大変であることがわかった。

　まず、売場カウンターで商品を手にとって見るために並び、次に商品の前払いをするために少し離れたところにあるレジまで行って並び、そして手書きの領収書を受け取って再び売場カウンターに並んで順番を待ち、領収書を係員に見せてようやく商品を受け取るのである。グム百貨店で大安売りがあったのかどうかは知らないが、一つの買い物をするのに何時間もかかるようなシステムはたまったものでない。

　幸いなことに、今日の私には時間が十分ある。私は翼棟にある宮廷劇場のインフォメーションに行ってチケットを買い求めた。ガイド案内にはまだ少し時間があったので、売店で売っている『仮面舞踏会』の仮面や宮廷劇場の案内書を見て待つことにした。

　ガイド案内の時間になったので、私は宮廷劇場の入り口で女性係員にチケットを手渡して中に入った。参加者は10人程度で、この女性係員が私達のガイドであった。ガイドは私達を歓迎したあと、まず宮廷劇場の歴史を説明した。

　宮廷劇場は国王アドルフ・フレドリックにより1766年に建設されたが、劇場の建設に最も力を入れたのはロヴィーサ・ウルリーカ王妃であった。1771年、国王アドルフ・フレドリックの死後、息子であるグスタフ皇太子が国王グスタフ3世としてドロットニングホルム宮殿の主となった1777年以後に宮廷劇場の最盛期が始まり、オペラやフランスの古典ドラマがよく上演されていたという。[★3]そして、1792年、グスタフ3世が暗殺されて以後、劇活動は中止されて劇場も顧みられなくなり、遂には古い家具の倉庫とし

て使用されるに至った。

　1922年、宮廷劇場はグスタフ3世の時代の姿に修復され、今日もその姿を保っているばかりか、舞台や舞台装置、小道具なども当時のものがそのまま使用されている。宮廷劇場では演劇をはじめとしてオペラやバレエが上演されており、当時の楽器を使ってバロック音楽のコンサートも開催されている。

　宮廷劇場の歴史説明が終わると、ガイドは私達を入り口ホール横の部屋に案内した。簡素な造りのこの部屋の壁には、中国離宮と同じく紙の壁紙が貼られている。現在、部屋は改修中らしく、壁に沿って足場が組んであった。1700年代には、夏の間、この部屋や劇場内のほかの部屋に舞台の裏方や役者、そして音楽奏者達が住み込んでいた。私達は、もう一つ同じような部屋に行ったあとに宮廷劇場へと案内された。

　宮廷劇場に入るとガイドは舞台の電気照明を点け[★4]、200人は入れそうな観客席に座ってガイドの話を聞くことになった。

　ここの観客席は、ストックホルムのオペラハウスや王立劇場のような金色に輝く内装ではない。しかし、グスタフ3世の時代には、華やかに着飾った女性達がきっとここに座っていたに違いない。

　その頃の情景を夢見ていると、「この舞台の奥行きは20ｍあり、今日でもスウェーデンで一番奥行きの深い舞台です」というガイドの声が聞こえてきた。舞台の上手、下手には柱を描き、天井から吊るされた数多くの舞台袖が設けられ、背景に描かれた壁の絵と一体となって大広間の雰囲気をかもし出している。

　「場面転換はわずか2、3秒の明転で行われましたし、天井には吊り物装置、また舞台には人力操作の迫(せ)りがあって、劇の最中に何が起こるかわか

★3　国王アドルフ・フレドリックの死後、1777年まではロヴィーサ・ウルリーカ皇太后が宮殿の主であった。
★4　1700年代のようにロウソクでは火災の恐れがあるため、1922年の修復時に電気が引かれた。

第7章　ドロットニングホルムの王領地

らないので非常に人気がありました」と話しだし、ガイドは説明を続けた。「風や雨、雷、波の音などは、現在でもすべて手動で生み出されています」

電気がなく、すべて手動で行われた1700年代によくそこまで工夫をしたものである。

参加者の一人を連れてガイドが舞台裏へと消えた。すると、まもなく観客席には波の音が聞こえてきた。私は場面転換に使われる滑車や音響装置など、すべてが手動の舞台裏を覗いてみたかったのだが、この波の音を最後に私達は再び入り口ホールへと戻された。そして、「カール公爵のパヴィリオンに展示室があるので是非見学して下さい」というガイドの声で案内は終了した。

「カール公爵のパヴィリオン[★5]」がどこにあるのかを知らなかったので、ガイドに尋ねてみた。何のことはない。チケットを買ったインフォメーションのある建物がカール公爵のパヴィリオンであった。チケットを買いに入ったときにはまったく気にも掛けなかったのだが、建物の入り口には「カール公爵のパヴィリオン」と書かれた大きな看板が掛かっていた。

パヴィリオンの中には多くの小さな部屋があり、最近使用された舞台衣装が上演場面のパネル写真とともにたくさん展示されていた。実際に舞台衣装がどのように使用されていたのかがよくわかり、これはなかなかよい

パヴィリオンに展示されている舞台衣装

アイデアだと思った。また、その中に混じって、少し色あせた1700年代の舞台衣装も展示されていた。

　パヴィリオンを出ようとすると、洗濯機の回転ドラムのような道具が目に入った。「自分で回して試して下さい」という説明板があり、私がドラムを回転させると耳慣れた音が聞こえてきた。それは、つい先ほど聞いた波の音であった。

　私は、ドロットニングホルムの王領地を離れる前にもう一度宮殿を見ておこうと思い、宮殿の入り口へと向かった。石の階段を上ってテラスに立ち、権力の象徴として建てられた宮殿を見上げてテラスを見回した。テラスの石柱には、すぐ下のバロック小庭園に調和するように短く球状に整枝した植木鉢が数多く並べられている。
　私には、植木鉢に刻まれた「モノグラム HERS」が、完成から300年以上を経た今日も「この宮殿は私のものよ」と言っているように感じられた。

★5　カール公爵（Hertig Karl, 1748～1818）はグスタフ３世の弟で、のちの国王カール13世（在位1809～1818）。公爵は、国王に即位するまでの肩書き。

スクーグスチルコゴーデン（森の墓地）
（Skogskyrkogården）

第8章

ユネスコによる登録基準　文化遺産
（ⅱ）　ある期間、あるいは世界のある文化圏において、建築物、技術、記念碑、都市計画、景観設計の発展において人類の価値の重要な交流を示していること。
（ⅳ）　人類の歴史の重要な段階を物語る建築様式、あるいは建築的または技術的な集合体、あるいは景観に関する優れた見本であること。

登録年度　1994年

世界遺産委員会による登録理由　森の墓地は、地形、自生植物および特色ある建築で墓地としての目的を理想的に果たすランドスケープ創造の傑出例である。アスプルンドおよびレーヴェレンツにより造成された森の墓地は、世界中の墓地設計計画に大きな影響を与え、墓地の新しい型を確立した。

スクーグスチルコゴーデン（森の墓地）

ストックホルムにあるスクーグスチルコゴーデン（森の墓地）[★1]は、世界遺産に認定される前からも世界の建築界においてはよく知られた場所であったが、一般の観光客にはほとんど知られていなかった。現に、長年スウェーデンに住んでいる私も、「森の墓地」の名前は何度か耳にしたことはあったがこれまでに訪れたことはなかった。

　私はストックホルム墓地管理局に電話をし、5月から8月下旬までは毎週水曜日の午後5時から8時半までガイドによる案内があることを教えてもらった。午後8時半だと外は暗いのでは……と思われそうだが、北欧の初夏の午後8時半と言えば太陽はまだまだ地平線のはるか上にあり、夕方というのにもまだ早いぐらいである。

　私は、5月下旬の水曜日に訪れることにした。5月下旬は、スウェーデン人が言う「エゾノウワミズザクラ（学名：Prunus padus）とライラックの開花期（mellan hägg och syren）」（第9章を参照）であり、その表現は、最も自然が美しい季節を意味している。

　知り合いのスウェーデン人女性に森の墓地へ行くことを電話で話すと、「私も数年前に行ったことがあるけれど、ゴミが散らかっていて汚くてがっかりしたわ」と言っていた。ゴミだらけ？　まさかそんなことはないだろうとは思ったが、嫌なことを聞いてしまった。

　ウプサラから国鉄（Statens Järnvägar：SJ）でストックホルムに行き、地下鉄に乗り換えて目的地に向かった。地下鉄の駅から墓地の入り口までは200ｍほどの距離で、そのうえ入り口には「Skogskyrkogården（森の墓地）」と書かれた大きな道路標識があるので、方向音痴の私でもさすがに迷うことはなかった。

　私は、ガイド案内が始まるまで墓地内を歩き回って、世界遺産となった墓地とはどういうものかと自分なりの感覚を確かめに行った。時計を見るとまだ午後2時半である。いくら広いといっても、これだけの時間があればかなりの範囲を見て歩けるはずだ。

森の墓地の入り口

　入り口になっている石垣に沿って歩き、それが途切れると急に視野が開けた。このランドスケープにはなだらかな傾斜の芝生が正面に広がり、頂上に落葉樹が数本植えられた右手の丘へと続いている。広々とした芝生の丘、そしてその上の落葉樹、普段自然の中で針葉樹を見慣れている私にとっては何か奇妙に思える風景である。

　正面左手には花崗岩の大きな十字架が立っており、その斜め後ろには黄土色をした火葬場の建物が見える。一見するとアンバランスに思える光景だが、この十字架はそのような考えをまったく起こさせないくらいランドスケープに溶け込んでいる（本章の扉写真を参照）。

　この、なだらかな傾斜に何か秘密がありそうだ。建物からは長い塀が延び、石畳の小道が塀に沿って敷かれている。この小道を歩けば、おのずと森と自然空間が目に入るようになっている。私はこの小道を歩くことから始めようかと思ったが、この付近は必ずガイド案内があるだろうからと判断して、集合時間までは別のところを歩くことにした。

　墓地管理局のホームページからダウンロードした案内地図を取り出し、墓地内の内周道路を左方向に歩くことにした。右手には、スウェーデンで

★1　「Skog」は森、「kyrkogård」は墓地という意味。

ならどこにでもあるような森が広がっている。しかし、左手には平坦な松林が広がり、木々の間からは、高さが統一された墓石が整然と並んでいるのが見える。森の墓地は長さ1.4 km、広さが100ヘクタールあるという。これだけ大きな墓地に、果たしてどのくらいの墓石数があるのかまったく想像がつかなかった。

　歩いていくとバスの停留所があった。墓地の中に公営バスが通っている？

　これほど大きな墓地なら、バス停も一か所だけではないだろう。バス停のアナウンスをするときに運転手は何と言うんだろう？　誰かの墓に参るにしても、その位置をどうして知ることができるのだろうか？

　そんなことを考えながら歩いていると、緑色の区画標識が目に入った。なるほど、こうすれば墓の場所を知ることができるわけだ。しかも、よく見ると番号札のようなものが墓の横に立てられているものもある。

　森が終わり、松林と芝生の墓地になった。手入れされた芝生は美しいが、放っておくと夏から秋にかなりの高さにまで成長してしまう。どうして管理しているのかなと思っていたときに、4輪の芝刈り車が見えた。アルバイトを雇って墓地の芝を刈っているのだろうか。

森の墓地にある区画標識

スウェーデンにも、日本のお盆に似たような故人や先祖を弔う日がある。毎年11月の第1土曜日がこの日にあたり、「万聖節（Alla helgons dag）」と呼ばれている。この万聖節には多くの人が墓地を訪れ、墓を掃除して花を供え、そしてランタンにロウソクを灯すことになっている。そして、翌日の朝刊紙の第一面には、必ずどこかの墓地に灯されたランタンの写真が掲載されている。

　私が訪れたのは5月中旬の午後であったため、さすがに墓地は閑散としており墓参りをしている人もほとんど見かけなかった。しかし、墓石の前の芝生には花が植えられ、手入れが行届いた松林は明るく、ズアオアトリ（第4章を参照）やクロウタドリ（第1章を参照）の歌声が至る所で聞こえ、自然が故人の霊を慰めているように思えたが、それが森の墓地の意図ではないだろうか。

　内周道路を右に折れて歩いていくと、数個の古い墓石を載せた小型トラックが停まっていた。管理員かアルバイトらしい青年がちょうどトラックに戻ってきたので、墓地にある墓の数を尋ねた。

「現在のところ約9万の墓がある」

「9万個もの墓守りをするのは大変だろう」と私が聞くと、「夏の間は管理員とアルバイトを含めて50〜60人で墓守りをしている」と答えてくれた。

　アスファルトの道を歩くのは楽だが、私は砂利道のほうが歩いていて楽しい。すぐ横にあった小さな砂利道を偶然見つけ、この道を通って入り口に戻ることにした。すると、右手に一段高くなった芝地があり、赤い花崗岩でつくられた墓石が目に入った。墓石の前では、ラッパスイセン（学名：Narcissus poëticus）が満開であった。今まで見てきた墓に比べてはるかに広い面積があり、かなりの手間をかけてつくった墓であることがわかる。

　芝地についている階段を上りながら墓石を見ると、金色の文字が目に入

★2　「alla」はすべて、「helgon」は聖人、「dag」は日という意味。

ってきた。近づいていくと、「Greta Garbo」（次ページのコラムを参照）と読めた。

グレタ・ガルボ？　えっ！　これがグレタ・ガルボの墓？

映画ファンならおなじみのグレタ・ガルボの墓であった。そうか、グレタ・ガルボはこの森の墓地に埋葬されていたのか……。彼女の死後、墓をどこにつくるかについて多くの提案や計画があったことは知っていたが、結局どこにつくられたのかはまったく知らなかった。

グレタ・ガルボの墓

コラム　グレタ・ガルボ（Greta Garbo, 1905〜1990）

イングリッド・バーグマン（Ingrid Bergman）とともにスウェーデンが生んだ映画女優として世界的に有名である。1930年代にはアメリカ映画界を風靡し、『アンナ・クリスティ（Anna Christie）』（1930年）、『ロマンス（Romance）』（1930年）、『カミユ（Camille）』（1937年）、『ニノチカ（Ninochka）』（1939年）で計4回オスカー賞の主演女優賞候補にノミネートされた。映画女優として頂点にあった1941年の映画『双子（Two-Faced Woman）』を最後に人目を避けた生活を続け、1990年にニューヨークで死亡。

出演映画数は31本。彼女がなぜ頂点にあった37歳で映画界を離れ、隠遁生活に入ったのかは今日も謎である。

グレタ・ガルボの切手（2005年発行）

十字架横に見えるグローブ・アリーナ

　私は砂利道を歩き、途中いくつか見覚えのある建物を通り過ぎた。「復活の礼拝堂」、「森の礼拝堂」、「松林パヴィリオン」、ホームページにある写真や紹介文でこれらの建物の名前や特徴を理解していたつもりであったが、その「つもり」は見事に崩れてしまった。こうなると、今夕のガイド案内に注意深く耳を傾けるしかない。せめて、日本語の解説書に目を通しておくべきだった。普段、日常会話で耳にすることがないスウェーデン語の丸暗記はやはりすぐに忘れてしまう。

　火葬場の横に戻ってきて十字架を後ろ側から見ると、十字架の左手に大きなドームが見えた。あれはグローブ・アリーナか。そのとき初めて、この森の墓地がストックホルムのどのあたりにあるのかがわかった。

　時計を見るとまだ少し時間がある。そこで私は、木が植えられている「瞑想の丘」の上に行ってみることにした。ここは、周囲のなだらかなランドスケープとは趣を異にしている。丘を上がると、そこには低い石壁で囲まれた追悼の場が設けられていた。最近では多くの墓地に追悼の場があるようだが、ここは、故人の遺志により墓を建てずに遺灰を自然に撒いて土に帰った人達を追悼する場である。

★3　1989年にストックホルムに建設された直径110m、高さ85mの世界最大の多目的アリーナで、スポーツやコンサート会場として利用されている。収容人員は16,000人。外観が球状をしていることから「グローブ・アリーナ（通称グローベン）」と呼ばれている。

第8章　スクーグスチルコゴーデン（森の墓地）

「冥想の丘」の裏側にある墓地群とストックホルム郊外の街並み

　この丘の裏側には、入り口側からはまったく見えなかった小さな墓地群があり、その遠くにはストックホルム郊外の街並みが見えている。ここも手入れがよく行き届いており美しく保たれているが、どこにでも見られる墓地であって特別独創性があるわけではない。

　この丘の上から周囲を見渡していると、車の騒音がどうも気になる。果たして、ここで冥想や追悼をする人が本当にいるのだろうか？　墓地の中を歩いているときには車の音がまったく聞こえなかっただけに、余計にその音が気になるのかもしれない。

　森のほうに目をやると、丘から「復活の礼拝堂」へと続く小道が真っ直ぐに延び、はるか彼方にそれらしき建物が小さく見えている。このランドスケープはこのままでも絵になりそうである。ふと、知り合いの女性が言った「ゴミが散らかっていて汚くてがっかりしたわ」という言葉を思い出した。たぶん、彼女がここを訪れたのは何十年も前のことなのだろう。私が見る限り、塵一つ目にすることはなかった。

　午後５時前、墓地の入り口に人が集まり始めた。私も火葬場前のパヴィリオンから入り口へと向かった。しばらく待っていると、背の高い白髪の男性がやって来た。私達がガイドの参加者であることを確認したあと、彼

「復活の礼拝堂」へと真っ直ぐに延びる森の小道

は自己紹介をした。このおじさんはベリエ・オルソン（Börje Olsson）さんといい、ストックホルム墓地管理局に勤務している。今日のガイド参加者9人の前で、まず彼は次のように述べた。

「森の墓地と言えば、多くの人はグンナル・アスプルンドの作品だと考えています。しかし、それは間違っています。この森の墓地は、グンナル・アスプルンドとシーグルド・レーヴェレンツ（188ページのコラムを参照）という2人の建築家の協力があったからこそできたものであることを忘れてはなりません」

そして続けて、森の墓地の由来を詳しく説明し始めた。彼の話を簡約すると次のようになる。

1912年、ストックホルム市議会は、当時あった南墓地のさらに南側に新しい墓地の建設を決定した。墓地の予定地（85ヘクタール。のちに100ヘクタールに拡大）となったところは、針葉樹林が広がる小石と砂の丘陵地帯であった。ここに造る墓地設計案を求めるた

私達のガイドを務めたベリエ・オルソンさん

第8章　スクーグスチルコゴーデン（森の墓地）

コラム　アスプルンド（Gunnar Asplund, 1885〜1940）**と**
　　　　レーヴェレンツ（Sigurd Lewerentz, 1885〜1975）

　スウェーデンの友人達に聞いても、「森の墓地」と言えば「グンナル・アスプルンド」という答えがすぐに返ってくるが、シーグルド・レーヴェレンツの名前を挙げる友人は一人もいない。それは、アスプルンドが1914年の設計コンペティションから死亡した1940年に至るまで文字通り森の墓地に生涯を捧げてきたことによるものであろうし、ストックホルム市立図書館を設計したことで名前が知れていたこともある。しかし、森の墓地の「瞑想の丘」や「復活の礼拝堂」はレーヴェレンツの設計によるものである。レーヴェレンツの協力がなければ森の墓地設計コンペティションにアスプルンドが参加をしていたかどうかは疑問であり、仮に参加をしていてもその設計案が採用されたかどうかはわからない。

　コンペティションでは三つの設計案に賞が与えられたという。ほかの建築家の設計案が1位に選ばれていれば、森の墓地は今日の姿とはまったく異なった趣を呈していたに違いない。

　相棒のレーヴェレンツが設計した建物には、ストックホルムの保険局、マルメ市立劇場、ストックホルム・ビヨルクハーゲン（Björkhagen）のマルクス教会、クリッパン（Klippan）の聖ペトリ教会などがあり、スウェーデンの建築界では教会建築家として有名である。彼は、1975年に90歳で他界してスウェーデン南部のマルメに埋葬されているが、死の直前まで現役の建築家として活躍していたという。

アスプルンド　　　　レーヴェレンツ

めに国際的なコンペティションが開催され、そこには芸術性に溢れていること、自然の起伏や植生を生かすこと、市民が親しめること、植え込みや墓石、建築物の配置に留意することなどの条件が付けられた。

　世界中から合計53の設計案が応募されたが、そのうち39案は直ちにゴミ箱行きとなった。そして、このコンペティションで1位に選ばれたのがグンナル・アスプルンドとシーグルド・レーヴェレンツの「松林」という名の作品で、当時、2人とも30歳の若手建築家であった。

　私達は、オルソンさんに続いて火葬場裏の道路を大きな石垣と松林に沿って歩いた。どんよりとした空から薄日が漏れてきた。落葉樹の新緑が輝き、クロウタドリが歌う春の夕方は生命の息吹を感じさせ、今いるところが故人を埋葬した墓地とは思えなくなる。

　オルソンさんは低い塀に囲まれた森の礼拝堂へ通ずる狭い門の前で立ち止まり、「この森の礼拝堂は森の墓地に建築された最初の礼拝堂で、アスプルンドが設計して1917年に着工し、1920年に完成しました」と話し、門の上の大理石のレリーフを指差して、「あれには、ここに棺で運び込まれる死者の声がラテン語で書いてあります。今日は私、明日はあなた」と話を続けた。人間誰しもいつかは死ぬわけだが、「明日はお前の番だ」と言われるとあまりよい気はしない。

　私達は、門を入って森の礼拝堂へと向かった。先ほどここの前を通ったときにも感じたのだが、モミ林の中にある礼拝堂は京都大原の三千院にどこか雰囲気が似ている。落葉樹と針葉樹の違いはあるが、樹木の間に建てられた建物の落ち着いた佇まいと静寂感が似ているのである。

　礼拝堂のすぐ横には、獅子頭の口から水が流れている手洗い場と、地面を掘り下げ、周囲を石壁で囲んだ草葺屋根の小屋がある。オルソンさんは、「この小屋は冷蔵室として使用されていた」と説明をした。つまり、棺をここに安置していたということだろう。

森の礼拝堂

死の天使（2007年に撮影）

「本当なら、屋根の上にカール・ミッレスが彫刻した『死の天使』があるのですが、残念ながら今は取り外されています」と、オルソンさんは板を段々に重ねた黒い屋根を指差した。その彫刻が据えられていたであろう場所には、青いテープを巻いた太い金属線が見えるだけである（のちにもう一度ここを訪れたとき、彫刻が取り付けられていた）。

屋根下の広いアプローチには12本の白い丸柱が立っており、天井を支えている。「12」という数はキリストの使徒が12人であったこと、1年が12か月、時計盤が12時間制であること、そして古代イスラエル史に登場する12部族から採用されたものであるという。木の板を重ねた黒い三角屋根に、アプローチの白天井、礼拝堂の白壁、そして白い丸柱が対照的である。

礼拝堂の入り口の黒い鉄扉には驚いたような表情をした骸骨のレリーフがあり、何とその右目が鍵穴になっている。アスプルンドの設計にしては趣味が悪い。葬儀の参列者達は、この扉を見てどのように感じたのだろうか？

オルソンさんが重い鉄扉を開けると、中に1枚の優雅な内扉があった。内扉は格子の鉄扉で、植物の蔓が数多くの円を描いて延び、その中心に花を咲かせている。このモチーフには生命力が感じられる。しかし、よく見るとこの格子扉にも小さな骸骨が付いていた。アスプルンドは、2枚の扉で「生」と「死」を表現したかったのだろうか。
　床がエーランド島の石灰石からなる（第4章を参照）円形の礼拝堂では、8本の円柱が周囲を囲み、半球ドームの天井の円窓を通してモミ林の淡い光が射し込んでいる。
　「8という数に何か意味があるのですか？」と、私はオルソンさんに尋ねた。礼拝堂の入り口の12本の柱に意味があったことを考えての質問だった。その質問に対してオルソンさんは、「8本の円柱は、再生、復活のシンボルである数字の8から来ているんです」と答えた。
　祭壇と棺台がなければ、礼拝堂は小じんまりとした小劇場のように思えた。この礼拝堂では、現在もアスプルンドが設計したオリジナルの椅子が使用されている。

　森の礼拝堂を出た私達は、低い塀の間にある裏門を通り抜けた。そこは、先ほど見たグレタ・ガルボの墓の前であった。
　「この一段高い芝生の上にあるのがグレタ・ガルボの墓です」とオルソンさんは説明をした。参加者達がどのような反応をするのかと興味があったが、彼らは別に表情を変えることがなかった。どうやら、私が一番ミーハーだったようだ。

★4　（Carl Milles, 1875〜1955）スウェーデンの最も有名な彫刻家であるカール・ミッレスは、パリでロダンのアシスタントを務めていたこともある。ミッレスの作品は、スウェーデン各地の広場や通りで見ることができる。有名なものではストックホルム・コンサートハウス（ノーベル賞の授賞式が行われる）前のヘートリエット広場にあるオルフォイスグループ像、北欧博物館のグスタフ・ヴァーサ像、ヨーテボリ・イョタ広場のポセイドン像などがある。ストックホルム・リーディンゲ島にはカール・ミッレスの家を改造した野外彫刻美術館があり、ストックホルム観光のアトラクションの一つとなっている。
★5　旧約聖書の「創世記」に記されているアブラハムの孫のヤコブは別名を「イスラエル」と言い、このイスラエルの12人の子ども達がのちにイスラエル12部族を形成した。

森の礼拝堂の祭壇と棺台

「グレタ・ガルボの死後、彼女の甥や姪達は、10年近くも彼女にとって最もふさわしい墓地を探していました。そして、この森の墓地にも何度かお忍びでやって来ていました」と、オルソンさんは裏話を紹介してくれた。

このあと、林の中の砂利道を通って「復活の礼拝堂」へとやって来た。「この礼拝堂は森の礼拝堂が小さすぎることから増設されたもので、レーヴェレンツの設計によって1925年に完成したものです。『復活の礼拝堂』という名前の由来は、礼拝堂の入り口の上にある彫刻の題名から来ています」

復活の礼拝堂の入り口には長い石柱があり、アテネのパルテノン神殿の

復活の礼拝堂入り口　　　　　　　　祭壇の上の彫刻

ような柱頭には四角い石板と彫刻が施されている。礼拝堂の中は長方形で、天井が高く南側の壁にだけ明かり取りの窓がある。そのためか、電灯が点いていても中は薄暗く重々しく感じられる。1920年代のストックホルムにおいても、ガンメルスタードの教会（第12章を参照）と同じ考え方が残っていたのかもしれない。

祭壇の上には、イエス、使徒ペテロ、ヨハネ、ヤコブとともに娘の死を泣き悲しむ父母の像があり、像の下には「ルカによる福音書第8章52節」にあるイエスの言葉、「泣くな、娘は死んだのではない。眠っているだけである」が彫られている。

復活の礼拝堂を出ると、西陽が射していて清々しく感じられた。オルソンさんは「コーヒータイムです」と言って、すべてが緑色に塗られたピラミッドが三つ並ぶ松林の中へと私達を案内した。松林の中の喫茶店？「ここは、1922年から1923年にアスプルンドが建てた墓地管理職員用の建物で、世界遺産登録後の1998年に改造されて、現在『松林のパヴィリオン』いう名前が付いています」と、オルソンさんは説明した。

中に入ると、ここは森の墓地のインフォメーションセンターであると同時にスウェーデンの世界遺産のインフォメーションセンターであることが

インフォメーションセンターとなっている松林のパヴィリオン

わかった。机の上に並べられた世界遺産のパンフレットを手に取ると、今までに私が訪れた世界遺産が懐かしく思い出されてきた。
　ここで、今日のガイド料金である50クローナ（約750円）を払い、私達は思い思いにコーヒーや紅茶を飲んだ。ひと休みしたあと、復活の礼拝堂とこれから行く瞑想の丘とを結ぶ真っ直ぐな砂利道を歩いた。歩きながら、オルソンさんは次のような説明をしてくれた。
「この道は『七井戸の小道』と呼ばれていますが、井戸は一つもありません。墓地造成の段階では、この小道に沿って井戸を7か所掘って墓地に必要な水を供給しようという計画があったのですが、結局、井戸は掘られずじまいで『七井戸の小道』という名前だけが残ることになりました」

「森の墓地に埋葬されているのはプロテスタントだけですか？」という私の質問にオルソンさんは、「大部分はそうだけど、イスラム教徒やギリシャ正教徒の墓地群もあるし、カトリック教徒やユダヤ教徒の墓地群もあります」と答えた。これは、ストックホルムに住む外国人や、移民異教徒であってもここに埋葬することができるということであろう。
「森の墓地には、年に何人くらい埋葬されますか？」
「3,000人位だね」
「火葬される人は？」
「4,000人位かな」

　七井戸の小道でジョギングをしている人達とすれ違った。この静かな森の小道は、大都会ストックホルムから帰宅した人がクロウタドリのさえずりを聞きながらジョギングで汗を流し、ストレスを解消するには打ってつけの場所である。
　私達は、森の小道から瞑想の丘の下へと出てきた。ここから見る芝地のランドスケープは、入り口側から見たときよりもはるかに大きく感じられた。森の火葬場へと向かう小道を行くと、左手にはスイレン（学名：

Nymphaea alba）が植えられた小さな池があり、この池の淵に立つと、水面に映し出された十字架が見えた。

　アスプルンドは、この絵を頭に描いて十字架の位置を決めたに違いない。水を「生」のシンボルと考えていたアスプルンドは、十字架と組み合わせることでランドスケープの中にも「生」と「死」を表現したのかもしれない。

池の水面に映る十字架

　池のすぐ横にある森の火葬場には大きな石柱に支えられた広いアプローチがあり、オルソンさんが礼拝堂の扉を中から開ける間、私達はしばらくここで待つことになった。このアプローチで告別式が行われることもあるという。しばらくすると、オルソンさんが礼拝堂への扉を開けて私達を中に招き入れた。

「この火葬場の建物は、土葬の習慣から火葬が一般化してきた1930年代の中期にアスプルンドが設計し、1937年から1940年にかけて建設されたものです。建物の中には火葬場と3か所の礼拝堂があり、礼拝堂は『信仰の礼拝堂』、『希望の礼拝堂』、『聖十字架の礼拝堂』と名付けられています。聖十字架の礼拝堂が一番大きく、300人の参列者が入ることができます。みなさんがおられたアプローチは、この聖十字架の礼拝堂の前にあります。各礼拝堂での儀式がほかの礼拝堂からの音で妨げられることがないよう、礼拝堂の間には中庭が設けられています」

このように説明したオルソンさんは、聖十字架の礼拝堂の扉を開いた。祭壇に向かって鱗模様の大理石の床がなめらかに下っているこの近代的な礼拝堂は、まるでコンサートホールのようである。ひょっとしたら、祭壇の後ろにある壁に直接描かれた壁画がそのような印象を与えたのかもしれない。その壁画には、川面に沈む夕陽が黄色く描かれ、幅広く描かれた陽光が十字をなしている。夕陽と十字の交点には一隻の帆船が川面を下り、人々が川岸でこの帆船を見送っている。
　オルソンさんは、「この壁画はスヴェン・エクセット・エリクソン（1899〜1970）が描いたもので、『生―死―生』をテーマにしています。ここに描かれている川はスティックス川（Styx）で、ギリシャ神話によるとこの川は生と死の世界の境界にある川で、この川を渡らないと死の世界には入ることができないのです」と説明をした。
　ほかの参加者達はギリシャ神話を常識として知っているのかみんなうなずいていたが、私にとっては常識外の知識であるため、その説明をただ感心しながら聞くだけであった。
　「おもしろいものをお見せしましょう」と言って、オルソンさんは礼拝堂の中央にある棺台から少し離れたところに立った。
　「告別式では、棺台の周囲に故人の死を悼む親戚や知人達から贈られた多くの花束や花輪が飾られます。しかし、それでは、儀式の最中に棺の中の故人よりも花に関心が集まってしまいます。そこで、この礼拝堂ではこういう仕掛けがしてあるのです」と言ったオルソンさんは、床にある小さな蓋を開けて1本の支柱を引き上げて床に固定した。
　「この位置なら、花輪が棺の邪魔をすることはありません」
　彼はさらに木の壁に歩み寄り、「こうすれば、花も棺の邪魔をすることなく儀式に参加できます」と言って、壁に埋め込んであるハンガーのような棒を引き出した。贈られた花輪は棺から少し離れた位置に、そして花束は壁沿いに飾ることで、告別式の注意が故人に集まるようにされているわけである。

私達は聖十字架の礼拝堂を出て、森の火葬場の横にある壁がんを見ながら歩いた。壁の一角に、「ERIK GUNNAR ASPLUND 1885〜1940 HANS VERK LEVER」と書かれた1枚のレリーフがはめ込まれていた。わずか55歳で生涯を終えた建築家グンナル・アスプルンドは、

グンナル・アスプルンドの追悼レリーフ

生涯をかけて造り上げてきた森の墓地に眠っている。しかし、この森の墓地やストックホルムの市立図書館、カールスハムン（Karlshamn）の学校、セルヴェスボリー（Sölvesborg）の裁判所などに代表される彼の作品は、まさにこのレリーフに彫られているように世界中の称賛を浴びながら生き続けることであろう。

　オルソンさんは最後に、「1914年から1940年にわたって建設された森の墓地は、世界中の墓地の計画や設計に大きな影響を与えています」と説明してガイド案内を終えた。時計を見るともう午後9時を回っていたが、空にはまだ薄日が残っていた。

夕暮れでシルエットを現した瞑想の丘

私は、オルソンさんと話をしながら墓地の入り口に向かった。
「森の墓地のガイドを始められてどれくらいになりますか？」
「20年になるね」
「では、森の墓地に関して20年間で最も嬉しかったことは何ですか？」
　私は、彼が当然「世界遺産に登録されたこと」と答えるだろうと思っていたが、意外にも彼は、「イタリア・ベネトン研究財団（Fondazione Benetton Studi Ricerche）から1995年にカルロ・スカルパ国際庭園賞（Premio Internazionale Carlo Scarpa per il Giardino）をもらったことだよ」と答えた。カルロ・スカルパ国際庭園賞について私は何の知識もないが、庭園の造成・維持に関しては世界的に権威のある賞らしい。
「森の墓地にある墓石はすべてが小さいようですが？」
「あれは、森の墓地造成時に大きな墓石が森の美観を損なわないようにと制限したからなんだよ。それが、森の墓地の趣旨だからね」
「低い石垣が森の墓地の周囲を取り囲んでいますが……」
「1930年代の大恐慌の時代に失業者が続出し、その救済のために行った失業者対策事業なんだ。石垣の長さは4.6 kmあるんだ」
「森の礼拝堂や復活の礼拝堂では火葬場を見なかったのですが、森の火葬場が建てられる前にもどこかで火葬をしていたのでしょうか？」
「森の墓地の道を隔てた北側に古い墓地があって、そこの火葬場で火葬を行っていたよ」

　私は、建築技術や歴史に非常に深い知識をもつオルソンさんの素晴らしいガイド案内に感謝し、握手をして別れた。
　なだらかな芝生の丘陵、ランドスケープに立つ十字架、木漏れ日が射す松林の中の墓地、モミ林の木陰にひっそりと佇む森の礼拝堂、松や白樺林の中の松林パヴィリオンといった自然空間の中に調和の美を追い続けたアスプルンドとレーヴェレンツの森の墓地を思い浮かべながら、私は地下鉄の「森の墓地駅」へと向かった。

エンゲルスベリーの製鉄所
（Engelsbergs Bruk）

第9章

ユネスコによる登録基準　文化遺産
（ⅳ）　人類の歴史の重要な段階を物語る建築様式、あるいは建築的または技術的な集合体、あるいは景観に関する優れた見本であること。

登録年度　1993年

世界遺産委員会による登録理由　エンゲルスベリーの製鉄所は、1600年代から1800年代に建造された製鉄所の溶鉱炉や鍛冶場、事務所、労働者家屋等の建造物が保存され、ヨーロッパを代表する産業であった製鉄業の好例である。今日も建造物や水車、砕石機、送風装置および鉄槌などの技術装置が使用可能な形で保存されており、エンゲルスベリーの製鉄所の溶鉱炉および鍛冶場をユニークなものとしている。かつて、エンゲルスベリーは世界の名立たる製鉄所であり、この種の製鉄所がスウェーデンを世界の最たる製鉄国にしたのである。

エンゲルスベリーの製鉄所

2005年5月下旬、私は新緑が美しい春の一日を世界遺産である「エンゲルスベリーの製鉄所」で過ごすことを計画し、ファーゲシタ（Fagersta）・コミューンの観光課宛にガイド案内に関する質問を書いてメールを出した。早速、観光課からは、朝のガイド案内は午前10時半に始まり、所要時間は約1時間であること、私が予定している日の朝のガイドはヤン・ノルドフェルト（Jan Nordfeldt）さんであること、そしてこの案内には無料で参加させてくれることや案内終了後にはノルドフェルトさんが質問のための時間をとってくれるといった内容の大変親切な返信メールが届いた。思ってもいなかった回答の内容に、私は観光課に感謝のメールを送った。

　当日の早朝、私は車でウプサラを出発してエンゲルスベリーへと向かった。エンゲルスベリーは、私の住むウプサラ県の西隣にあるヴェストマンランド県（Västmanland）にある。目的地までは2時間もあれば十分であるが、私は案内が始まる前に製鉄所の周辺を歩いてこのあたりの環境を調べることにした。

　この日が土曜日ということもあって、車がほとんどない快晴の国道72号線を私は西へと走った。この道は、冬に湖での長距離スケートやダーラナ県（Dalarna）でクロスカントリー・スキーをするために私がよく通る道である。

　ヘービー（Heby）、サーラ（Sala）[★1]といった町を通過し、サーラの先でファーゲシタへと向かう国道256線に入った。この国道支線は狭いうえに急カーブが多く、道路が凍結した冬の夜間などは精神的に運転することが疲れる道である。かつて何度かファーゲシタに友人を訪問するために通った道であるが、その途中に通過するエンゲルスベリーの製鉄所を横目で見ることはあっても、ガイド案内に参加して内部を見学したことはなかった。

　午前9時半、目的地に到着した。暗赤色に塗られた木壁の製鉄所と、焙焼炉（のちに詳述）の白色の煙突が芝生を隔てて駐車場からすぐ目の前に見える。製鉄所の周辺には草地や森が広がり、「製鉄所」という言葉の響

きから来る無味乾燥なイメージはまったくなく、のどかな雰囲気を醸し出している。

左のほうに目をやれば、社長宅へと続く手入れの行き届いた庭園の木々が初夏の眩い太陽に新緑を誇示し、快晴の青空に映えている。周囲の林からは、ヨーロッパ大陸やアフリカ大陸で冬を過ごしたマダラヒタキ（第4章を参照）やズアオアトリ（第4章を参照）、そしてキタヤナギムシクイ（第4章を参照）といった小鳥達の歌が力強く聞こえてくる。

初夏の訪れ。それはまさに生命力に満ち溢れる季節であり、先にも述べたように、「エゾノウワミズザクラとライラックの開花期の間が最も美しい季節」である（180ページを参照）。

余談になるが、この表現には次のようなエピソードがある。

昔、スウェーデン北部の靴職人が店の入り口のドアに1枚の貼り紙を出した。それには、次のように書かれていた。

「仕事をするにはあまりにも美しい季節なので、エゾノウワミズザクラとライラックの開花期の間は休店にします」

この文学的表現はたちまち全土に拡がり、5月下旬から6月上旬に至る約2週間の「季語」として一般に使用されるようになった。

案内が始まるまであと1時間ある。私は、予定通りこのあたりを歩いてみることにした。製鉄所とはいっても大きいものではない。ダーラナ県やヴェストマンド県では古くから小さな鉄鉱山が数多く開坑されており、製鉄所や鍛冶屋がその地域の鉄製品の需要を賄っていた。これら鉱山地帯は「ベリース・ラーゲン（Bergslagen）」[★2]と呼ばれている。

ベリース・ラーゲンの名は、この地方の技師達が「鉱山技師協会（Bergsmanslagen）ベリースマンス・ラーゲン」を組織していたことに由来している。1993年に世界

[★1] サーラには、現在は廃坑となっているが、1500年代の最盛期には世界有数の産出量を誇った銀山があり、ガイド案内に参加して坑内を見学することができる。

[★2] 「berg」は岩、山。「lag」はグループという意味。

遺産に選定されたこのエンゲルスベリーの製鉄所は、職人20人程度の製鉄所であった。現代の製鉄所の規模からすれば中小企業と言えるが、1700～1900年代初期のスウェーデン内陸部ではこれでも大企業であった。

　製鉄所横には、「E・B」（Engelsbergs Bruk の略）と「GCT EB」[★3]と彫り込まれた高さ50 cm ほどの花崗岩が2石据えられている。これらの石がいつ頃に彫られ、そしてここになぜ据えられたのかは知る由もないが、石彫のテクニックからして、この製鉄所の職人達が彫ったものだろうと私は想像した。

「E・B」と「GCT EB」の石碑

　暗赤色の木壁と、スラグを固めて造ったモザイク状の製鉄所の壁が5月の青空に輝いている。製鉄所の横には小さなスニーテン川（Snytenån）が流れ、材木で造った堰から用水路が製鉄所の中へと引かれているから、この中にはきっと水車があるに違いない。このあたりは、実際にこの地で製鉄が行われていたのかと疑いたくなるような美しさであり、まるで映画のセットのようである。

　私が写真を撮っていると、胸に楕円形のバッジを付けたガイドらしきお

ばさんがやって来て、「午前10時から団体客を案内するのだけれど、もしよかったら一緒に来たら」と私に言った。私は、今日ここにやって来た目的を話して「10時半の案内に参加することになっている」と答えると、このおばさんは「エンゲルスベリーの製鉄所のことが日本にも伝わるのは嬉しい」と言って非常に喜んでくれた。そ

製鉄所の横を流れるスニーテン川

して彼女は、「10時半の案内のほうがはるかに参加者が少ないし、あなたの目的に適している」とも言ってくれた。

このおばさんと話しているところに1台の観光バスがやって来た。その中から約40人の観光客がゾロゾロと降りてきたが、どうやらこの団体がおばさんの案内するグループのようだ。

数多くある世界遺産の中で、個人所有のものは皆無に等しいであろう。現在、ここは「ノルドシェーナン・グループ（Nordstjernan[★4]）」の所有であり、エンゲルスベリーの製鉄所が1919年に閉鎖されたことを考慮に入れると、この製鉄所の産業文化史的価値を大きく評価し、製鉄所の閉鎖後もその保存に努めた元アーヴェスタ製鉄所（Avesta Jernverk[★5]）の社長であったアクセル・アクセルソン・ヨンソン（Axel Ax:son Johnson）氏の努力によるところが大きい。つまり彼は、1993年にユネスコが見いだした世界遺産の登録理由を1919年の時点で気づいていたのである。

★3　1800年代中期のエンゲルスベリー製鉄所の社長であったガブリエル・キャスパー・ティム（Gabriel Casper Timm, 1799～1870）と、エンゲルスベリーの頭文字。
★4　グループは、海運会社、貿易会社、製鉄所、金融投資会社などから成り立っている。
★5　エンゲルスベリーの製鉄所は、アーヴェスタ製鉄所に属する一製鉄所であった。

私を案内してくれたノルドフェルトさん

ガイド案内のスタート地点であるインフォメーション・センターがオープンしたのを確認して、私は中に入った。ログハウスのインフォメーションは土産店も兼ねている。私が女性の係員と話をしていると、青地に白い縦縞のシャツを着た、白髪で髭を生やしたおじさんが入ってきた。このおじさんが、今日のガイドを務めるヤン・ノルドフェルトさんである。彼は、ファーゲシタ・コミューンの観光課から「変わった日本人がガイド案内に参加する」という連絡を受けていた。

私は、大きな文字と様々なフォントを使って「世界遺産エンゲルスベリー」と日本語で書いた数枚の紙を取り出してノルドフェルトさんに渡した。これは、私からのファーゲシタ・コミューンへのささやかな感謝の印であった。ノルドフェルトさんと女性係員はそれを額に入れてインフォメーションに飾ろうと話し合っていたが、日本語の読めない彼らであるから、もしかすると上下逆さまに飾っているかもしれない。

案内が始まる10時半になっても参加する観光客は私一人であった。それが理由でプライベート案内をしてもらえることになった。ガイドになって3年目だというノルドフェルトさんの本職は地元にあるユースホステルの経営者であるが、観光シーズンには世界遺産の案内をしているという。

エンゲルスベリーの製鉄所は、スウェーデン産業開花時代初期の重要な産業遺跡の一つである。製鉄所には、培焼炉や溶鉱炉をはじめとして水車や鉱石粉砕機、ふいご式送風器が、また鍛冶場には火床や水車、そしてその水車のエネルギーで打つ金槌や工具類が現在も使用可能な状態で保存されており、操業時代の製鉄所の臨場感を味わうことができる。

ノルドフェルトさんは、培焼炉の建物の木戸を開けて私を中に招き入れ

てくれた。木戸からの光が差し込んで、中が薄明るくなった建物の中央には大きな培焼炉がどっしりと腰を据えている。現存している培焼炉は、最下部の直径が3.5 mあり、1880年に建造されたものである。ちなみに、これが造られるまでは、鉄鉱石は地面に掘ったくぼみを利用して培焼されていた。培焼とは、鉄鉱石に含まれている硫黄、砒素、二酸化炭素や水分を除去することであり、そのために1シフト1人（1日2シフト）の職人が従事していたという。

培焼炉の最下部

　目を凝らしてよく見ると、表面のモルタルが剥げ落ちて培焼炉を形成するレンガが露出しているところもある。よくこれだけのレンガを積み上げたものだ。

　培焼中にレンガが膨張して炉がゆがむのを防ぐためか、炉の周囲を何本もの鉄の帯で締め付けている。鉄の帯の曲がり方を見ると、1本1本がここで何度も打ち直しをして製造されたものに違いない。[6]最下部には培焼された鉱石の取り出し口があり、ここから鉱石を長い鉄棒でかき出して一輪車で運搬していたようである。

★6　培焼炉は、レンガを積み上げ、一定の高さごとに鉄の帯で締め付けている。培焼炉は、高さによって直径が異なるために円周も変わっている。そのため、鉄の帯は締め付け箇所に適するように焼いては打ち直していたと考えられる。

鉄鉱石はエンゲルスベリーから約20 km離れたノールベリー（Norberg）・コミューンにあるシェル鉱山（Kärrgruvan）で採鉱され、冬に雪の上を馬ゾリで輸送していた。ちなみに、夏は地面との摩擦のためにソリを使用することが不可能であったため、鉄鉱石の輸送は雪のある冬に限られていたようだ。

　鉄鉱石の年間輸送量は300トン、その輸送回数は600回にも及んだという。つまり、1度に500 kgの鉱石をソリで輸送していたことになるわけだ。そして、1856年、シェル鉱山とエンゲルスベリーの間に鉄道が敷かれ、オールシーズン鉄鉱石の輸送が可能となった。

　「ここからは一般ガイドでは案内しないのだが……」と言ってノルドフェルトさんは培焼炉の横の階段を上っていったので、私もそれに続いた。幅広い床板の2階の中央には1階から延びる培焼炉があり、さらに天井を突き抜けて煙突が上に延びている。

　この階には三つの板戸がある。鉄鉱石の搬入口、水車の心棒が通る屋根への出入口、そして溶鉱炉の建物への出入口である。鉄鉱石の搬入口へは、急勾配の鉄のレールが地面から敷かれ、その上に乗せられた鎖の付いた箱

鉄鉱石を引き上げるために造られた急勾配の鉄のレール

培焼炉の煙突

に握りこぶし大に粉砕された鉄鉱石を入れ、水車の力を利用して2階へと引き上げていたようである。

ノルドフェルトさんが東側の板戸を開けると、スニーテン川のせせらぎが聞こえ、新緑が目に飛び込んできた。屋根の上には水車からの力を伝える4mの長さの心棒が通り、戸口に立つと溶鉱炉の建物の壁が手にとるように見えた。

この溶鉱炉の壁は、溶鉱炉を囲むように外壁が腐植土と石と材木で覆われており、今日、スウェーデンに残されている、数少ない特殊な構造となっている。この建設方法は1600年代にドイツからもたらされたもので、エンゲルスベリーの製鉄所に残されているものは1770年代に建設されたものだという。

溶鉱高炉を囲む外壁

鉄鉱石の培焼および銑鉄の製造には大量の木炭が使用されていた。エンゲルスベリー周辺の森林という森林が伐採され、木炭は伏せ焼きの炭焼窯[7]で製造されていた。木炭供給のために近隣地区には数多くの炭焼窯が建設され、炭焼窯から排出されるススと煙で周りにあるありとあらゆるものが灰黒色になったという。

★7　地面に浅く掘った穴に木を積み上げて草で覆い、その上に土を被せて炭焼窯をつくる。伏せ焼きの炭焼窯では、木を蒸し焼きにする。

培焼炉の建物から溶鉱炉の建物へは、2階の木戸を出て木造の狭い渡り廊下を渡っていく。耐熱性の高い石で造られていた9.5mの木炭高炉は1870年代にはレンガ造りとなり、高さも12.6mとさらに高くなった。

　私は、この改築の目的は18世紀初期にイギリスで開発されたコークス高炉を建設することにあったのではないかと考えている。コークス高炉では、溶鉱炉の燃料としてコークスを使用している。コークスは木炭よりも硬くて砕けにくく、しかも火力が強い。このため、溶鉱炉をさらに高く大型化することができ、これまで以上に銑鉄を生産することが可能になったのである。18世紀のイギリスで産業革命が始まったのも、このコークス高炉によるものだと言っても過言ではないだろう。

　溶鉱炉の建物には、緩やかな勾配の長い木の陸橋が掛けられている。この斜面は、現在では下のほうが約2mの高さで切断されているが、製鉄所が閉鎖される以前は、この斜面を使って培焼された鉄鉱石や木炭を荷馬車に載せて溶鉱炉の投入口がある2階へと運んでいた。

長い木の斜面　　　　　　　　鉄鉱石や木炭の溶鉱炉への投入口

　溶鉱炉の上部から斜め下に向けて、何本もの短い鉄管をつないでつくられた長い鉄管が引かれていた。この鉄管の用途を尋ねると、「この鉄管を伝って溶鉱炉の熱風を培焼炉に送り込んで、鉄鉱石の培焼を行っていたんだ」という返事が返ってきた。

　熱い空気は上昇するから溶鉱炉上部に熱風の取り出し口をつくることは理解できるが、果たして熱風を下方に送り込むほど溶鉱炉内の空気圧が高

かったのか、それとも水車の力を利用したふいご送風器がそれほど強力だったのか、と私には疑問が残った。

　鉄鉱石や木炭の投入口は溶鉱炉の最上部にあり、鉄の半円板を2枚合わせて直径が1mほどの円形になっている。この投入口を開閉し、「少なくとも1日に50回の投入が行われていた」とノルドフェルトさんは説明をしてくれた。その溶鉱炉の周囲には、鉱石を入れて運んだと思われる手押しの一輪車が数台置いてあった。溶鉱炉の周りは狭いため、不安定な一輪車で重い鉄鉱石を載せてバランスを取りながら運搬するのは決して楽なことではなかったろう。

　私達は溶鉱炉から再び通路を通って培焼炉へと戻り、建物の外に出た。ノルドフェルトさんは「培焼炉ができる前はここで鉄鉱石の培焼をしていたんだ」と言って、坂になっている地面の窪みを指差した。窪みの三方は、石を積み上げてコの字型に外枠が造られている。大きさは長さ2m、幅1m、高さ1mほどであり、私1人で歩いていたならきっと見逃していただろう。

　次にノルドフェルトさんは、溶鉱炉の建物の一部とも思える小さな部屋に私を案内してくれた。その中は薄暗く、すぐにはそこに何があるのかが見えなかった。

「今、水を出すから」と言って、ノルドフェルトさんは小屋を出ていった。すると、まもなく大量の水がザーッという音とともに流れ込み、足元の黒い水車が水しぶきを上げて勢いよく回り始めた。

　都会育ちのせいか、今までにこのように水車が回るのを私は一度も見たことがない。水力発電所を何度か見学したことがあったが、タービンの回転音は聞いてもそれが実際に回転しているのを見たことはない。あの小さな、静かに流れているスニーテン川の水にこれだけのエネルギーがあるとは驚きであった。そして、このエネルギーが鉄鉱石を粉砕して輸送し、送風装置を稼動させてきたのだ。

　水車横の階段を下りると、太い心棒がすぐ頭の上に見えた。心棒には大

勢いよく水しぶきを上げて回る水車

きな鉄の歯車がしっかりと取り付けられており、その下には、長らく使用されていないためか錆びた鉄製の箱が見える。これは、水力を利用した鉱石の粉砕機である。歯車の上から鉄鉱石を投入し、心棒の回転で鉄鉱石を握りこぶし大に粉砕していたらしい。

　少しかび臭さを感じながら、天井が高くて広々とした建物の中を石垣に沿って溶鉱炉の銑鉄取り出し口へと向かうと、所々の石垣に鉄の杭が打ち込まれていた。「石垣が崩壊する危険性があるので、固定するために凝固剤を数年前に注入した跡だ」と、ノルドフェルトさんは説明してくれた。

　銑鉄の取り出し口は少し奥まったところにある。樋を大きくしたような2本の鉄の溝がくの字型に立体交差しており、地面に設置された4m四方の鋳型板へと引かれている。鋳型板には30cmおきに凸状の仕切りがあり、これが鋳造された銑鉄1枚分の大きさであったようだ。

　2本の溝のうちの1本は石の上に固定されており、もう1本は天井に付けられている鉄の鎖で吊られていた。たぶん、溶けた銑鉄を鋳型全体に平均して注入できるように可動式にしていたのだろう。それにしても、鉄の鎖を動かして絶えず流れてくる1,500度の銑鉄を鋳型に流し込むのは危険きわまりない仕事である。「労働安全基準」といった言葉すらなかった時代であるだけに、きっと事故も多発したに違いない。

可動式の注入路

　ここ、エンゲルスベリーの製鉄所における1800年代後期の銑鉄の製造量は年間3,500トンに及んだという。1日当たりに換算すれば約10トンもの量に相当する。しかし、銑鉄は炭素の含有量が多く、熱するとたやすく溶けるが硬くて脆いためにそのままでは製品をつくることはできない。そのため、鋳型で固められた銑鉄は鍛冶場に移送され、転炉[8]で炭素を減少させて鋼鉄の延棒を製造していたという。

　私が石垣に立てかけられた錆びついた工具を見ていると、15人ほどのグループが見学にやって来た。どうやら、会社の慰安旅行のようである。彼らは、鋳型の横に立ち止まってガイドの話を熱心に聞いている。スウェーデンの産業史に残る、世界遺産となった製鉄所ではあるが、ここのことを知るスウェーデン人はまだまだ少ない。

　ノルドフェルトさんが銑鉄の鋳造場の木戸を開けると、初夏の強い陽が差し込んできた。私達は、溶鉱炉の建物を出て鍛冶場へと向かった。鍛冶場は溶鉱炉の建物から少し離れたところにあるのだが、鋳型でつくられた銑鉄をなぜそこまで運んだのかが私にはわからなかった。

★8　酸素を吹き込み、炭素の多い銑鉄の炭素を酸化除去することによって炭素の少ない鋼鉄に変える装置。

3階建ての瀟洒な事務所や事務所前にある銑鉄の計量所を通って、空の青い、新緑の木々が眩いばかりに映える邸宅庭園に連なる並木道に私達はやって来た。庭園の入り口には、並木道を挟んで庭師の家族が住んでいた建物と屋根に鐘が吊るされた貯蔵庫があり、現在もここには人が住んでいる。庭園を真っ直ぐに伸びる並木道にはセイヨウハルニレ（学名：Ulmus glabra）★9 が植えられているが、幹の太さや木の高さからしてそれほど古い木ではなさそうだ。夏には木の葉が生い茂って、並木道は木陰の道になることだろう。

邸宅庭園へと連なる並木道

　庭園には、よく手入れの行き届いた芝生が並木道を挟んで両側に広がっている。右手の芝生はスニーテン川の川岸まで広がり、夏、川のよどみはきっと社長の子ども達の水浴場となっていたに違いない。
　一つ合点のいかないことがあった。製鉄所の社長と職人達との間には当然のごとく身分差があったであろうから、この美しい庭園の並木道を汗と鉄にまみれた職人達が、毎日、銑鉄や鋼鉄を満載した荷馬車を押しながら1日に何往復も本当にしたのだろうかという疑問である。私の疑問に対して、ノルドフェルトさんは次のように答えてくれた。
「社長は、職人達がちゃんと仕事をしているかどうかを監視するために鍛冶場を邸宅の下に造ったんだ」

約300 m ある真っ直ぐな並木道を歩いていくと、その先には小さな丘があり、その上に白い3階建ての社長の邸宅が立っていた。1746年に造らされた邸宅は、屋根が途中で2段になっている2段勾配屋根の木造建築である。邸宅の前庭の左右には、外見がまったく同じ暗赤色の翼棟が向かい合わせに立っている。このうち、古い建物のほうにだけ台所があり、1780年代に建てられたもう1軒は社長の子ども達19人（2度の結婚による）が住んでいた。食事時になると子ども達は向かいの建物へと移動したようだが、19人もの食事の世話をした人達の仕事は決して楽なものではなかっただろう。

社長の邸宅

　暗赤色の建物のすぐ横には、円形の丸屋根の建物が2軒立っている。円形で丸屋根というのも珍しいが、その外壁は青色のスラグでできており、1700年代の建物とは思えないようなモダンな建物である。ノルドフェルトさんは、「1軒は家族の憩いの場所として夏の間だけ使われ、もう1軒はトイレとして使用されていた」と説明してくれた。

　先ほど述べたように、鍛冶場は邸宅のすぐ下にある。平屋建ての鍛冶場の外壁に塗られた黄色は色褪せているが、太陽の光と周囲の新緑によく調

★9　樹齢500年、幹の外周6 m、高さが30 m にも達する落葉樹。菌類によるニレ病に侵されることが多く、ひどいときには大木でも1年以内に枯死するため樹齢数百年という古木は珍しい。

鍛冶場の外に吊られた天秤　　　　　　　　鍛造機

和している。鍛冶場の裏にはスニーテン川が流れており、1624年、最初の
鍛冶場がここに造られたのはやはり水力を利用するためであったようだ。
　現在の鍛冶場は1845年に建造されたもので、入り口付近には高さが8m
はあるかと思われる白い煙突の凝縮炉があり、軒先には大きな天秤が吊り
下げられていた。たぶん、鍛冶場に運び込まれる銑鉄や運び出される鋼鉄
の重さをこれで量っていたのだろう。凝縮炉は、転炉で鋼鉄をつくる際に
放出される金属粉塵を凝縮させ、排気ガスを煙突から拡散させる集塵拡散
の装置である。金属の粉塵であっても、大量に収集すれば立派な資源とな
るわけだ。
　デコボコの地面がそのまま床になっている鍛冶場の中は思っていたより
も広く、水車、ふいご送風器、固定転炉、水車を利用した圧延機や鍛造機
といった古い機械類や、職人達が製鋼に使用していたと思われる多くの工

具類が整然と並んでいる。

　私は、この鍛冶場での仕事を頭に描いてみた。水車が勢いよく回転して、ふいごが空気を送り続けている。転炉では火が赤々と燃え、職人が柄の長いヤットコで銑鉄を転炉に送入している。そして、それを回転させて鋼をつくり出している。できあがったばかりの灼熱の鋼を圧延機や鍛造機が圧延し、鍛造し続ける音が鍛冶場に響きわたって鉄板や鉄棒がつくられていく。片隅では、髭もじゃの熟練工達の太い腕が鋼を打って鉄棒を工具に変えていっている。それらの間を、見習い工達が木炭や銑鉄を手押し車で運んでいる……。

　鍛冶場の中はさぞ活気に満ち溢れていただろうが、今はひっそりと静まりかえって物音一つしない。閉鎖からまもなく90年を迎えるこの鍛冶場を、錆びついた太い釘(くぎ)と窓際の工具に張られたクモの巣が今も静かに見守っている。

　私達は鍛冶場を離れて庭園の外に出た。その前の道路に沿って、かつて製鉄所の社長が所有していた馬小屋やブタ小屋、そして貯蔵庫などの農業関連の建物が立ち並んでいた。ノルドフェルトさんの話では、現在、エンゲルスベリーの製鉄所を所有するノルドシェーナン社が貯蔵庫を改築して

かつての農業関連の建物が立ち並ぶ庭園外の並木道

第9章　エンゲルスベリーの製鉄所

事務所として使用しているらしい。このような素晴らしい環境下で仕事ができるとは、何ともうらやましい限りである。

　製鉄所の職人達の社宅はすぐそばにあった。閉鎖後は借家となり、現在も人が住んでいる。「当時、外壁が暗赤色に塗られた木造家屋には数家族が住み、一部屋と台所で一世帯であった」と、ノルドフェルトさんは言う。1800年代には10人以上の子どもがいた家庭も多く、この広さでは非常に狭かったことだけはまちがいないだろう。

　なお、スウェーデン統計局の最近の調査（2002年度）では、1家庭当たりの平均の子ども数は1.8人だという結果が出ている。少子化およびその対策が日本のマスメディアではよく取り上げられているようだが、これらがスウェーデンのマスメディアを賑わすことはない。人口統計に関して最近大きく取り上げられたことと言えば、2005年にスウェーデンの人口が900万人を突破したことくらいである。

　私達はインフォメーションセンターへと戻り、屋外に設けられているカフェーでコーヒーを飲んだ。私は、のどかな自然の中にあるエンゲルスベリーの製鉄所の美しい環境についてノルドフェルトさんに話した。

　すると、ノルドフェルトさんは私に反論するかのように、「当時の環境は今とはまったく異なり、周囲は煙とススだらけで美しいという表現はまったく当てはまらなかっただろうし、労働時間も12時間シフトで、決して生易しいものではなかったはずだ」と言った。また彼は、最近の若者達が額に汗して仕事をすることを嫌う傾向を嘆いた。

　「若者に、労働とはどういうものかを教えるよいドキュメンタリー映画があったんだが……」と言ってしばらく考え、「『オーグ製鉄所からコシュオー製鉄町へ（Ågs hytta till Korsåbruk）』という映画だ」と言った。私はこの映画を観たことも聞いたこともなかったが、過去のスウェーデンでの製鉄所の労働条件や環境を知るためにも、機会があれば是非観てみたいと思っている。

午後1時近くになり、「午後のガイド案内をすることになっている」と言ってノルドフェルトさんは椅子から立ち上がった。2時間にわたって個人的にガイドをしてもらったことに感謝の辞を述べ、昼食をとるためにエンゲルスベリーの街に行くことにした。
「街に行くなら、スニーテン川に沿った遊歩道が芸術公園になっていて、多くの作品が展示されているから観ていけば」とノルドフェルトさんがすすめてくれた新緑の遊歩道を散策しながら芸術作品を観て歩いた。
　しかし……である。プロの芸術作品とはいっても、私には自然の中に放り出されたガラクタの山にしか見えなかった。現代芸術を理解することができない私の美術感覚に問題があるのかもしれない。

　エンゲルスベリーの街はオーメンニンゲン（Åmänningen）湖の湖畔にあるのだが、この湖には「石油島（Oljeön）★10」という一風変わった島がある。地元の人達は、「エンゲルスベリーの製鉄所が世界遺産に選定されたときに、この島も世界遺産に含まれるべきであった」と言う。この石油島には、現存の石油精製所としては世界最古の精製所がある。
　スウェーデンは石油産出国ではない。しかも、オーメンニンゲン湖は、最も近い海であるバルト海から直線距離で120 kmも内陸に入ったところにある。いわば、石油とはまったく関係のない、原油の運搬もままならないような場所に精製所を造ろうという突拍子もないことを考えついたのはアウグスト・オールンド（August Ålund）という人物である。
　彼は、爆発事故を何度も経験しながらも精製実験を重ね、1875年、オーメンニンゲン湖の島に石油精製所を造った。それ以来、この精製所は50年間にわたってスウェーデン家庭で使用される灯油や機械潤滑油、そして猟銃や武器の防錆用のワセリンの製造を行っていた。
　石油島には精製工場や蒸留施設が現在も保存されており、世界遺産に含

★10　「olja」は石油、「ö」は島を意味する。

石油島　　　　　　　　　　石油島の精製工場

まれなかったことに対する残念賞ではないだろうが、1999年に「産業文化遺跡・オブ・ザ・イヤー（Årets Industriminne）」に選ばれたという。

　昼食後にエンゲルスベリーの製鉄所に戻ると、午後のガイド案内を終えたノルドフェルトさんがカフェーでコーヒーを飲んでいた。私が挨拶をすると、彼は芸術公園の感想を聞いてきた。私が思った通りの印象を述べると、「日本人観光客が芸術公園の作品はガラクタの山だと言っていた」と地元新聞に投書しようと言ってニヤッと笑った。

　願わくば、芸術公園の展示作品が彼や彼の家族の作品でないことを祈るばかりである。幸いなことに、彼が地元新聞に投書したのかどうかを私は知らない。

第10章 ファールンの大銅山地域 (Falun)

ユネスコによる登録基準　文化遺産
（ⅱ）ある期間、あるいは世界のある文化圏において、建築物、技術、記念碑、都市計画、景観設計の発展において人類の価値の重要な交流を示していること。
（ⅲ）現存する、あるいはすでに消滅してしまった文化的伝統や文明に関する独特な、あるいは稀な証拠を示していること。
（ⅴ）ある文化（または複数の文化）を特徴づけるような人類の伝統的集落や土地利用の優れた例であること。特に抗しきれない歴史の流れによってその存続が危うくなっている場合。

登録年度　2001年

世界遺産委員会による登録理由　大銅山およびファールン周辺の産業史景観は、世界における鉱山事業および金属生産の最たるものの一つである。鉱山事業は1900年代末期に終了したものの、数百年間にわたってスウェーデンおよびヨーロッパにおいて技術的、社会的、政治的発展に大きな影響を及ぼした。

ファールンの大銅山地域と新緑に包まれたファールンの町

ダーラナ県の県庁所在地であるファールンは、ウプサラについで勝手のわかったコミューンである。ファールンには20年来の友人が数人おり、彼らをよく訪問することもその理由の一つであるし、毎年3月の第1日曜日に開催されるヴァーサロッペットの練習のために、積雪が不十分なウプサラからこの町の郊外にあるクロスカントリー・スキーコースによく練習に来ているからである。

　かつてファールンは、スウェーデン人なら誰もが知る陸軍の町であった。そのため、街中には以前軍隊が所有していた威風堂々とした建物が多くあり、ファールンの街並みを落ち着きのあるものにしている。しかし、1980年代に端を発したソヴィエト連邦および東ヨーロッパ共産国の崩壊に伴って、スウェーデンでも軍事費の大幅な削減と軍隊の縮小や徴兵制の見直しが始まった。そして、2001年にダーラナ地方司令部が閉鎖され、多くの軍人やその家族、そして軍関連職種に携わっていた人達がほかのコミューンへ移住したり転職を余儀なくされることになった。

　今日のファールンは、人口からすればスウェーデン290コミューン中の

> **コラム　ヴァーサロッペット**（Vasaloppet）
>
> 　1922年に第1回大会が開かれた、クラシカル走法による90kmのクロスカントリー・スキー大会。国内外から15,000人が出場する世界最大・最長のレースで、オリンピックや世界選手権に出場するエリート選手達も多数参加するため、優勝するスウェーデン人選手は国民的英雄となる。私はこれまでに7回出場したが、優勝者が4時間弱でゴールインするのに比べて、私の最高タイムは約8時間半。しかし、12時間以内で完走すれば賞状がもらえるので個人的には満足している。大会名となっている「ヴァーサロッペット」は、のちにスウェーデンを統一したグスタフ・ヴァーサが1521年にデンマーク軍に追われ、スキーでノルウェーへ逃げ延びたことにちなんで付けられたものである。

第38番目（約55,000人）の小コミューンであるが、スウェーデンに都市制度が制定された1641年は大銅山の最盛期でもあり、当時の人口約6,000人というスウェーデン第2の都市であった。

　ファールンの街の南西部には、2001年に世界遺産に指定された大銅山（Stora Kopparberg）★1地域がある。以前に1度、大銅山の坑内のガイド案内に参加したことがあったが、それもかなり昔のことなので詳しくは覚えていない。

　2005年5月下旬、私は再びこの大銅山地域を訪問するためにホームページで下調べをした。ユネスコの世界遺産リストでは「ファールンの大銅山地域」と記載されているが、コミューンのホームページではここを世界に売り出そうとしているためか「世界遺産ファールン」と銘打っていた。

　ホームページには各種のガイド案内が記載されていた。私はその中に、ファールンの街中や大銅山の関連施設をバスで巡る半日のツアーを見つけた。しかし、ツアーはグループ用に組まれたものであり、私一人が観光バスをチャーターすることは言うまでもなく不可能である。そこで私は、訪問予定日を書き、「世界遺産の取材をしているのだが、バスツアーの一員に加えて欲しい」というメールを観光課に出した。すると観光課からは、私の訪問日までに「希望のガイドコースを組んで返事をする」という親切なメールが届いた。

　しかし、その訪問日になっても返事は来なかった。もしかすると世界遺産のビジターセンターに直接連絡が行っているのかもしれないと楽観的に解釈し、私はファールンに行って大銅山地域の入り口にあるビジターセンターへと直行した。そして、カウンターで女性係員に観光課からのメールを見せ、私宛に連絡が入っているかどうかを尋ねた。

　しかし、やはり観光課からは何の連絡も入っていなかった。係員は観光課が約束を守らなかったことに同情してくれたが、今さら泣き言を言って

★1　「stor」は大きい、「koppar」は銅、「berg」は山という意味。つまり、「ストゥーラ・コッパルベリー」は、文字通り大銅山を意味する。

もどうなるものではない。大銅山地域や街中にある関連施設なら、地図を片手に歩き回れば何とかなるだろう。とはいえ、郊外に残されている歴史的な鉱山の関連施設が見れないのは残念であった。

　この日、私がファールンにやって来たのは夕方近くであり、大銅山の地下坑内へのガイド案内はすでに終了していた。私は翌日の朝一番のガイド案内を予約し、この日は、1687年に起こった大陥没時の露頭（鉱脈が地表に露出している部分）を展望台から見ることにした。この露頭は、大陥没後300年以上を経た今日でもほとんど変わっていないという。

　展望台に近づくにつれ、「クロイツ・シャクト（Creutz schakt）」という名の縦坑のほうから「チン、チン、チン、チン」という単調で物悲しい鐘の音が聞こえてきた。これは、坑内に流れ込む地下水を汲み上げる大車輪の稼動を知らせる鐘の音である。この鐘の音が止まるということは大車輪が停止したことであり、坑内が湧き出る地下水で満たされつつあることを知らせている。チン、チン、チン、チン……鐘の音は鉱夫達の命綱であるが、何か哀愁に満ちた憂鬱な音色である。

　展望台は大陥没の崖っぷちに立てられており、地震が起これば直ちに崖下に放り出されるのではないかと不安を抱きながら展望台に立った。展望台からは、大陥没地をはじめ大銅山地域の全体を見わたすことができる。

　大陥没地の底部にトラクターが2台停まっているのが見えた。これらのトラクターは、つい最近まで何らかの形で使用されていたのだろうが、ここで露天掘りをしていたというようなことを聞いたことがない。大銅山での鉱山事業が1992年に閉鎖されたことを考えると、トラクターはそのときからここに放置されたままになっているのだろう。

クロイツ・シャクトの上屋は1852年に建設された

陥没時に崩れ落ちてできた斜面に目をやると、坑木が押し重なるように天を仰いで露出した坑口が何か所か見え、底部にも3か所の坑口が見えた。これらの坑口が、かつて地下に設けられた幾層もの坑道へとつながっていたわけである。

　大陥没は1687年6月に起こった。数多く掘られ空洞化した坑道が地面の重さに耐え切れず、長さ400m、幅350m、深さ95mにわたって陥没したのである。

大陥没地底部

　当時、大銅山での仕事は1日2シフト（1シフト12時間）で、もちろん週7日間の労働であった。1シフト当たり500人の鉱夫が坑内で掘削に従事していたという。したがって、これだけ大規模な陥没が起これば膨大な数の死傷者が出たものと考えられる。しかし、死傷者数は奇跡的にゼロであった。

　この大陥没の起こった日はたまたま夏至の日で、1年で数少ない「休日」であったのだ。もし、この大陥没が1日早いか1日遅かったなら数百人の死傷者が出るという大惨事になっていたことだろう。これは神の恵みとしか言いようがない。チン、チン、チン、チン……私は展望台を後にし、夕立の中を友人の家へと急いだ。

　大銅山地域では、1970年から安全な坑内の一部を観光客に開放している。ファールンの大銅山地域が世界遺産に登録されて以来、毎年、国内外から約10万人の観光客が訪れるという。

　朝一番のガイド案内は午前10時に始まる。この日のガイド案内では、大人と子どもを合わせて合計15人が鉱山博物館前の広場に集合した。しばらくすると、スウェーデン人にしては小柄なおじさんが白いヘルメットに懐

中電灯を手にして私達のところにやって来た。このおじさんが、私達のガイドを務めるローランド・リョリーン（Roland Röllin）さんである。彼は、1985年からこの大銅山でガイドをしている大ベテランである。

坑道へのガイドはこの上屋から始まる

リョリーンさんは私達を木造の建物（中に入って、ようやくこれが坑口の上屋であることを思い出した）に案内し、一人ひとりに何語が理解できるかを尋ねた。グループの中にはドイツ人の観光客が4人いたため、リョリーンさんはまずスウェーデン語で説明したあとにドイツ語でも説明を加え、2組に分かれて小さなエレベーターで地下に降りた。

「地下55ｍ。気温は年中約5度だ」と言い、リョリーンさんは、クローク室のハンガーに掛かっているポンチョとヘルメットを指差して、大人はオレンジ色の、子どもは黄色のポンチョとヘルメットを着けるようにと指示した。それらを身に着けたあと、リョリーンさんに続いて坑道を歩いたが、約10ｍおきに電球が薄暗く灯ってはいるものの、地下における低温と高湿度が肌にしみ込んで何か不安な感覚に襲われた。

私がスウェーデンで坑道に入るのはこれが4度目である。1500年代に開坑され1908年に廃坑となった銀鉱山、次が現在でこそ廃坑となっているが見学した当時はまだ操業中であった鉄鉱山、そしてかつて一度来たことのあるこの大銅山である。そのいずれの場所においても、低温、高湿、暗さ、そして耐えられないほどの静けさが私を不安に駆り立てた。

1600年代のファールンは、スウェーデン1の職場であった。大銅山では、毎日、約1,000人の鉱夫達が12時間交代で働いていた。鉱夫達は松明を手にして、事故や死の危険と背中合わせの真っ暗な坑道に入り、坑木から滴り落ちる地下水でぬかるんだ狭い坑道を通って急斜面の崖を下りたり、崖

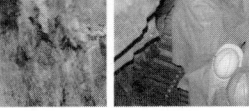

長く危なっかしい木の梯子　　深く掘削された縦坑の横に設けられた庇で説明を聞く

に取り付けられた頼りない木の梯子を下りて自分の持ち場へと向かっていったに違いない。

　私達は電球が灯った比較的緩やかな斜面を下ったり、急な斜面のところには階段が設置されている坑道を進んだ。リョリーンさんは所々で立ち止まり、懐中電灯で石壁を照らしながら説明を加えた。大銅山の縦坑は、最深部では地下600 mに、坑道の長さは全長30 kmにも及ぶという。

　クロイツ・シャクトに面した場所にやって来た。この縦坑は208 mの深さがあり、1833年から1836年にかけてつくられた材木を寝かせて積み上げた木壁で二分されている。木壁の片側には坑道と地下水を汲み上げるポンプがあり、もう片側には銅鉱石を輸送するための大きな木製バケツがロープで吊るされていた。この木壁は、銅鉱石の入ったバケツが汲水ポンプと衝突するのを防ぐために造られたのだという。

　よくこれだけの大きな材木を地下200 mの深さにまで運び込み、縦坑の底から地表に至るまでの木壁を造ったものである。私がもらったパンフレ

第10章　ファールンの大銅山地域　　225

地下208 m にまで材木で壁が造られている縦坑クロイツ・シャクトと銅鉱石の輸送用バケツ

ットには、この木壁は世界最大の木製建造物であろうと記されていた。機械がない時代に、何年かかるともしれない仕事を忍耐強く進める先人達の一途な努力には感心せずにいられない。

　クロイツ・シャクトから先を行くと、「平和の間（Allmänna Freden）」と呼ばれる高さ21 m、長さ65 m の大きな洞窟へと出る。この洞窟に入ったとき、私は思わず映画『インディー・ジョーンズ　魔宮の伝説』の一場面を思い出した。誘拐されて洞窟に輸送された多くの村人達が、強制的に鉱石の採掘を行っている場面である。

　リョリーンさんの説明によると、この洞窟が大部分の鉱夫達の労働場所であったという。この洞窟に付けられた「平和の間」の「平和」は、もともと1801年の英仏戦争終結にちなんで付けられたものであったが、この英仏間の「平和」は長続きせずに再び戦争が始まったため、現在は1815年に開催されたウイーン会議後の「平和」を意味しているらしい。この「平和の間」には数多くの坑道が異なった高さで集結しており、洞窟の崖に過去の削岩技術を見ることができる。

　リョリーンさんは、「鉱夫達は、両手が使えるよう細木を束ねてつくった松明を口にくわえて仕事を行っていた」と言う。

まず、太い鉄棒を金槌で岩に打ち付けて小さな穴を開け、そしてその穴で木を燃やして、熱せられた岩穴に水をかけて急冷させるのである。急激な温度差のために岩面が崩れることを利用して掘り進んだわけだが、この方法では2人1組で1か月にわずか1mしか削岩できなかったらしい。何とも気の長い話である。

　鉱夫達が口にくわえていた細木の束の燃焼時間は2時間程度であり、1日1,000人の鉱夫達が働いていたことを考えると、1日当たり6,000束の細木が用意されたことになる。ましてや、それが何十年、何百年にわたったとなると、もう天文学的な数字である。

鉱夫達の仕事道具。口にくわえていた細木の束が中央に見える

　今日でこそファールンおよびその周辺は青々とした森に覆われているが、当時のファールンには木々がまったくなく、家屋も溶鉱炉から出る煤と煙にまみれて殺伐としていたという。大銅山地域から半径2.5km以内では、木や藪はおろか、苔に至るまでが生息できないほどの大気汚染であったらしい。1849年にここを訪れたデンマークの童話作家アンデルセン（1805～1875）は、そのときの印象を次のように記している。

「緑は、まったく見当たらない。道端には1本の草木さえも生えず、1羽の鳥すらも飛ぶことはない」（Hans Christian Andersen "I Sverring" Universitetsboghandler C.A. Reitzel. 1851）

第10章　ファールンの大銅山地域

鉱山での掘削仕事は男の仕事であり、細木の束をつくるのは女性や子ども達の仕事であったという。
　ファールンで銅鉱石の採掘がいつから始まったのかは定かではないが、その歴史は700年代にまで遡るものと言われている。しかし、当時はまだ銅山という産業的なものではなかったらしい。大銅山が鉱山として掘削され始めたのは1000年代の末期であるらしいことがわかってきた。このことは、坑道に残された花粉やアイソトープC14による調査分析の結果、ほぼ確実だと言われている。現在、残されている最古の記録は、1288年に書かれた鉱山技師達の大銅山所有権および採掘に関する取り決めであるが、この当時に、どのくらいの深さにまで坑道が掘られていたのかははっきりとしていない。
　大銅山の全盛期は1600年代中期で、年間に約3,000トンの銅が生産されていたという。これは、当時の世界の銅生産の３分の２に当たり、そしてその輸出による経済力が、今日のポーランドやバルト諸国、フィンランドをも領土化することに成功したスウェーデン海軍（第３章を参照）の経済を支えていた。
　大銅山で掘削された銅鉱石は、銅板に精製加工されたあとにヨーロッパ諸国に輸出された。そして、王宮をはじめとする多くの建造物の屋根がファールンの銅で葺かれ、戦艦の大砲や道具類、日常の必需品としての鍋や桶や銅貨にもここの銅が使用されたのである。

ビジターセンター内の展示センター

　私達はリョリーンさんの案内で坑道を約１時間にわたって歩き、再びエレベーターで地上の上屋へと戻ってきた。ドアが開いてエレベーターを一歩出たとき、正直に言って私はホッとした。
　リョリーンさんは、私にビジター

センターの奥にある展示センターに行くことをすすめてくれた。その展示センターでは、映画や写真、そしてコンピュータアニメーションや展示物を通して中世の鉱山での労働や生活を知ることができるようになっていた。

私はスウェーデンの博物館や展示場に行くたびに思うのだが、展示品の数の割には大きなスペースが設けてあるし、展示場の中が広々としている。これも、スウェーデンの国土面積が日本の1.4倍もあることを考えると当然のことかもしれない。

私はビジターセンターを出て、1922年に開館した「鉱山博物館（Gruvmuseum）」を覗いてみることにした。鉱山博物館は屋根を銅で葺いた3階建ての建物で、ここに大銅山1000年の歴史が展示されている。この博物館にある硬貨キャビネットでは、小さなものから非常に大きな銅貨までが展示されているほか、世界各地から集められた各種の鉱石が展示されている。

そのあと、大陥没地の淵に沿って設けられている遊歩道を一周し、大陥没地域とファールンの街並みを違った角度から見て歩くことにした。チン、チン、チン、チン……クロイツ・シャクトの上屋からは今日も物悲しい鐘の音が聞こえてくる。鉱夫達は、毎日この鐘の音をどのような思いで聞いて坑道に入り、また坑道を後にしたのだろうか？

この上屋の反対側には水車小屋がある。中に入ってみると、直径15 mの木製の水車が静かに回っていた。もちろん、この水車の目的は縦坑の水を汲み上げ、また掘削された銅鉱石を地上に輸送するエネルギーを供給することにあるのだが、エンゲルスベリーの製鉄所（第9章を参照）で見た荒々しい水車とは対照的に、柔らかな線をもった美術工芸品とも言えるような立派な水車である。この水車とクロイツ・シャクトの上屋の間を、水車の回転力を縦坑内での運搬力へと伝達する長い材木のアームが地上約3 mの高さで横切っている。

水車があるからには、川か運河があって当然である。大銅山の歴史を記したインターネットの資料にも「水車に水を供給するための小川、溝、運

河、そしてため池が整備されていた」と書かれてあったが、私が見た付近にはそのような水路がまったく見あたらない。しかも、水車には一滴たりとも水がなかったことを考えると、現在では観光用にモーターで回転させているのかもしれない。

縦坑クロイツ・シャクト上屋（右）と水車小屋（左）

　私はなおも遊歩道の金網に沿って歩き、大銅山地区最大の縦坑であるオスカル・シャクト（Oscars schakt：深さ455 m。1905年完成）の上屋やアドルフ・フレドリック・シャクト（Adolf Fredriks schakt：深さ280 m。1845年完成）の上屋のそばを通り過ぎた。

　大陥没地域を半周したあと、鉱山博物館や5月の新緑に包まれたファールン、そして街のシンボルともいうべきルグネット（Lugnet。234ページを参照）のスキージャンプ台がほぼ正面に見える丘へとやって来た。丘とは言っても、鉱石から出る赤茶色のスラグが広範囲に積み上げられたものである。生命力に満ちた新鮮な黄緑色と、無味乾燥で荒々しいスラグの赤茶色が対照的である。

　このようなスラグの山は、今日も街のあちこちに見ることができる。スラグの丘に立ち、すぐ前に広がる大陥没地では、砂利道が最上部から尾根伝いに曲線を描いて底部に向かっているのが見える。前日、「大陥没地域の底部まで、この砂利道を歩かせて欲しい」とビジターセンターに頼んで

スラグの丘

みたが、「陥没地は現在地面が不安定で沈降しつつあり、2005年の4月から立入り禁止になっている」と言われて断られた。

　こうして大銅山地域を一周したあと、私は友人の家に向かって国道沿いに歩き進んだ。そこでは、地面が赤や黄色に染まり、スラグからなる土地が鉱山史の生き証人として残っていた。

　午後からは、友人の案内でファールンの街中にある大銅山の関連地区を歩いた。私の友人はカールエリック・ブロム（Karl-Erik Blom, 通称カッレ）といい、ファールンに移り住んで30年以上になる。歴史に興味をもっているのでガイドとしては打ってつけである、と言いたいところだが、彼には問題が一つあった。私以上の方向音痴なのだ。林業関係の会社に勤務し、森林の調査をよく行っているので方向音痴なわけがないと思っていたのだが、不思議なことに街中ではよく迷子になるという。今回も、まったく予定外のところを歩くことになってしまった。

案内してくれた私の友人カッレ

★2　スラグは金属製錬において溶融した金属鉱石から分離して浮かび上がるかすのことで、温度が低下すると固体化して石のようになる。

第10章　ファールンの大銅山地域

ファールンは「木の街」と呼ばれる。それは、多くの木造家屋が今も街中に残されているからである。特に、鉱山労働者が住んでいた地区では小さな木造家屋が軒を並べている。もともとスウェーデンでは木造家屋が立ち並ぶ街が多いのだが、一度火災が起こるとそれらの多くが焼失してしまうということが何度もあった。ファールンもその例外ではなく、火災で多くの家屋が焼失したという。しかし、数多くの火災禍から逃れられた地区もあり、それらの地区では現在でも1600年代に建てられた木造家屋が残っている。

　私は、友人のカッレの案内でこれらの地区を歩いた。多くの家屋の外壁にはベンガラ（酸化鉄を含む）にも似た暗赤色の塗料が塗られ、メルヘンの世界を演出している。今日でこそ様々な色の塗料が市販されているが、かつてはこの塗料が唯一のものであり、塗料と言えば「ファールレード」★3のことであった。

　今日のスウェーデンにおいても、木造家屋の半数以上がこの塗料を使って暗赤色に塗られている。そう言えば、スウェーデン人の多くが、赤く塗られた外壁に白色の角板の家屋のことを典型的なスウェーデン家屋だと考えているというアンケート結果を、私は何かの本で読んだことがある。

　露天掘りではなく地下にある鉱床を掘り進める鉱山においては、多くの坑道がアリの巣のように張りめぐらされている。そのため、落盤事故によって毎年世界中の鉱山で多くの死傷者が出ている。ファールンの大銅山においても、数多くの落盤事故があった。それらの中で、ファールンの人なら誰もが聞いて知っているという出来事を紹介しよう。

　1675年に起こった落盤事故により、マッツ・イスラエルソン（Mats Israelsson, ?〜1675）という鉱夫が坑道に閉じ込められて行方不明になった。当時のことであるから、救助活動がどれほど熱心に行われたかは疑問であるが、42年後の1719年、1人の鉱夫が遺体となって発見された。遺体は腐敗することなく、当時のままの姿であったという。というのも、銅山

昔の鉱山労働者家屋

ファールンの街並み

★3 大銅山で掘られた銅が含まれるこの塗料は「Faluröd(ファールレード)(ファールンの赤色)」と呼ばれている。

にある硫酸銅塩が死体に付着して腐敗から守ったのである。

しかし、当時の鉱夫達は労働環境から来る塵肺や生活環境の厳しさのために短命であり、42年後に発見された遺体を知る鉱夫は1人もいなかった。そのため、遺体はファールンの街中に展示されることになった。何ともえげつない話である。

ところが、この展示によって鉱夫の身元が確認された。1人の老女がこの遺体の人物をよく知っていたのである。

「彼は、私の許嫁だったマッツです」

実に、42年ぶりの悲しい再会であった。マッツはその体格が理由で、以後、ファールンの人々に「デブのマッツ」と呼ばれるようになった。

一度は教会墓地に埋葬されたが、1900年の教会改築で墓地から掘り起こされ、その後30年にわたって木箱に入れられて放置されたまであった。しかし、1930年にストゥーラ・コッパルベリー（Stora Kopparberg）教会墓地に再び埋葬され、墓石が立てられた。「デブのマッツ」は、死後255年目にして、ようやく安住の地を得ることができたのである。

「デブのマッツ」の墓

このストゥーラ・コッパルベリー教会から山手に向かうと、ファールンの街の至る所から見えるスキーのジャンプ台がある。この地区は「ルグネット」と呼ばれ、ここにはジャンプ台をはじめとしてクロスカントリーのスキー場、アイスホッケーのリンク、水泳プールや体育館からなるスポーツセンターがあり、1993年にはここでスキーの世界選手権が開催された。

私は、この世界選手権の一部を現地で観戦した。この大会に出場した日本のジャンプ陣は、K120団体（1チーム4人のジャンパーの総合得点を

競う）の第3ジャンプ終了時点でトップに立った。日本チームの最終ジャンパーがこのシーズン絶好調の原田雅彦選手であることを考えれば、金メダルをほぼ手中に収めたも同様だと私は確信していた。しかし、原田選手の飛距離は伸びず、メダルの獲得どころか一挙に5位まで転落してしまったのだ。ショックを受けた原田選手ではあったが、個人K90ではこの失敗を取り返して見事金メダルに輝いた。

また、日本のノルディック複合（スキージャンプとクロスカントリーの2種目からなる競技）チームは、荻原健司選手の大活躍で金メダルを獲得した。その夜に市庁舎前の広場で行われたメダル授与式では、日本国旗が掲揚され、『君が代』がファールンの街に流れた。

私はこのセレモニーを広場で見、友人達に対しても鼻高々であった。授与式のあと、友人達とパブに行って彼らにビールを奢った。パブの中では見ず知らずの人達から金メダル獲得の祝福を受け、私がもらったわけでもないのに非常に嬉しい気分に

メダル授与式後、喜びにわく日本選手達

なった。そして、この夜のビールが格別に美味かったことは言うまでもない。

スウェーデンで人気のあるウインタースポーツと言えばアイスホッケーとスキーである。このときの世界選手権の50kmフリースタイルで、スウェーデンのトリイニー・モーグレン（Torgny Mogren）選手は強敵のノルウェー選手達を抑えて金メダルを獲得した。地元選手の活躍で、ルグネットスキー場が大歓声と大拍手に包まれたことはもちろんである。当時はまだウェーヴによる観戦が始まる前であったが、大拍手はスキーの全コースにまで波及し、モーグレン選手が今コースのどのあたりを滑っているのかがわかるぐらい山を越えて拍手が聞こえてきた。

私は、このレースを最も急な坂道の最高地点で観戦した。この急で長い

坂道は「mödarebacken（心臓破りの坂、または人殺しの坂）」と呼ばれ、私のようなアマチュアでは坂の頂上に到達するまでに何度も立ち止まらなければならないような坂道である。しかし、スキー選手達は、その坂をまるで平地を滑っているかのような速さで滑り上がるのである。多種多様なスポーツの中で最も酸素摂取力が要求され、最も体力を消耗するスポーツはクロスカントリーだ、と私は確信している。

ファールンからウプサラへの帰り道、1700年代に鉱山技師達の庭園であった「スターベリー（Staberg）庭園」を訪れた。当時、煤に汚れて緑がほぼ皆無に等しかったファールンに住む大銅山技師達が、ホッと一息つけるところであった。

スターベリー庭園

この庭園は、1700年当時の庭園を再現すべく1997年から1999年にかけて改修が行われ、「スカンジナビア・ジーンバンク[★4]（Skandinaviska genbanken）」と共同で古い品種の果樹栽培が行われている。私が訪れたとき、この庭園に植えられているリンゴの木に薄いピンクの花が咲き始めていた。

私はウプサラへと戻る車の中で、1600年代から1700年代にかけてバルト海諸国を制していたスウェーデン海軍の経済の原動力となり、中世スウェーデン産業史に最大の足跡を残したファールン大銅山のことを改めて考え

た。海軍大国を支えた銅の輸出、そ
の経済的・軍事的成功とは裏腹に、
銅を掘削する鉱山労働者達の厳しい
労働条件と環境、そしてクロイツ・
シャクトの上屋から聞こえてくる物
悲しいチン、チン、チン、チンとい
う鐘の音……私はどうしてもセンチ
メンタルにならざるを得なかった。
1734年に大銅山地域を旅した植物学
者のカール・フォン・リンネが記し
た言葉が、この大銅山地域のすべて
を表現しているように思える。
「これは、スウェーデン最大の奇跡

カール・フォン・リンネ

だ。しかし、地獄そのものとも思えるほどの残酷さだ」("Carl von Linnés
Dalaresa" Natur och Kultur, 2004)

　この本は観光旅行ガイドではないが、もし読者がファールンを訪問され
ることがあるなら、ファールン郊外にあるスンボーン（Sundborn）[★5]に行か
れることをおすすめする。スンボーンには、スウェーデン人の間で最も愛
されて慕われている画家カール・ラーション（1853～1919）の家があり、
その中をガイドの案内で見学することができる。
　カール・ラーションは愛する家族の日常生活を描き続けた庶民的な画家
で、彼の描いた作品は、スウェーデンにおいてはカレンダーやクリスマス
カードにはなくてはならないものである。それは夫として、また父として
家族を温かく見守り続けた彼の作品が、仕事、仕事に追われ、家族を顧み

★4　生物遺伝資源の収集、保存、配布を行う機関。
★5　正式には「スンドボーン」であるが、スウェーデン人は「d」を飛ばして「スンボーン」と
　　呼んでいる。

ることのできない大人達に家族団欒の温かさや楽しさを考えさせ、自分の家庭もこのようでありたいと思わせる家庭像を描写しているからだと私は考えている。

また、彼の家の内装は、多くのスウェーデン人家庭の憧れであり理想とも言えるものであるため、絵画に描かれた内装を実際に見てみたいというスウェーデン人観光客が非常に多い。

カール・ラーション

　カール・ラーションは日本の浮世絵を愛し、その影響を受けたと言われている。私が最初にカール・ラーションの家を見学したのは今から30年以上も前のことであるが、そのときは階段の壁に飾ってあった浮世絵が場違いに思われて不可解に感じた。しかしその後、ヨーロッパ各地で有名な画家達の絵画展を観るたびに、多くの画家達に大きな影響を与えていた浮世絵芸術の価値を再認識した。

第11章 ハイ・コースト (Höga Kusten)

ユネスコによる登録基準　文化遺産
（ⅰ）生命進化の記録、地形形成において進行しつつある重要な地質学的過程、あるいは重要な地形学的、あるいは自然地理学的特徴を含む、地球の歴史の主要な段階を代表する顕著な例であること。

登録年度　2000年

世界遺産委員会による登録理由　ハイ・コースト地域は、内陸氷河の後退に伴うアイソスタシー（地殻均衡）により現在でも土地隆起が継続している一か所である。ここでは地殻均衡の活動が著しく、土地隆起が294mとほかの地域をはるかに上回っている。ハイ・コースト地域は地殻均衡の「典型的な例」であり、地殻均衡現象が最初に発見され、研究された場所である。

1万年前の姿をかたくなに守り続ける花崗岩

スウェーデンの自然を語るときに常に考慮しなければならないこと、それは、氷河期後の約1万年前に始まり、現在も依然として進行中の土地隆起である。このために自然は絶えず姿を変え、人々は水路や港を失い、海岸や湖岸に形成された村や町は何度となく移転を余儀なくされた。しかし、土地隆起にも長所はある。つまり、干拓をしなくとも長い年月をかけて農耕地を確保することができるのだ。
　この留まることのない土地隆起の最たる場所がスウェーデン中部にある。2000年に、ユネスコによって世界遺産に登録されたハイ・コースト[1]である。私は、1万年間にわたって大きな影響を受けてきたこの地域を2004年9月上旬に訪れ、トレッキングをして地球の底力を見てみることにした。

　私の住むウプサラからは、車さえあればハイ・コースト地域へは比較的簡単に行くことができる。南はポルトガルの首都リサボンからスペイン、フランス、ドイツ、デンマークを経由してスウェーデン北部からフィンランドの首都ヘルシンキまでを結ぶヨーロッパの大動脈であった、かつてのヨーロッパ4号線（E4）がここを通過しているからである。ウプサラからは約400km、コーヒーブレークや昼食時間を入れても6時間あれば十分到着する。
　私はハイ・コースト地域への訪問を前に、インターネットでいろいろと調べてみた。文化遺産なら、街や産業施設といった人間活動の足跡をガイド案内で聞くことができる。しかし、ハイ・コースト地域のような自然遺産ではガイド案内はなく、パンフレットで調べて地元の人々の話を聞いて、自分の足で歩き回るよりほかに方法がない。
　私はハイ・コースト地域の詳細地図を買って等高線を見て驚いた。等高線が、至る所で非常に密に重なり合っているのだ。つまり、すごい断崖絶壁の山の連続となる。地図から実際に見えるであろう景色を想像し、どこに行ってどの方向を見れば海と絶壁の山が一緒に見られるかを検討して地図上に印を付けた。胸がワクワクしてきた……よし、出発は明日の朝だ。

早朝、ウプサラを出発してＥ４を北上した。イエヴレ（Gävle）、スンズヴァル（Sundsvall）、ヘネサンド（Härnösand）を通り、オンゲルマンエルヴェン川（Ångermanälven）を渡った。オンゲルマンエルヴェン川を越えるとそこはもうハイ・コースト地域である。
　川を渡った大橋のたもとにあるレストランで昼食をとった。ここからハイ・コースト地域の中心地であるノーディングロー（Nordingrå）までは40km程度であり、もうすぐ見られるであろう美しい景色に胸がふくらんだ。

オンゲルマンエルヴェン川に架かるヘーガクステン大橋

　昼食後、Ｅ４を北に走り始めると、まもなく世界遺産のシンボルとノーディングローへの右折標識が見えた。ノーディングローへと向かう横道は、今まで走ってきたＥ４とはまったく違う。道のアップダウンがきつく、急カーブの連続でドライブを楽しむといった余裕はまったくなく、まさに緊張の連続である。
　途中、小さな集落を何か所か通ってノーディングローに着いた。車を教会の駐車場に停めて外に出てみたが、新鮮な空気が美味い。９月上旬ともなると朝夕は冷え込むが、日中はまだまだ暖かく、特に今日のような快晴の日は汗ばむほどである。
　私はノーディングロー教会前の土手に上がり、墓地の後ろに見える山々に囲まれた湖を見渡した。こんな美しい景色の中に埋葬されたらさぞかし心も休まるだろう……と思った瞬間、大阪にある宇野家代々の墓が脳裏をかすめた。土一升金一升の土地であるから仕方がないかもしれないが、墓石が肩を突きあわせるように並び、一日中車の音が絶えない墓地では安住

★１　「ハイ・コースト」はユネスコの英語版に使っている呼称で、スウェーデン語では「Höga kusten（ヘーガクステン）」と言う。「hög」は高い、「kust」は海岸という意味。本書では、日本ユネスコ協会の表記に基づいて「ハイ・コースト」とした。

第11章　ハイ・コースト

の地というイメージからは程遠い。

　とはいえ、この穏やかに見える自然も人間の力だけではどうすることもできない地球の力で絶えず変化を続けている。スウェーデン中部東岸にあるここハイ・コースト地域の物語は、先にも述べたように約1万年前に始まる。更新世最終氷河期であるヴェイクセル氷河期（ヴュルム氷河期、ウルム氷河期とも呼ばれる）が終了したのである。ここを旅するうえでどうしても必要となるヴェイクセル氷河期について、以下において簡単にまとめておこう。

　約11万5000年前に始まったこのヴェイクセル氷河期（以下、氷河期）は、約2万年前の氷河期の最盛期には、北はスカンジナビア半島から北極海、南はポーランド中部やドイツ北部、東はフィンランドを越えてロシアのモスクワ付近、西はスカンジナビア半島から北海をはるかに越えてイギリスやアイルランドにまで達する非常に大規模な氷河であった。

　氷河のもとは海や湖沼、河川、それに土壌に含まれる水であり、海面や地面から蒸発した水蒸気が上空で冷やされ、水滴や氷片となって気団とと

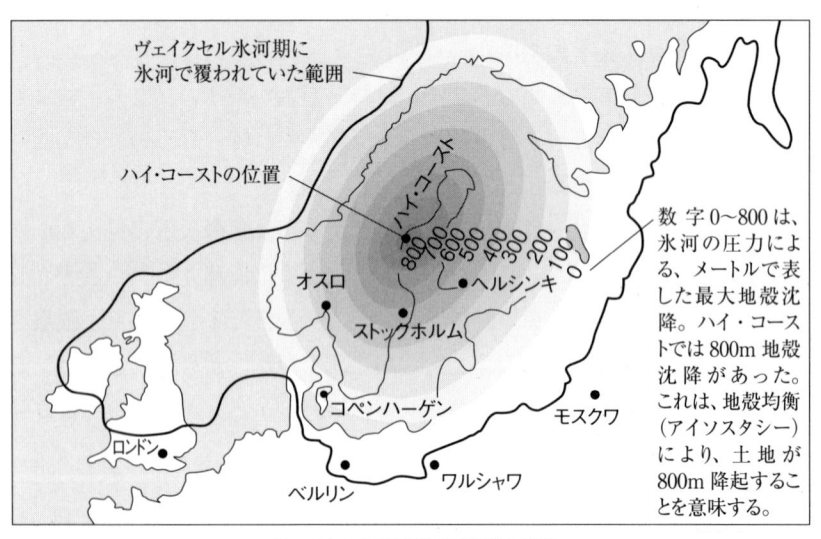

ヴェイクセル氷河期の最盛期の規模

もに大陸へと移動する。そして、低温環境で降り積った雪が万年雪となり、それが圧縮されて氷河となる。水分は氷河に閉じ込められたままとなり、そのため氷河期には海水の絶対量が減少して海水面は大きく低下した。氷河期には、海水面が120〜130 m も低下したと言われている。

　北ヨーロッパでは、厚さ3,000 m にも及ぶ大陸氷河の圧力で地殻が地球内部を構成するマントルの中に沈降していた。この沈降は、ハイ・コースト地域では実に800 m にも及んでいだという。そして、氷河期が終了して氷河が融け出して後退を始める。その反動で、氷河に押さえつけられていた土地は最初は速く、そして次第にゆっくりと800 m もの隆起を続けることになる。それが、最南部のスウェーデンを除いてほぼ全土にわたって今日も続いているわけである。

　私は９月の太陽に輝く手入れの行き届いた緑のノーディングロー教会の庭園を歩いたのだが、ここがかつては光も届かない深い海底であったとはとても信じられない。

　さて、次はどこに行こうかと思いめぐらして地図を広げた。すると、教会墓地から見えた湖に「ヴォーグスフィヤーデン（Vågsfjärden）[★2]」という名前が書かれていた。どうやら、昔あったバルト海の入り江が土地隆起によって海から遮断されて湖になったようである。

　私は、氷河に削られてできた断崖絶壁下の道を通って湖の南端にあるヘッグヴィーク（Häggvik）[★3]に行ってみることにした。インターネットからダウンロードした資料の中にヘッグヴィーク集落付近の空中写真があり、その景色を見てみたかったのである。途中、車窓からは、テラスには木が生えているものの、ほぼ垂直に切り立った、植物の定着を許さない荒々しい岩山を見ることができた。

　ヘッグヴィークの集落近くにやって来たところで車のスピードを落とし、

★2　「våg」は波、「fjärd」は入り江という意味。
★3　「hägg」はエゾノウワミズザクラ、「vik」は湾という意味。

ハイ・コースト地域で至る所で見られる荒々しい岩山

　ゆっくりと運転しながら周囲の景色を見回した。しかし、地図に印を付けておいたところからは思っていたような景色をまったく見ることができなかった。アップダウンしている道が景色を遮ってしまっているのである。空中写真にあった景色は上空から撮ったからこそで、地上から目にする景色はありふれたものでしかない。

　私は、ヘッグヴィークから地図上の次の印を目指すことにした。直線距離にすればすぐだが、このあたりでは氷河が流れていた谷間を道路が走るために絶えず山のふもとをグルグルと回ることになり、移動するのに予想以上の時間がかかる。

　今、私が車窓から見る自然は地球の１万年間の営みの結果であり、植物が定着して森林を形成しているところもあれば、荒々しい切り立った岩肌が生物の活動をかたくなに拒み続けているところもある。

　アップダウンの道が平地化し、緑の平原に囲まれた水面が見えてきた。砂利道の枝道が見え、地図を見るとその先には多くの家屋があった。ここは、サマーハウス地区になっているのだろう。

　見えてきた水面はセーレヴィーケン湾（Sörleviken）であった。私は枝道へと右折し、小川に架かった小さな橋を渡って車を停めた。地図では小川の上流５kmのところに小さな湖があり、その上流にも湖がある。さら

現在はまだバルト海の湾であるセーレヴィーケン

に平地を辿っていくと、ノーディングローにまで達した。

　今でこそこのあたりは陸続きで半島の一部となっているが、数百年前まではバルト海の島だった。湾であるセーレヴィーケンを眺めてみた。最深部が7ｍのセーレヴィーケン湾にも、数百年後には海から切り離されて淡水湖となる運命が待ち受けている。

　私は枝道から本道へと戻り、再びアップダウンのドライブを続けた。セーレヴィーケン湾に沿った道路の最高点からは湾が一望できる。切り立った山の斜面下にあるなだらかな丘は農耕地や牧草地として利用されているようで、農家らしき建物が見える。ここが開墾されてからどれほどの年月が経つのだろうか。

　時計を見るとすでに午後4時を回っていた。そう言えば、今日の宿泊地をまだ予約していなかった。ハイ・コースト行きを急に決めたことでもあったし、あちこちにキャンピング場やユースホステルがあるので飛び込みでも何とかなるだろうと思っていたのである。

　ダウンロードしたユースホステルの一覧表を取り出して、それらの位置を地図で調べた。できれば、ハイ・コースト地域に含まれるバルト海上のヘーグボンデン島（Högbonden）[★4]のユースホステルに泊まってみたかった

第11章　ハイ・コースト

土地隆起で生まれた二湖間の地峡にも人が住む

のだが、ここは８月中旬で観光シーズンを終えて休業中であった。
　ちなみに、このユースホステルはこの島にあった燈台守の宿舎を改造したもので、島の最高点の海に面した海抜76ｍの崖の上にあり、360度の景色を見ることができるという。ユースホステル協会のアンケート調査では、スウェーデンで最も景色の美しいところとして人気がある。しかし、夏休みが終わって学校が始まってしまえば家族連れの観光客が来ないので休業となるのだ。
　私は、もう一つ地図に印を付けておいたノルフェルスヴィーケン（Norrfällsviken）に宿をとろうと考え、途中、車を停めつつ景色を楽しみながらこの半島の対岸に位置するノルフェルスヴィーケンへと向かった。
　ノルフェルスヴィーケンのキャンプ場には午後６時前に着いた。入り口にあるレセプションで車を停めて中に入ると、青年が受付に座っていた。このキャンプ場には２人用の小さなヒュッテもあると聞き、私はそこに１泊することにした。
　宿泊代を聞くと、私が考えていたよりも少し高ったので、「寝るのは私一人だし、二つのベッドを使うわけではないから安くしてくれ」と、無意味とも思えるディスカウントの交渉に入った。受付の青年も、仕方がないオッサンだと思ったのか、１泊353クローナ（約6,000円）を235クローナ（約

4,000円）にまけてくれることになった。ただ一つ計算外だったのは、観光シーズンが終わったためかレストランが閉まっていたことである。鍵を受け取って、私は車をキャンプ場内のヒュッテへと走らせた。

　夏、ここには多くの海水浴客がやって来るに違いない。松林のあちこちにキャンピングカー用の駐車区画が設けられており、パンフレットには「300台の駐車が可能」だと書いてある。

　私は荷物をヒュッテに放り込み、キャンプ場から少し離れたサマーレストランで夕食をとることにした。この魚料理専門のレストランも夏の観光客を見込んで造られたものらしく、一度に80人は座れそうであったが、今は閑散としていて、私のほかに4人の客が座っているだけである。

　私はサケのステーキとライトビール★6を注文し、窓際に座って食事が来るのを待った。昔の感覚からすればサケは高級魚であるが、スウェーデンではノルウェー産の養殖サケが大量に出回っており、最近では獲れなくなって高級魚化したタラよりも値段がはるかに安くなっている。ノルフェルスヴィーケンにも漁港があるが、料理の値段からすれば、このサケもノルウェー産の養殖ものに違いない。

　私が料理を食べていると、2人の若い女性従業員が話をしながらレストランの掃除をし始めた。彼女らが話している言葉がわからなかったので、近くに来たときに「何語で話をしているのか？」と尋ねてみた。答えは、エストニア語であった。彼女らは夏を利用してスウェーデンに出稼ぎにやって来たそうで、「今週末にレストランが閉まるのでアルバイトも終わりだ」と言っていた。

　最近では、閉店時間が近づくと客の存在などおかまいなしに従業員らが掃除を始め出す。どうも「早く食べて出ていけ」と催促されているようで、落ち着かない食事となるときが多い。

★4　「hög」は高い、「bonde」は農民という意味。
★5　スウェーデンの小、中、高校は8月中旬に新学年が始まる。
★6　アルコール分1.8%の最も軽いビールで、車の運転にはまったく差し支えない。

食事を終えてキャンプ場のヒュッテに戻ったが、時間はまだ午後7時半であり、日没後の薄明かりも入れるとあと1時間半ほどは明かるい。このままヒュッテにいたのでは時間がもったいないと思い、地図を取り出して、遊歩道を歩いてこのキャンプ場の外れにある自然保護地の山に登ることにした。

　松林に造られた遊歩道を行くと、道はやがて狭くなって上りへとさしかかる。遊歩道の斜面の下には、松林を透して大きな石ばかりの広場が見える。これらの石は、氷河から溶け出た水に運ばれて堆積したものである。今歩いている遊歩道も石の広場を何か所か通っていくのだが、私は長靴を履いているので足が固定されるために苦にはならないが、夏に来る観光客の大半は運動靴だろうからきっときつい思いをすることだろう。

　まもなく、小さな小屋がある山の頂上に着いた。頂上からは、夕陽に照らされたノルフェルスヴィーケン海岸の岩塊大平原やバルト海を見ることができた。この大平原はここからは少し距離があり、日が暮れるまでに往復するのはとても無理なので明日改めてゆっくりと歩くことにした。

　翌日の朝食後、ヒュッテの台所で昼食用のサンドイッチを用意し、キャンプ場の奥にある遊歩道を歩いて自然保護地を一周することにした。今日もまた快晴である。

　この自然保護地は、ハイ・コーストが世界遺産に登録されるずっと以前の1969年から保護されてきたところである。

ノルフェルスヴィーケン自然保護地への遊歩道。
松林の後ろに白く見える層は岩塊の広場

岩塊の広場には樹木は定着できない

遊歩道を少し行くと岩塊の広場を通った。松林に囲まれた岩塊の広場では、地衣類や苔を除いて樹木はまったく見られない。氷河が残したモレーン[7]が海水で洗い流された岩ばかりの地層では樹木は根付かない。
　私は、松林の遊歩道でブルーベリーを摘んでビタミンCの補給をしながら歩いた。モレーンの小高い丘を上り下りし、周囲が松林に囲まれた小さな沼へと出た。この沼も、元はバルト海の海底であったのだろう。案内板には、「この沼にはイモリが生息している」と書かれている。
　モレーンの丘が下り坂になって松林が途切れると、視界が一度に開けた。岩塊の海岸に出たのだ。本当によい天気だ……空と海の「青」がまぶしく目に入る。岩塊の上を海岸線に沿って歩いたが、ここは海抜5mくらいの高さだろう。この地域は、今日でも年間8.5 mmの土地隆起があるという。1年に8.5 mmというと大したことではないと思うが、100年間だと85 cm隆起することになる。ということは、私が今歩いているところは600年ほど前は海岸線だったことになる。
　岩塊の平原を歩きながら今来た道を振り返ると、岩塊が硫黄をまぶしたように黄色く見えた。岩に定着した地衣類が平原を黄色く染めているのだ。前方には地面がモレーンできていると思われる松林があり、どうやら遊歩道はその中を通っていくようだ。
　松林の中でも後ろを振り返ってみたが、海岸線からの距離によってかなり色に違いがあることがわかった。海岸線近くではまだ地衣類が定着していないためにラパキヴィ花崗岩（英学名：rapakivi granite）の赤茶色が理由で岩塊が赤く見え、海岸線から少し離れた古いところでは黄色や灰色の地衣類が定着しているために黄色や灰色に染まって見える。
　松林をしばらく歩いていくと再び視界が開けてきた。すごい！　これは岩塊の大平原である。海岸から延びる大平原のなだらかな斜面をよく見てみると、岩塊は一様に堆積したのではなく少し波を打って堆積しているの

★7　（morän）氷河は谷を削りながらゆっくりと移動する。削られた岩石や土砂は、氷河から流れ出る川に運ばれて堆積する。この氷河堆積物を「モレーン」という。

岩塊からなるノルフェルスヴィーケンの海岸

がわかる。季節や時間帯によって氷河の融ける速さが異なり、岩塊を輸送する水量が一定でなかったことを示している。

　岩塊の大平原の端を松林に沿って登っていくと、恐竜のディノサウルス（学名：Dinosaurus）の骨格を連想させるような展望台が設置されていた。この展望台からは、大平原全体を見渡すことができる。

　私はしばらくの間ここに座って、今まで火山活動以外には考えたこともなかった地球内部からの力を考えた。こうして座っている間も、体には感じることのない速さで土地隆起が続いているのだ。私の計算では、1時間当たり0.001 mmの隆起であった。

　私は岩塊の大平原を横切って松林への遊歩道が設けられている草地に座り、少し時間が早かったが昼食を食べることにした。海上に見えている大小の島々も、何千年、何万年後には陸続きとなり、この半島の姿も今日の地図からは想像もできないものに変わっていくのだろう。地球の時間に比べて、人生の短さを痛感させられたひとときであった。

　昼食後、木陰で横になって半時間ほどの昼寝。大自然の中で新鮮な空気を吸っての昼寝は、五つ星ホテルでの1泊よりもはるかに価値がある。

　キャンプ場に戻ってきた。キャンプ場では2、3台のキャンピングカー

を見ただけであったし、今日のハイキングでも誰も見かけなかった。私にとってはそれが大満足である。大自然の中で、一人の小さな私を満喫することができたのである。

　ヒュッテに戻ってコーヒータイムをとり、ノルフェルスヴィーケンを後にした。途中、数か所で道の傍らに車を停めて農地を見つめた。ハイ・コースト地域の歴史を知らなければ気にも留めなかったであろう農地が輝いて見えた。

　アップダウンが続く曲がりくねった半島の道を走り、ウルオンゲル（Ullånger）からE4へと入って再び北に向かった。何キロも行かないところにスクーヴェード（Skoved）村という小さな村があり、1年中オープンしている大きなユースホステルがある。ここからは、明日に訪問を予定しているスキューレスクーゲン国立公園（Skuleskogens nationalpark、1984年に制定）までは15kmほどの距離であるので今夜はここに泊まることにした。駐車場には3台の車が停まっているので、どうやら客は私1人ではなさそうだ。

　レセプションに中年の男性が1人座っていた。私が宿泊代を払っていると中から女性が出てきて、私を別棟にある大きな一軒家へと案内してくれた。どうやら、夫婦でこのユースホステルを経営しているらしい。「夏の観光シーズンには高校生のアルバイトを何人か雇っているが、観光シーズンも終わったので今は2人で十分だ」と言うのは奥さん。

　私は、これから2か所を訪問する予定を組んでいた。約10km北にあるスキューレベリエット山（Skuleberget）と自然案内所（Naturum）である。
　早速、車でスキューレベリエット山に向かった。この山は、ハイ・コースト地域で最高峰となる295mの高さがある。「なーんだ、たったの295mか」と思われるかもしれないが、この山の生い立ちとその高さには大きな意味がある。
　氷河期後に起こった土地隆起を現在の海水面で見ると、ハイ・コースト

地域が世界最大の285 mを記録している。つまり、氷河期が終わって大陸氷河が融け去ったときには現在の海抜285 m地点が当時の海岸線であったのだ。よって、スキューレベリエット山が大きな意味をもつのは、この山の頂上近くに当時の海岸線があり、それを境として植物の定着と分布が比較できるのだ。

　スウェーデン全土にある自然案内所は国立公園や自然保護地付近に建てられており、地元の自然や自然史を、地図やパネル写真、標本や剥製を展示したりして観光客にわかりやすく説明している小さな自然博物館となっている。私は、ここの自然案内所でハイ・コースト地域に関する本を調べ、スキューレスクーゲン国立公園に関するインフォメーションを集めようと考えていた。

　ユースホステルから北に向かって、次の町のドックスタ（Docksta）でスキューレベリエット山へと向かう枝道に入った。右に崖の山、左に小さな湖を見ながらしばらく行くと、スキューレベリエット山のスキーリフトの乗り場があった。ここは、冬はスキー場なのか……まさかE4側の断崖絶壁を滑るスキーヤーはいないだろうが、ここもかなり急斜面である。難易度から言えば、絶対に黒のゲレンデ（上級者向け）である。

　車を停め、リフトの乗り場に行ってみた。あたりには人影はまったく見えず、窓口をノックしてみたが返事はない。窓口の横の壁に「スキューレベリエット山のリフトは8月末に終了しました」という貼り紙があった。20歳代のときならこの急斜面でも登っていっただろうが、今はもうそのような気力も体力もない。残念だが、スキューレベリエット山は諦めて、今走ってきた道路を引き返して自然案内所へと向かった。

　E4に面して絶壁のあるスキューレベリエット山のふもとの駐車場に車を停めた。車のドアを開けた瞬間に悪い予感がした。自然案内所の電気が消え、ドアが閉まっていたのだ。観光シーズン中は毎日午前9時から午後7時までオープンしているが、シーズン外だと週に数日、しかも短時間しか開けていないようだ。

E4側から見たスキューレベリエット山と観光客用ヒュッテ

　私が車に戻ろうとすると、ドイツナンバーのキャンピングカーがやって来た。彼らも、自然案内所が閉まっていることを知らないらしい。すれ違いざまに「自然案内所は閉まっている」と告げると、車を運転していた男性は呆れたような表情で肩をすくめた。夏の休暇でわざわざドイツからキャンピングカーでここまでやって来て、至る所で「もう観光シーズンは終わりました」ばかりではがっかりするのも当然だろう。

　まだ午後4時にもなっていない。今日の午後の計画は2戦2敗だ。これからどうしようかと考えながら、私は途中の食料品店で食料を買い込んでユースホステルへと戻った。レセプションでバルト海の島々が見渡せる山が近所にあるかと尋ねてみると、「ここから2km行けばフェーベリエット山（Fäberget）の頂上からきれいな景色を見ることができる」と奥さんが教えてくれた。
　教えられた通りに山道を登っていくと、風除けのログハウスがあるフェーベリエット山の山頂に着いた。ログハウスの前には石で囲った炉もあり、春や夏には地元の人達がピクニックに来るのだろう。ログハウスの壁には[★8]

★8　三方に木を組み合わせ、簡単な屋根を取り付けて雨や風をしのぐことができる。

男女の名前を書いた落書きが至る所にあり、どうやらここは野外パーティーだけでなく恋の場ともなっているようだ。

　頂上からは、今朝まで私がいた半島や島々を海の向こうに見ることができた。やはり、地元の人に聞いてみるものだ。

フェーベリエット山の頂上から見たバルト海の半島と島々

　翌朝、この旅行の最終目的地であるスキューレスクーゲン国立公園へと車を走らせた。国立公園へは自然案内所の手前からＥ４を右折し、バルト海の大きな入り江に沿った枝道から山道へと入ることになる。国立公園の駐車場に着くと、すでにフォルクスワーゲンのミニバスが１台停まっていた。

　私は、20年以上前にスウェーデンの友人達とここに来たことがあったが、その頃はまだ国立公園ではなく自然保護地だったと記憶している。よく思い出せないが、山の急な斜面とゴツゴツとした岩が多くあったことだけは覚えている。今日もまた快晴で、楽しいハイキングとなりそうだ。

　目的地はこの国立公園の頂上である。入り口から始まる遊歩道を歩いていけば、頂上にはそのうち辿り着くだろう。それに、今日１日はここを歩く予定にしているから時間はたっぷりとある。しかし、遊歩道を歩き始めて非常に驚いた。これでは遊歩道ではなく自動車道路である。道幅も４車

線分もあり、地ならしをして小石まで敷いてある。

　しばらく行くと、この幅広い道は右に大きくカーブを描いていた。その道端には国立公園の遊歩道を示す矢印が立っていて、モミ林を通る狭い遊歩道がそこから始まっていた。ようやく出発点に立った気がした。枝が少なく、陽を地面まで通すマツ林とは違って、モミ林は枝が多いためにどうしても日陰になってしまう。今日のような秋晴れの日は、モミ林を歩くのが惜しいようにも思えた。

　しばらく行くとリュックを担いだ2人の青年とすれ違い、またしばらく行くと人の声が聞こえてきた。すると、バルト海の小さな入り江であるシェーラヴィーケン湾（Kälaviken）に出た。高校生ぐらいの男女5、6人がテントを片付けている。ミニバスでやって来て海岸でキャンプをしたようだ。砂浜だし、今ならまだ水温も20度はあるだろう。キャンプをするには最高の場所だ。

　ちょうど、ここで遊歩道が消えてしまっている。山に登るのだから海岸にまで迫った森のどこかに道があるはずだと思って海岸に沿ってしばらく歩くと、森の中へと向かう小道を見つけた。矢印も道標もないが、このなだらかな小道を登ることにした。

　最初はなだらかなモミ林であったこの小道も次第に急な山道となり、石がゴロゴロとしてきた。ところによっては真っ直ぐ上に向かっているような道さえあり、健脚家でなければ頂上に到達するには時間がかかりそうだ。やがてモミ林にマツが含まれるようになり、斜面が少しなだらかになってきた。山道からは見慣れた岩塊の平原が数多く見えるようになり、その上を歩かなければならないことも何度かあった。

　私が写真を撮っていると、高校生のグループがすごい速さでやって来た。頂上に誰が一番速く到着するかを競争しているのか、小走りで私のそばを通り過ぎる者もいた。エネルギー溢れる彼らを、私は羨望のまなざしで見送った。

　少し行くと、今度は沼の横を通った。きっと、氷河期終了後の早い時期

岩塊平原のマツ　　　　　　　1本の柱に何枚もの道標が打ち付けられた分岐点

に海上に出てきたのだろう。そしてかつては、先ほど私が通ってきた平地と湖を形成していたに違いない。

　やがて山道はモレーンの丘にできたモミ林を何度か上下し、1本の柱に何枚もの道標が打ち付けられた分岐点へとやって来た。山頂まではあと600m。しかし、これからが大変であった。山道は急な崖となり、大きな岩がゴロゴロとしていて気をつけなければ転んで怪我をしそうである。もし、ここで足を挫くか骨折でもしようものなら大事である。

　崖を登りながら上を見ると、岩でできた門のようなものが見えた。大きな岩が山道の両側に柱のように立ち、その柱の上に大きな岩が被さって門を形成している。腰をかがめて、この門を足早に通り抜けた。そして、数歩ほど歩くと見覚えのある赤茶色の岩の壁が目に飛び込んできた。頂上に着いたのである。

　長さ200mにわたって幅7mの割れ目（「スロットダールの割れ目

花崗岩の壁が聳え立つ「スロットダールの割れ目」

（Slåttdalsskrevan）」と呼ばれている）があり、その両側には赤茶色をした高さ40 mのラパキヴィ花崗岩の壁が聳え立っている。割れ目となっている部分は輝緑岩（英学名：diabase）からできていたが、それは風雪や雨、氷で浸食されてできたものと考えられている。この割れ目の上で、私は写真を撮ることにした。

　今、私が座っているこの岩の北西には最高海水面285 mの痕跡を残す山がある。1万年前に氷河期が終了し、土地が隆起を始めたときにこの山頂はすでに海面上に頭を出していたことになる。氷河の堆積物であるモレーンが海の荒波に洗い落とされることなく残されたため、この山頂にはマツが帽子状に生育している。また、絶壁の斜面では、モレーンが海水で洗い流されたためにわずかな窪みにのみ植生を見ることができる。
　非常に雄大で美しい海の景色を見ながら、この岩の上で昼食をとることにした。多くの島々がバルト海の青に浮かんでいるのが見える。その優しい美しさとは対照的に、今私が座っている岩や周囲の岩山の荒々しい肌は小さな窪みを除けば植物の定着をまったく許さず、いまだに1万年前の姿をかたくなに変えようとはしない。1万年前のバルト海は、茶色や赤茶色のモレーンでできた小さな島々だけが海原に頭を出した寒々としたもので

バルト海の美しい景色とは対照的な岩山の荒々しい肌

あっただろう。

　ここまでは何とか想像ができる。しかし、ヴェイクセル氷河期の最盛期となる約2万年前には、今座っているこの岩の上に3,000 mの厚さの氷がのしかかっていたのだ。これを考えると、もう完全に想像の域を脱してしまう。

　このようなことを考えながらサンドイッチを食べていると、2人の女性がやって来て私に尋ねた。

「高校生のグループを見かけませんでした？」

「彼らなら、スロットダールの割れ目を通って下っていきましたよ」

「今からどれくらい前ですか？」

「20分ほど前です」

　彼女らは礼を言い、スロットダールの割れ目へと向かっていった。

　少し風が出てきた。魔法瓶をリュックに詰めて、私は山を下りることにした。

ガンメルスタードの教会街
(Gammelstads Kyrkstad)

第12章

ユネスコによる登録基準　文化遺産
（ⅱ）　ある期間、あるいは世界のある文化圏において、建築物、技術、記念碑、都市計画、景観設計の発展において人類の価値の重要な交流を示していること。
（ⅳ）　人類の歴史の重要な段階を物語る建築様式、あるいは建築的または技術的な集合体、あるいは景観に関する優れた見本であること。
（ⅴ）　ある文化（または複数の文化）を特徴づけるような人類の伝統的集落や土地利用の優れた例であること。特に抗しきれない歴史の流れによってその存続が危うくなっている場合。

登録年度　1996年

世界遺産委員会による登録理由　ガンメルスタードの教会街は、北部スカンジナビアにおける教会街の代表的な例であり、厳しい自然環境下での特殊な地理と気候条件に合った素晴らしい都市計画を示している。

ガンメルスタードの教会街

ガンメルスタードの教会街[★1]があるスウェーデン北部は、氷河期には3,000ｍもの厚さの氷に覆われていた。約１万年前の氷河期の終了とともに土地隆起が始まり、それ以来、100年間に平均１ｍの隆起を繰り返してきた。そのため、海岸線は時代とともに大きく変わり、人々の居住地域も大きく拡大してきた。

　今から1000年前、海面は現在よりも10ｍも高いところにあって、今日のルレオ・コミューン（Luleå）は海に点在する群島であったし、ガンメルスタードはルレ川の河口にある小さな島にすぎなかった。

　人々がこの島に住み始めたのは13世紀頃だと考えられている。この島は、スウェーデン北部の内陸部への商業およびバルト海沿岸の商業都市との交差点となる格好の場所であった。商人達は、農民や狩人、そして漁民と商売をするために帆船で遠距離を航海してこの島にやって来た。港に着いた帆船からは塩や穀類や布が積み降ろされ、カワカマス（第６章を参照）の干物や塩漬けのサケ、そして毛皮類が帆船に積み込まれた。

　しかし、17世紀に入って厳しい商業制限が行われるようになった。農民達にはストックホルムへの商業航海が禁止され、これまで近隣地区で行われていた商売も住んでいる町の中においてのみ許可されるようになった。これは、徴税のために国王がとった手段である。

　1621年、ルレオの市場は勅許市場となり、教会の北東地区にルレオの町が発展することになった。しかし、土地隆起のために港への入り口が浅くなり、1649年、人々は海岸近くに新たに町を建設して移住することを余儀なくされた。

　こうして、ルレオには海に面した新しい町と内陸に取り残された古い町が存在することになった。新しい町が今日のルレオであり、世界遺産となったガンメルスタードが古い町である。

　私がまだウプサラ大学の学生であった頃、ルレオ郊外の町であるボーデン（Boden）に住んでいたスウェーデン人家族にここの教会街に連れてき

てもらったことがある。しかし、それは今から30年も前のことであり、私の頭の中には「ただそこに行ったことがある」という程度の記憶しかなかった。それゆえ、ボスニア湾最北部の町ルレオから10 kmのところにあるガンメルスタードの教会街を再び訪れてみようと思ったのだ。2005年4月下旬のことである。

　スウェーデン北部の4月下旬といえば陽差しがきつく、午後9時過ぎまで陽が残っている。しかし、風はまだまだ冷たく、ボスニア湾や湖の表面は依然として氷に被われ、森にもまだ雪が深く残っている。まもなく冬が終わり、ついそこまで来た春の到来を待つというような季節である。

　とはいえ、まだツーリストシーズンには程遠く、ガンメルスタードの教会街でも一般の旅行者向けの観光ガイドのサービスは始まっていない。グループ旅行者に対しては年中行っている観光ガイドだが、1,200クローネ（約19,000円）もするためとても私には払えない。

　私はガンメルスタードの教会街に関する歴史や当時の生活ぶりを本で読んで、基礎知識は得られたつもりであった。しかし、ガイドが一緒でなければモデル宿泊小屋[★2]の中には入れないという。そこで私は、教会街にあるツーリストセンターに私の旅行目的や経済事情を書いてメールを送り、大幅な割引をお願いした。すると、ツーリストセンターの所長であるラーシュ・マンダール（Lars Mandahl）さんから、「無料でモデル宿泊小屋を案内する」という非常に親切な返事が届いた。

　私の住むウプサラからルレオまでは約850 kmの距離がある。今回の旅行では、経済事情を優先し、最も安上がりの夜行バスで往復することにした。

　ウプサラを午後7時に出た夜行バスはE4を北上し、途中パーキングエリアのレストランで数回の休憩をとりながら翌朝の6時半にルレオのバス停であるスカンディック・ホテル（Scandic hotell）に到着した。

★1　ガンメルスタード教会の正式名は「ネーデルルレオ教会（Nederluleå kyrka）」。「neder」は下流、「luleå」はルレ川という意味。
★2　(Visningsstugan) 教会街に残されている多くの宿泊小屋のうちの一軒は「モデル宿泊小屋」として観光客に公開され、ガイドが案内を行っている。

私は、午前8時半にマンダールさんとガンメルスタードのツーリストセンターで会う約束を取り付けていた。約束の時間までにはまだ2時間ある。できることならホテルでシャワーを浴びて朝食を済ませてからガンメルスタードの教会街に行きたかったが、そのような時間の余裕はなさそうだ。私が予約したホテルはここからはかなりの距離にあり、しかもガンメルスタードとは反対の方向にあった。そこで私は、ここで朝食をとり、そのままガンメルスタードに行くことにした。

　スカンディック・ホテルは、まだ氷に被われたミヨルクウッド池（Mjölkuddstjärn）の淵にあった。朝食をすましたあと、この池の横にある遊歩道を歩いてガンメルスタード行きの市バスの停留所へと向かった。

　まだ午前7時半だというのに陽差しはかなり強く、ルレオに向かうマイカー通勤の自動車やトラックの騒音の中から春の到来を告げるユリカモメ（第4章を参照）の叫び声が聞こえてきた。氷の上には、冬の間、スウェーデン南部やヨーロッパ大陸に渡っていたオオバン（学名：Fulica atra）が戻ってきている。もう、春はすぐそこまで来ている

陽差しは春。氷が張っている池に戻ってきたユリカモメとオオバン

　すぐにバスが来た。私は、運転手にガンメルスタードに行くかどうかを確認してバスに乗り込んだ。ガンメルスタードの教会街は、ルレオの北西

約10kmのところにある。まあ、20分もすればガンメルスタードの教会街には着くだろう……と思っていた。

バスは国道97号線を北西に進み、何度も写真で見たことのあるガンメルスタード教会の鐘楼が窓越しに遠くに見えてきた。まもなくバスは右折をして教会街へと向かうのだろうと思った。ところが……である。バスは教会街に向かうどころか遠ざかっていくではないか！　運転手は「ガンメルスタードに行く」と言ったのに、これは一体どういうことだ⁉

時計に目をやるとまだ8時前だ。約束の時間にはまだ十分な時間がある。こうなったら、行くところまで行ってしまおうと考えた。バスは住宅街に入り、右折左折を繰り返して終点のスンデルビー病院（Sunderby sjukhus）に着いた。この病院は、スンデルビー地区に新設されたルレオ・コミューンの大病院である。

不思議そうに私を見ている運転手のところに行って、「ガンメルスタードの教会街には行かないのか」と尋ねた。どうやら、このときになって私の言う「ガンメルスタード」が「ガンメルスタードの教会街」であることが理解できたようだ。

運転手は、「ガンメルスタードというのは地区の名前であり、このバスはガンメルスタード地区は通るがガンメルスタードの教会街には行かない」（それはもう分かってる！）と言った。そして、このバスでガンメルスタードの教会街に行くには「スタッツエーン（Stadsön）」という停留所で降りて、そこから歩かなければならないと説明してくれた。続けて運転手は、「前に停まっている別のバスがすぐに出るので、運転手に事情を説明して、タダでスタッツエーンの停留所まで乗っていけ」と言ってくれたので、その言葉通り前のバスの運転手に事情を説明して、スタッツエーンまで「無賃乗車」をすることができた。

ガンメルスタードの教会街へやって来る外国人観光客の多くがツアーだろうが、私のように一人旅をする者が「ガンメルスタード」と言えば「世界遺産のガンメルスタードの教会街」を意味することをここの人達はまだ

知らないらしい。私は教えられた通りスタッツエーンという停留所で降り、教会街への坂道を歩きながら時計を見たらちょうど8時半であった。

教会のすぐ前にあるツーリストセンターに所長のラーシュ・マンダールさんを訪ねた。現在はまだオフシーズンであるためにツーリストセンターのドアには鍵がかかっていたが、ドアをノックすると本人がドアを開けてくれた。現在ここで働いているのは彼一人だけで、ツーリストセンターの営業時間は午前10時から午後4時までである。

ラーシュ・マンダールさん

　私はバスでの失敗談を彼に話し、「ルレオから世界遺産への直行バスがあってもよいのではないか」と言った。「ルレオからガンメルスタードの教会街へのバスが一系統あるにはあるが、ルレオ郊外の住宅街を経由して来るために非常に時間がかかる」と言ったあと彼は、「ルレオの人々はガンメルスタードの教会街を単に『教会街』と言い、教会街の人々は『教会村』と呼び、世界遺産のガンメルスタードの教会街の入り口にある道路標識は『教会村』になっている」という複雑な背景を話してくれた。

　先にも述べたように、私はここに来る以前にガンメルスタードの教会街に関する本を数冊読み、そのときに浮かんだ質問を箇条書きにしてきた。私はマンダールさんに次々と質問を浴びせていったが、彼はそのたびごとに満足できるだけの解答をしてくれた。しかし、あまりにも長い間話し込んでしまったために、一般に開放されている「モデル宿泊小屋」を案内してもらう時間がなくなってしまった。仕方なく、ここの案内は翌日に回してもらうことにして私は教会街へと出た。

　ガンメルスタードの教会街の歴史は古く、1300年代末にまで遡る。教会街は、もともと教会から遠く離れて住んでいた人達が日曜の礼拝に赴いて、

その日のうちに家に帰り着くことができないために教会の周りに宿泊小屋や馬小屋を建てたのが始まりだという。そして、1500年代に日曜礼拝への出席が義務づけられ、農民達のキリスト教育が厳しく行われるようになって教会街は大きく発展を遂げたわけである。★3

　牧師は農民達をキリスト教化するために各農家を訪問し、一人ひとりに聖書の内容や礼拝時の祈りの言葉を試問するという厳しさであった。そして、同じ時代、キリスト教の世界にも大きな変化が起こった。それは、1517年のマルティン・ルター★4による宗教改革であり、それまでカトリック教であったスウェーデンの宗教は、1527年、国王グスタフ・ヴァーサの国教改革によってプロテスタントへと移行した。★5

　教会の周りに造られた教会街は北部スウェーデンに特有な街形態であり、71か所の存在が知られている。しかし、教会街の多くは1900年代の前半に取り払われたり焼き払われたりしたため、現在ではわずか16か所を残すのみとなっている。その中で最も規模が大きく、しかも最も保存状態がよいのがガンメルスタードの教会街である。

　私はツーリストセンターを出て、すぐ目の前にあるガンメルスタード教会を庭園側から眺めることにした。小さな教会庭園の周囲には約1.2mの高さの石垣があり、狭い門を通って庭に入る。教会の建物の北側は吹き溜まりの雪なのだろうかまだかなりの雪が積もっているが、建物の東側や南側ではほとんど消え、雪解け水のぬかるみの中から茶色の芝生が顔を出している。

★3　17世紀の後半になって、日曜礼拝の義務が教会によって緩和された。教会から10km範囲の住人にはこれまで通り日曜礼拝への出席が義務づけられたが、20km範囲では2週間に1度、30km範囲では3週間に1度というふうに出席義務の見直しが行われた。しかし、この教会規則に反した者には罰金が科せられることになり、この習慣は19世紀末まで続いた。

★4　(Martin Luther, 1483〜1546) ドイツの神学者、牧師、説教家。宗教改革の中心人物としてプロテスタント教会の源流をつくった。

★5　この国教改革の最大目的はカトリック教会を政治から切り離すことで、教会が所有する土地や莫大な財産を手中に収めることであった。

石造りの教会は、外壁が朝日に映え、赤茶色や白色の石がモザイクを描いている。そして、教会の南側にはガンメルスタードの教会街のシンボルにもなっている高い鐘楼があり、快晴の青い空に鐘楼の白色が美しく映えている。

　現在の鐘楼は、1300年代末の建設当時のものではない。1832年、教区会は教会の北西にあった木製の鐘楼の破損が著しいために修理または新築することを決定し、この石造りの鐘楼が建設された（本章の扉写真を参照）。実に、19年の歳月を費やす大工事であった。

　今日、この鐘楼はスウェーデンにおける建築設計の最たるものの一つだと評価され、教会街のシンボルともなっている美しいものではあるが、どうも私には、建設当時の木製の鐘楼のほうがこの教会には適しているように思われた。

　私が教会を外から眺めていると、少し変わった昔の服装をした女性達や子ども達がやって来た。学校の社会科か自由研究で、教会の何かを調べているようであった。彼らに声をかけて話を聞いてみた。彼らはガンメルスタードにある小学校の先生と生徒達で、「社会科の授業として、100年前の生活がどのようなものであったのかを体験しているのだ」と言った。

　教会の中は窓から注ぎ込む陽の光で明るく、白壁や天井の淡い色が私を包んでくれた。ここには、古い教会に感じられる重厚な雰囲気がまったくない。教会の内部装飾を見てみると、内壁やアーチ型の天井には、スウェーデンの有名な教会壁画家であるアルベルトゥス・ピクトル★6の弟子達によって16世紀初期に描かれた壁画がある。これらは、中世スウェーデンの教会壁画の最北地のものだという。

　壁画には、『福音書』の著者であり伝道者でもあるマタイ、マルコ、ルカ、ヨハネ、およびこの教会の守護聖徒である聖ペテロが描かれている。そして、教会の内陣窓の左手には大司教の紋章が飾られ、木製の内陣座席の末端部には、少し荒削りだが柔らかな線を生かした美しい彫刻が施されている。また、大理石の洗礼盤や十字架も、単なる中世時代の宗教作品という

ガンメルスタード教会の内部

よりは当時の人達の手による素晴らしい美術工芸品のようだ。

　この教会の内装品の最たるものは、1520年頃にベルギー北部のアントワープで注文製造された教会祭壇の内陣仕切りである。これは、当時の金額で900銀マルクという高額なものであったようだが、ルレオ地区の農民達はお金を出し合ってこれを現金で買い求めたと言われている。果たして、当時の900銀マルクが現在の貨幣価値に換算したらどれくらいになるのかはまったくわからないが、莫大な金額であることだけは確かなようである。どう

美しい彫刻が施された木製内陣座席の末端部

やら、この地区の農民達は、農業、漁業およびサーメ人との交易で非常に裕福であったと考えられる。

　ちなみに、この内陣仕切りにはキリストの生誕をはじめとして、幼少時

★6　（Albertus Pictor, 1440?〜1507?）教会壁画家としてばかりではなく、真珠や金を使ったタピストリー工芸家としても有名。もともとはドイツ人であったと考えられている。ピクトルは、主としてメーラレン湖付近の教会に多くの壁画を残している。地方の教会壁画は、ピクトルが描いた下絵をもとにして弟子達が描いたものが多い。

第12章　ガンメルスタードの教会街

教会祭壇の内陣仕切り

や受難のほか約140体に上る像が刻み込まれており、それぞれに金箔がふんだんに張られている。これは、教会内に灯されたローソクの淡い光の中でも内陣仕切りが見えるようにという配慮からだと言われている。

　18世紀には、教会の内装工事が大々的に行われた。壁画には白色塗料が薄く上塗りされ、北壁の柱の横には新しい説教壇が設けられた。以前にはなかった北壁にも窓が設けられ、それと同時に、ほかの窓も拡大されて現在の様相を呈するようになった。

　教会の建設当時に北壁に窓を設けなかったのは、当時の教会においては鬼門の思想があったからである。北は悪が宿る方角であり、北壁に窓を設けることで悪霊が入り込むとされていた。それゆえ、犯罪者や教会の掟に背いた人達の墓地は北側に造られている。

　当時の礼拝では、男女が教会通路の同じ側に座ることはなかった。男性は通路の南側に、そして女性は北側に座った。ガンメルスタードの人達は、冗談とも本気ともつかない表現でその理由を次のように説明した。

「すべての悪霊は北から来る。だから、女性は北側に席があったんだ」

男女平等、女性への差別廃止を声高に叫ぶ今日のスウェーデンにおいてはこのような表現はご法度であるが、中世の時代には男尊女卑の考えがまかり通っていたようである。

この教会には、扉の開閉や訪問者の質問に答えているボランティアグループがある。彼らは、ガンメルスタード教会愛護会の老人グループである。毎日、午前と午後、2人1組が交替で教会に詰めている。

私が教会を訪れたこの朝は、2人の老婦人が当番をしていた。私は詰め所で、カーリン・エングルンド（Karin Englund）さんとシシュティ・ヨハンソン（Kirsti Johansson）さんに話を聞くことができた。

まず私は、彼女らが宿泊小屋をもっているかどうか尋ねてみた。カーリンさんは、「先祖がガンメルスタード教会から10 km以内に住んでいたために、宿泊小屋の建設権がもらえなかった」と残念そうに語った。一方のシシュティさんは、今は結婚をしてスウェーデン人となっている

エングルンドさん（左）とヨハンソンさん（右）

が、「もともとはフィンランド人だった」と言う。彼女は、まだ幼少であった第2次世界大戦中にフィンランドからスウェーデン家庭に疎開をしてきた戦争里子（272ページのコラムを参照）であった。

「明日、私はハパランダ（Haparanda）★7でスウェーデン国王やフィンランド大統領が出席して開催される『フィンランド戦争里子の集い』に出席するけれど、あなたも一緒に来る？」と、彼女は私を誘ってくれた。今まで聞いたことはあっても実際には何も知らないフィンランドの戦争里子のことを知るよい機会とは思ったが、マンダールさんにモデル宿泊小屋を案内してもらうことになっているので彼女の親切な誘いを断った。

★7　フィンランドとの国境にあるスウェーデンの町。

コラム　戦争里子 (Krigsbarn)

　第2次世界大戦中の1939～1945年にかけて、フィンランドの子ども達約7万人が戦争里子としてスウェーデン家庭に引き取られた。戦渦の子どもを里子として引き取って援助しようというスウェーデン人のヒューマニズムによるもので、多くの子ども達が環境のよい家庭に迎えられた。
　年齢が0歳から14歳の子ども達は、引き取り家庭の住所が書かれたペンダントを首にかけ、言葉や環境がまったく異なるスウェーデン家庭に1人もしくは兄弟でやって来た。両親や兄弟と離別したことは、現在も多くの戦争里子の心の中に深い傷跡として残っており、その心のうちは50年以上にもわたって語られることがなかった。
　1992年、「フィンランド戦争里子協会」が設立され、経験談を語り合うとともに、北欧に残された第2次世界大戦の傷跡の1ページを後世に伝えようと活動を行っている。(戦争里子協会のホームページより)

　私の頭の中には、本やパンフレットで見た夕陽に映えるガンメルスタードの教会街の航空写真があった。全貌は無理だとしても、高所から撮ればおおよその規模をカメラに収めることができる。しかし、ヘリコプターやセスナ機をチャーターするのは経済的にとても無理である。教会街の最高所と言えば鐘楼であるが、その扉には鍵がかかっていて中には入れないし、ガイドツアーであっても中には入れてくれないという。私は彼女達に本書執筆の話をし、鐘楼の上から写真を撮ることが可能かどうかを尋ねてみた。
　彼女らは、「教会の用務員に頼めば何とかなるのではないか」と教えてくれた。しばらくするとその用務員が教会に入ってきたので、私を紹介してくれた。ラーシュ・マグヌソン (Lars Magnusson) さんという名前の用務員に同じく本書執筆の話をし、鐘楼の上から写真を撮ることが可能かどうかを尋ねた。
　彼は、「今日は予定が詰まっていて無理だが、明日なら鐘楼に案内しよう」と言ってくれた。固く閉じられている扉も、叩けば親切な人達が開け

てくれることに気づき、私はマグヌソンさんに感謝をして大喜びで教会を出た。

　ガンメルスタードの教会街には2軒のレストランがある。ツーリストセンターですすめられた大衆レストランに行ってみた。もうとっくに昼食時は過ぎていたので、レストランの客は私一人であった。このレストランの主人はイギリス人で、ガンメルスタード出身のスウェーデン女性に恋をして5年前にここに移住してきたのだと言う。

教会用務員のマグヌソンさん

　イギリスと言えば、ロンドンの雑踏やパブ、超満員のサッカー場がすぐに私の頭に浮かぶ。私は彼に「イギリスの町の雑踏に比べれば、ガンメルスタードはあまりにも静かすぎるのでは？」と聞いてみた。それに対して、「自分は田舎の出身であるし、ツーリストシーズンには観光客が来るここでの生活はOKだ」と言った。しかし続けて、「秋から冬、そして春にかけては住むのはOKだが、レストランは開店休業状態になる」と言い、「ツーリストシーズンには多くの観光客がやって来て夕方までは繁盛するが、教会街にホテルがないために夜はもう一つだ」と付け加えた。

　レストランの主人としては、夜の10時や11時でも明るいのに客が来ないのが不満そうであった。

　昼食後、私は再び教会に行った。しばらくすると、今朝会った小学生達が先生達に連れられて教会に入ってきた。何が始まるのかと見ていると、用務員のマグヌソンさんが牧師姿で現れて小学生達に説教を始めた。どうやら、これも100年前の社会の勉強のようだ。教会での生きた学校教育は、子ども達にとっても忘れられない体験となるだろう。「今日は時間がない」とマグヌソンさんが言ったのは、おそらくこのことだったのだろう。

　私は、快晴の午後を利用して、砂利の小路や袋小路にはまだ雪が少し残

っている教会街を見て歩くことにした。

　ガンメルスタードの教会街には、現在408か所の宿泊小屋と6か所の馬小屋が保存されている。今日、宿泊小屋は教会老人グループの集会時や青少年の堅信礼のときに利用されており、一般住宅としての利用は禁じられている。ツーリストセンターのマンダールさんの話では、ルレオ工科大学に入学した学生が下宿が見つからなかったために一時宿泊小屋に住んでいたことがあったらしいが、結局、この学生もここから追い出されたそうだ。

まだ雪が残る裏の小路

　今日の宿泊小屋には電気は通っているが、上下水道やトイレはない。水は、井戸水を使うかポリエチレンのタンクに入れて家から持って来なくてはならない。そして、洗い水は小路に捨て、トイレは教会街にある数か所の共同トイレを使用している。もちろん、冬季の暖房は暖炉に頼らなければならない。

　この教会街が最も繁栄した1800年代初期には、484の宿泊小屋と359の馬小屋があった。馬小屋は宿泊小屋が立ち並ぶ教会街の路地裏や外部に集中して建てられ、個人使用ではなく、親類や近所の人達との共同使用であった。現在の数字と比較すれば、その馬小屋の数がかなり減っていることがわかる。これは、かつて人々は唯一の交通手段であった馬車を使って教会にやって来たわけだが、20世紀に入ってバスや自家用車を利用するようになったからである。

　このため、多くの馬小屋が取り壊されて、1932年にはわずか80か所を残すのみとなった。さらに、第2次世界大戦時には馬小屋に使われていた材木が燃料として利用され、その減少に追い討ちをかけた。そして、今日ではわずか6か所を数えるだけとなってしまった。

　中世の時代には真冬でも利用された宿泊小屋であるが、今日の自動車社

会においては、春から秋にかけては日帰りで訪れることもあって、冬の間は窓に雨戸が閉められて春の到来を待っているだけだ。先に述べたように、私が教会街を訪れたのは4月下旬であったが、雨戸が開かれていた宿泊小屋は数えるほどしかなかった。

雪解け水でぬかるんだ小路を歩いていると、一人の老人が屋根の上で煙突の修理をしていた。教会街には保存委員会があり、年に1度、各宿泊小屋を見分して修理の必要なところを指摘するという。もちろん、修理費はそれぞれの借り主が負担をしなければならない。

屋根の上で煙突の修理をする老人

しばらく行くと、扉も外壁パネルもない、目下大改修中と思われる宿泊小屋が1軒あった。窓だけは今年に入ってからはめ込んだようで、窓枠の白色が宿泊小屋の古材木地に違和感を与えている。扉がないので中に入ってみると、冬の間にかなりの雪が吹き込んだのだろうか、床下となる地面はかなりぬかるんでいた。この宿泊小屋の改修にあたっても、きっと保存委員会が多くの制限や条件を出したに違いない。

1300年代末に建てられたガンメルスタード教会の周囲に宿泊小屋や馬小屋が建ち始めて16世紀に大発展を遂げた教会街ではあるが、教会が各農家

に小さな玄関口付きの宿泊小屋や馬小屋を所有地に建てる権利を正式に認めたのは、教会令が出された1695年のことであった。しかし、宿泊小屋や馬小屋の所有権は教会に属し、土地も教会からの借地という条件のもとでの建設許可であった。ちなみに、宿泊小屋のほとんどは一家族用の一部屋造りのものであるが、なかには５部屋５家族用というものもある。

　そして、19世紀に入って、農家にのみ認められていた宿泊小屋の建設がようやく開拓者達にも認められるようになった。それまで開拓者達は、教会からはるかに遠く離れた、まったく道もないような森林の中で生活をしていた。つまり、本当に宿泊小屋を必要としていたのは開拓者達であったにもかかわらず、その彼らには宿泊小屋を建てるだけの経済的な余裕がなかったのだ。そのため、教会街そのものが人々の経済力を反映する社会を形成することになった。

　中世の時代、現在のスウェーデンの最北部には明確な国境線がなく、スウェーデンとロシアが領地化を目論んでいた。14世紀に入り、スウェーデン国王のマグヌス・エリクソン★8（1316～1374、在位1319～1364）は、ルレ川の豊かな魚源を利用する目的でルレオに教会を建てて教区を形成し、住民から税の徴収を始めた。人口からすればわずか2,000～3,000人（15世紀）の小教区であったが、地理的にはバルト海沿岸から山岳地帯に至る大教区であった。

　人々のほとんどが沿岸地帯に住み、農業や漁業を営み、サーメ人から物々交換で手に入れた毛皮で富をなしていた。そして、この富がガンメルスタード教会を建設する資金源となった。

　教会の建設当時は、ロシアからの侵略を念頭に置いて、住民や家畜を守って魚や穀物を安全に貯蔵する必要があった。つまり、教会は宗教活動の場、貯蔵庫、そして要塞として建設されたのである。そのため、教会の建築材料にはルレ川の対岸の山から運び出された石材が使用された。そして、建築に際しては各農家に労力の提供が義務づけられ、約250人の男性達が常時教会建設に携わっていたと考えられている。

要塞としての教会には祭壇側の外壁に銃眼が設けられ、祭壇上の屋根裏から絶えず港の入り口の監視を行っていたという。そして、教会の扉には重い鉄扉が設置され、教会の庭園の周囲には石壁が築き上げられた。

　現在、石壁の外にある貯蔵庫は1790年頃に建築されたものである。もともと、この貯蔵庫は農民から納付された教会税の貯蔵に使用されていた。教会税とは牧師や聖職者の給料であり、教会活動の諸費用もこれで賄われていた。当時、税金の納付とはいっても金銭ではなく、農産物の収穫高や漁獲高、または狩猟高の10分の1を物納していたために大きな貯蔵庫が必要であった。

　それから半世紀ほどが過ぎた1836年、貯蔵庫は教区のものとして農民達も使用できるようになった。収穫の多い年には余剰分を貯蔵して収穫の少ない年に備える、いわば農民達の保険であった。そして、多年にわたる余剰分は教区の貧しい人達に分配されたということである。

　この日の夕方、私はマンダールさんに教えられた通り、ガンメルスター

　　　教会の重い鉄扉　　　　　　石壁の外にある2階建ての貯蔵庫

★8　1319年に王位を継承したが、幼少であったため1332年まで摂政政治が行われた。

ドの教会街からバスに乗ってルレオ中心街にあるホテルへと戻った。途中、このバスは郊外の住宅街やショッピングセンターを通った。バスの運転手によるガイドこそなかったものの、ルレオの日常生活を見るには安いバスツアーであった。

　翌日、再びバスに乗ってガンメルスタードの教会街に向かった。用務員のマグヌソンさんと約束している時間にはまだ少し間があったので、教会の庭園で彼を待つことにした。
　あたりを見回すと、教会の庭園に墓地がないことに気づいた。14世紀に建てられ、17世紀の中頃に新しい町であるルレオにその中心が移されるまで勢力を誇っていたガンメルスタード教会であるから、かなり大きな墓地があっても不思議ではない。しかし、この庭園は墓地を造るにはあまりにも狭すぎる。きっと、どこか別の場所にあるのだろう。
　教会や庭園への門の屋根は、小さな木の板をうろこ状に重ねて並べたスウェーデンの古い教会に共通した屋根造りとなっている。それ以外にも、木製の鐘楼の外壁がこのようなうろこ造りになっているところも多くある。この小さな木の板は、毎年、教会に納める税金の一部として1人当たり何枚かの提出義務があったと聞いたことがある。

うろこ造りの屋根の幾何学模様

　庭園への門の屋根の写真を撮ろうと左右に移動しながらファインダーを覗いていると、突然、この屋根に幾何学模様が浮かび上がってきた。これは、今までまったく気づかなかった大発見である。うろこ状の屋根には、多くの三角形が描かれていたのである。
　午前10時、ちょうど約束の時間に、マグヌソンさんは大小多くの鍵を束ねたキーホルダーを持ってやって来た。彼はその中から重そうな大きな黒

い鍵を選んで、鐘楼のがっしりした鉄の扉を開けた。まるで古い蔵に入るような感じである。

私は、薄暗い鐘楼内部の狭い急な階段をマグヌソンさんの後ろから上っていった。鐘楼の内壁は、モルタルか何かで固めた石壁が露出して、内部の薄暗さと重なって重圧感がある。

私達は鐘楼の最上階に上りついた。マグヌソンさんが四方の木窓に掛かっている閂（かんぬき）を抜いて木窓を開け放つたびに空の青さが湧き上がり、暗かった鐘楼の建物に生気が蘇ってくる。そして、宿泊小屋が所狭しと軒を並べるガンメルスタードの教会街が四方の眼下に広がっていく。自分の足で歩くとかなり広く感じた教会街の小路や袋小路であったが、鐘楼の上から眺めてみると、教会街は周囲の自然に飲み込まれて非常に小さく感じられた。

マグヌソンさんは、「ルレ川のはるか彼方に見える小さな塔はルレオの大聖堂、宿泊小屋の末端あたりが昔の港だったところ、宿泊小屋のすぐ下をルレ川が流れていた」など、四方の窓から見える風景を指差しながら説明をしてくれた。

木窓を開け放つたびに空の青が湧き上がる

教会がある丘は、800年前にはルレ川の河口に浮かぶ小さな島であった。しかし、土地の隆起は15世紀以後だけでも6ｍにも及び、ルレ川の水路も土地の隆起とともに変化することになった。教会のある丘と現在のルレ川に挟まれた土地は上流からの土砂が堆積してできたデルタ地帯であり、18世紀には、農民達が干し草畑として利用していた中洲であったという。

今日、この地区は4,000人が住む住宅地（バスの運転手が私に言ったガンメルスタード）となっており、300年前にここが中洲であったという痕

跡をまったく見ることができないし、教会街のすぐ下を流れていたというルレ川も教会の鐘楼からはるか彼方に見えるにすぎない。

　私はよほどのことがなければ上げてもらえない鐘楼の上で受けたマグヌソンさんの親切なガイドに感謝し、木窓が閉められて1本1本閂(かんぬき)がかけられていくのを寂しくも満足な気持ちで見守った。

　私達は鐘楼の急階段を下りて外に出た。鐘楼を見上げると、鐘楼の木窓は何事もなかったかのように閉まっている。しかし私には、「先ほどまであそこにいたんだ」という実感がそのとき深く湧いてきた。

　私は、マグヌソンさんにガンメルスタード教会の墓地について尋ねた。「墓地は、教会から約1km離れたところにある」とのことであった。時間は十分あるので、昼から墓地に行くことにした。

　このあとすぐ、ツーリストセンターにマンダールさんを訪ねた。昨日の約束で、モデル宿泊小屋の中を案内してもらえることになっていたからである。

　目的のモデル宿泊小屋は教会の横の坂道を少し下った、ツーリストセン

ガンメルスタードの教会街。15世紀には宿泊小屋のすぐ下を流れていたルレ川も、現在では遥か彼方に水路を変えている

ターから歩いても5分とかからないところにあった。この宿泊小屋の入り口は一つであるが、建物に付けられた番号からわかるように中には二つの宿泊部屋があり、2家族がここを使用していた。

　入り口を入ると2m四方ほどの小さな玄関があり、その左右には一家族用の宿泊部屋が一部屋ずつある。現在ではここにも電気は来ているが、内装は昔のままに保存されている。

　右側の部屋は約20m²の大きさがあり、木の床には手織りのマットが敷かれ、2段ベッドや小さな引き出しのついた書き物机や食卓や暖炉があった。2段ベッドの奥行きは2人分くらいあったが、幅はどう見ても大人が横になれるものではない。

　マンダールさんによると、昔のスウェーデン人は今ほど背が高くなかったし、また当時は横になって寝るという習慣がなかったのだという。人々はベッドの上で向かい合うように壁にもたれて座り、足を伸ばして寝ていたのだという。

　なるほど、これなら一つのベッドに2人が足を伸ばして寝られるわけであるが、「外の気温が零下30度以下にもなる真冬ではいくら薪を焚いてもさぞかし寒かっただろう」という質問を投げかけたら、「こんなふうになっているんだ。こうすれば熱は逃げないんだ」と言ってベッドのところに行き、2段ベッドの戸を閉めた。

　玄関の左側にある宿泊部屋もやはり家族用であるが、ここは隣の半分、約10m²くらいの広さでしかない。この部屋の窓には木戸が閉まったままだった。マンダールさんによると、この窓ガラスは古くて鉛を含んでいるので、ガラスが直射日光で色あせないようにいつも閉めたままにしているのだという。

　この部屋にはベッドが一つしかない。3、4人の家族あるいはそれ以上の人数が寝るにはこのベッドは少し狭すぎる。しかし、ベッドをよく見ると箱型ベッドであることがわかった。箱型ベッドは必要に応じて内枠を引き出すことができ、内外枠ともベッドとして利用できるので狭い部屋では

モデル宿泊小屋

小さな引き出しのついた書き物机

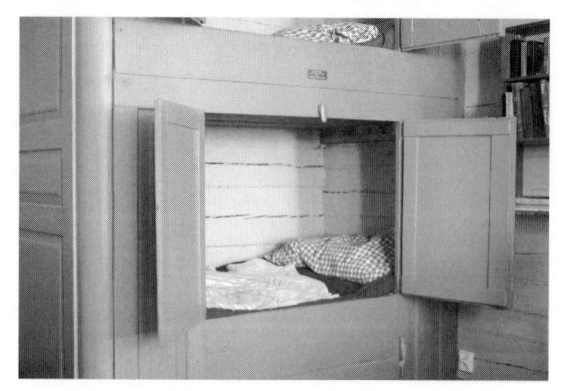

奥行きはあるが幅の狭いベッド

スペースを有効に使えるので都合がよい。

　部屋の床を見てみよう。もちろん木でできており、真冬にはさぞかし足元が寒かったことだろう。部屋には暖炉があるが、見た目には家庭的で暖かそうな暖炉も熱効率はあまりよくない。しかも、宿泊部屋のような太い材木を積み重ねただけの壁では、隙間風が吹き込んで部屋全体が暖かくなることはまずなかっただろう。スウェーデン語で言う、「カラスのために火を燃やす（Man eldar för kråkorna）」ことになりかねない。
★9

　先にも書いたように、宿泊小屋には現在でも上下水道がなく、シャワーやトイレもない。それゆえ現代人には、ここで1泊をすることはできても長期滞在をすることは無理であろう。

　今日のスウェーデンでは集中暖房システムがあり、真冬に屋外気温が零下30度であっても屋内では20度以上あってTシャツ1枚でも寒くはない。都会から遠く離れた一般家庭やアパート群にもボイラー室があって、水道の蛇口を捻るだけで冷水や温水が出てくる。このような便利さのなかった時代に、当時の人々は週に一度だけ体を洗っていたという。その一度とは、教会の礼拝に行くときであった。

　私はマンダールさんの親切な案内に感謝をし、また彼の昼休みの邪魔をしてしまったことを詫びてモデル宿泊小屋を出た。昼食時なので昨日のイギリス人のレストランは混んでいるかもしれないと思いながら行ってみると、今日も客は私一人であった。

　イギリス人の彼は、世界遺産である教会街のすぐ外にある老人ホームの話をし始めた。彼によると、現在の老人ホームが移転することになっており、そこを改造してホテルにしようという案が教会街の集会で討論されることになっていると話してくれた。

　「老人ホームは教会街の外にあるためにユネスコの制約を受けないし、上下水道も通っているからホテルを開業するには絶好の場所である」と、彼

★9　暖炉で木を燃やしても部屋は一向に暖かくならず、煙突付近にいるカラスのために暖気を送っているという意味。

は熱意を込めて話した。

　昼食後、私は教会から東に延びるアスファルトの大通り（大通りと言っても軒を連ねる宿泊小屋に人影はまったくなく、観光客も2、3人がいただけ）を下り、ガンメルスタードが商業の中心地として発展した頃の港に行ってみた。

　現在ここは、北部スウェーデンの古い建物を集めた「ヘグナン（Hägnan）野外ミュージアム」があるだけで、水際にあったはずの港を想像させるものは何も残っていない。あえて挙げるなら小さな小川だが、それも溝と言ったほうがいいかもしれない。この溝も、昔はバルト海から帆船が上ってくる大きな水路であったと聞かされると耳を疑いたくなるほどの大きさだ。

　ただただ、自然や人々の生活を大きく変えた氷河期後の土地の隆起力に感服するばかりである。そして、それは現在も続いているのだ（第11章を参照）。

　私は、マグヌソンさんに教えてもらったガンメルスタードの墓地に行ってみた。教会街には、もちろん高い建物はない。そのため、墓地からは森の上に頭を出している教会の鐘楼をはっきりと見ることができた。

　墓地の中の小道を行き、木の十字架や墓石に刻み込まれた名前の誕生年および死亡年を見て歩くと1600年代のものも数多くあった。スウェーデン最北部の厳しい自然と闘って暮らし、生涯を終えていった人達がここに眠っているのかと思うと感慨もひとしおであった。

　ガンメルスタードには中世時代からの宿泊小屋が非常に数多く保存されているのだが、観光客用の宿泊施設はまったくない。これは以前からの教会の方針であったし、ガンメルスタードの教会街が世界遺産に指定されてからはここにホテルが建設される可能性が完全になくなった。これは、ユネスコによって世界遺産に指定された時点からのさらなる経済活動が禁止されているからである。

　教会が所有する一部の宿泊小屋を、維持費に相当する宿泊費でユースホ

この溝が、かつては帆船での商業航海で重要な役割を果たしていた海路だった

ガンメルスタードの教会墓地

ステルとして開放してはどうかという私の提案に対して、「教会街の宿泊小屋がすべて木造建築であるため観光客の火の不始末が大惨事につながる可能性がある」ことや、「ゴミの始末、建物の傷みを考慮すれば観光客に開放することは不可能である」とマンダールさんは言った。

しかし、イギリス人のレストラン経営者が期待するように、教会街の外にある老人ホームをホテルに改造することは不可能ではなさそうだ。ただし、それが将来可能だとしても、現在のところはルレオかほかの町に宿泊し、バスか自動車でここにやって来る以外に方法はなさそうである。

ガンメルスタードの教会街が観光地として発展するためには、ほとんどの観光客が宿泊するルレオからのバス交通の利便性を高めることが必要だと私には思われた。

ガンメルスタードの港が土地の隆起のために浅くなって使用できなくなり、1649年に町の中心が新しい町であるルレオに移された。では、今日のルレオがどのようなところであるかを最後に簡単に紹介しておこう。

ルレオ港に停泊中の砕氷船

　ルレオは、「ボッテンヴィーケン（Bottenviken）[10]」と呼ばれるバルト海北部にある人口約73,000人（2004年12月31日現在）の港町である。以前は製鉄業と商業の町であったルレオに、1971年、工科大学が設置され、現在は教職員1,500人、学生数11,000人を数え、将来は学園都市として大きく羽ばたこうとしている。

　私のガンメルスタードの教会街への旅は終わった。ウプサラへ帰る夜行バスの出発まではまだ時間があったので、私は快晴のルレオの町を歩いてルレオ港へと出た。
　4月下旬とは言っても海にはまだ厚い氷が張っており、氷上釣りをする人達も何人か見かけられた。岸壁からは遠くに停泊する砕氷船が見え、サンタンオイルが必要かとも思えるほど陽差しは強かったが、海をわたる風はまだまだ「春遠し」を感じさせた。

★10　「botten」は底、「vik」は湾という意味。

ラポニア (Laponia)

第13章

ユネスコによる登録基準　複合遺産

- （ⅲ）現存する、あるいはすでに消滅した文化的伝統や文明に関する独特な、あるいは稀な証拠を示していること。
- （ⅴ）ある文化（または複数の文化）を特徴づけるような人類の伝統的集落や土地・海洋利用、あるいは人類と環境の相互作用を示す優れた例であること。特に抗しきれない歴史の流れによってその存続が危うくなっている場合。
- （ⅶ）類例を見ない自然美および美的要素をもつ優れた自然現象、あついは地域を含むこと。
- （ⅷ）生命進化の記録、地形形成において進行しつつある重要な地学的過程、あるいは重要な地質学的、自然地理学的特徴を含む、地球の歴史の主要な段階を代表とする顕著な例であること。
- （ⅸ）陸上、淡水域、沿岸および海洋の生態系、動植物群集の進化や発展において、進行しつつある重要な生態学的・生物学的過程を代表する顕著な例であること。

登録年度　1996年

世界遺産委員会による登録理由　自然：この地域は、地球が特に地学的にどのように変化を遂げてきたか、また生態学的、生物学的変化が今日どのように起こっているかを示す顕著な例である。また、この地域には、生物の多様性を保護するために重要な自然と素晴らしい自然美のたぐいまれな自然現象がある。

　文化：有史以前からサーメ人達が住むスウェーデン北部のラップランド地方のこの世界遺産は、スカンジナビア北部における遊牧民地域の最たる保存例である。世界遺産は集落やトナカイの大群の放牧地を含んでいる。かつてそれらは、ごくありふれた習慣であり、人類の経済的、社会的発展の初期段階にまで遡るものである。

ヨックモックの冬市をトナカイのソリで行くサーメ人家族

毎年2月の第1週の木、金、土曜日に、スウェーデン最北の地であるラップランド地方のヨックモック・コミューン（Jokkmokk kommun）でサーメ人達の冬市が開催されている。2004年は「400年記念市」ということもあり、是非ここを訪れてみたいと思った。そして、すっかり秋色の景色となった10月にヨックモックのホテルを予約しようと電話をしたところ、この冬市の週は3年も前から（！）すでに予約で満員だという返事が返ってきた。

　半ば諦めかけていたとき、ユースホステル協会の会員誌が届いた。するとそこには、「ストックホルム発7泊8日のヨックモックへのバスツアー案内」が載っていた！　渡りに舟とはまさにこのことで、早速ユースホステル協会に電話をしてこのバスツアーを予約した。

　今回の旅行の最終目的地は世界遺産となったラポニアのヨックモックでの400年記念冬市であるが、その前にヨックモックに1泊したあとさらに北上して、アイスホテル（雪と氷で造ったホテル）やスウェーデンの有名な彫刻家ブルール・ヨート（Bror Hjort）の彫刻画が祭壇に飾られた教会のあるユッカスヤルヴィ（Jukkasjärvi）へのツアーも組み込まれていた。ただし、このツアーでは、冬市の期間中はヨックモックのユースホステルが取れないため、そこから130kmも離れたクヴィックヨック（Kvikkjokk）のユースホステルに泊まり、翌朝、ツアーバスでヨックモックに行く行程となっていた。

1月30日（日）

　午前4時起床。朝食後、まだ真っ暗闇の中をウプサラでの集合場所であるヨーロッパ道路4号線（E4）沿いのガソリンスタンドに行く。私のアパートからは徒歩でわずか10分の距離であるが、写真撮影用の大型の三脚をリュックに放り込んでいるため、肩にリュックが食い込んでくる。

　集合時間は午前6時で、出発時間は6時15分ということになっている。トランク室にリュックを放り込んでバスに乗り込んだ。今回の参加者であ

る30人の多くは、すでに定年退職をして悠々自適の生活を楽しんでいる高齢者で、ほとんどの人がアジア、アフリカ、南北アメリカやオーストラリアへの旅行経験をもつという「旅行慣れ」をした人達であった。

　私達を乗せたバスはE4を北上し、イエヴレ、スンズヴァルを通り、世界遺産であるハイ・コーストの入り口にあるヘーガクステン橋のたもとにあるレストランで昼食となった。この橋は、昨年秋にハイ・コーストに行った際にも通ったが、秋とは異なり、橋の下を緩やかに流れるオンゲルマンエルヴェン川は氷に覆われていた。

ヘーガクステン橋と氷に覆われたオンゲルマンエルヴェン川

　昼食後、さらにE4を北上する。午後3時半、夕闇が迫る中を大学町であるウメオ（Umeå）を通過し、シェレフテオ（Skellefteå）からは国道95号線を北西へと向かう。そして午後7時、アルヴィズヤウル（Arvidsjaur）のホテルのレストランで夕食となった。たまたま同じレストランに居合わせたドイツ人達が自動車と氷の話ばかりをしていた。どうやら、彼らはアウディかBMWの従業員らしい。最近、この付近では自動車やスパイクタイヤの極寒下での性能テストが行われており、地域は冬期の自動車産業地として発展しつつある。

　夕食後、バスは国道45号線に入って暗闇の雪道を北上する。そして、ウプサラから986 km、17時間のバス旅行の末、この日の宿泊地であるヨックモックのユースホステルに午後11時に到着した。

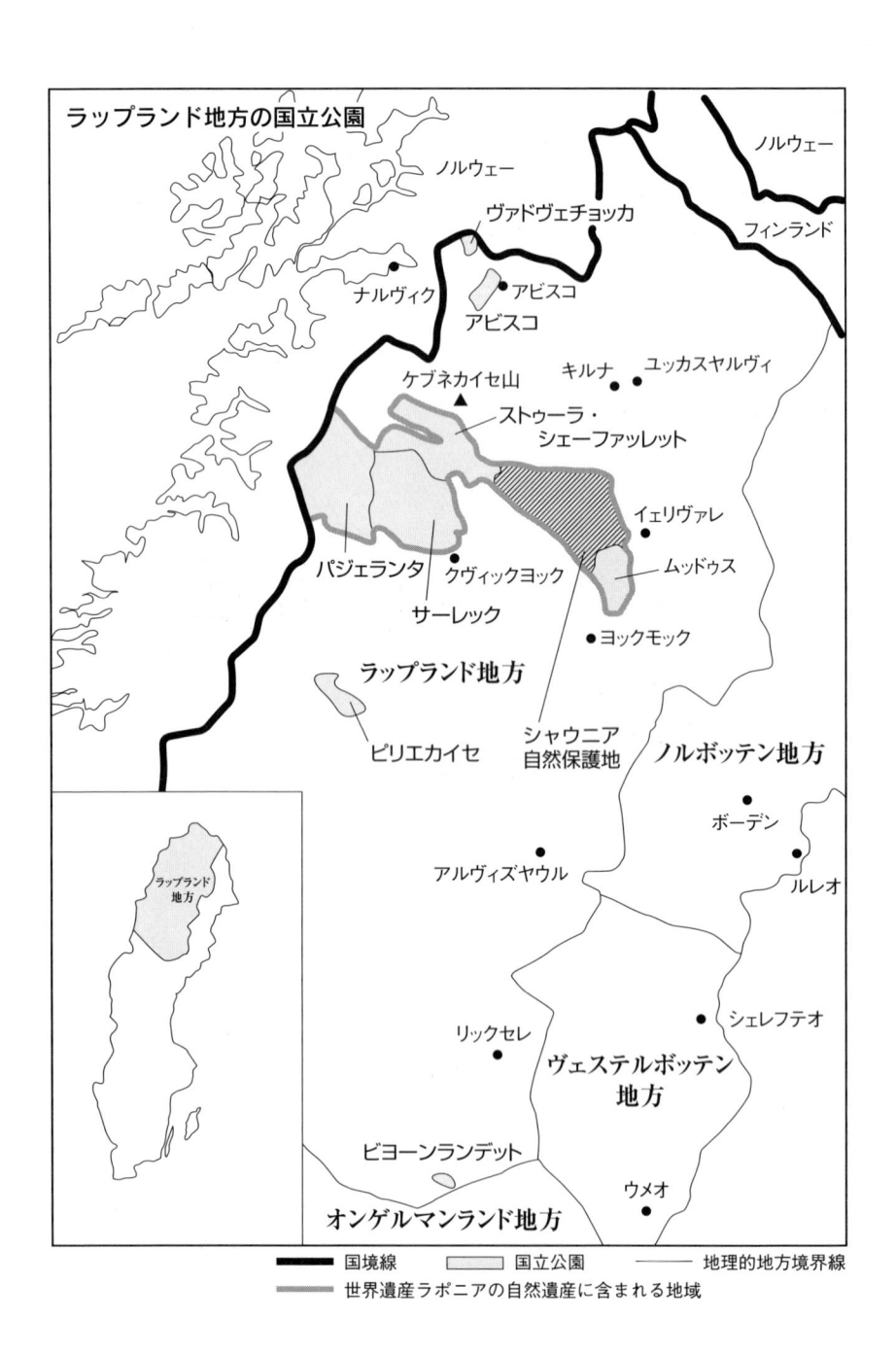

ラップランド地方の国立公園

- ノルウェー
- ヴァドヴェチョッカ
- ナルヴィク
- アビスコ
- アビスコ
- フィンランド
- ケブネカイセ山
- ストゥーラ・シェーファッレット
- キルナ
- ユッカスヤルヴィ
- パジェランタ
- クヴィックヨック
- イェリヴァレ
- サーレック
- ムッドゥス
- ヨックモック
- ピリエカイセ
- シャウニア自然保護地
- ラップランド地方
- ノルボッテン地方
- ボーデン
- アルヴィズヤウル
- ルレオ
- リックセレ
- シェレフテオ
- ヴェステルボッテン地方
- ビヨーンランデット
- ウメオ
- オンゲルマンランド地方

――― 国境線　　　 国立公園　　　―――地理的地方境界線
世界遺産ラポニアの自然遺産に含まれる地域

コラム　ラップランド地方 (Lappland) の国立公園

　西はノルウェー、北東はフィンランドと国境を接するスウェーデン最北の地域は、ラップ人（昔、サーメ人を「ラップ人」と呼んでいた）達の土地を意味する「ラップランド」と呼ばれている。ラップランドはスウェーデンの全面積の4分の1以上を占め、主として山岳地帯には、サーレック (Sarek)、パジェランタ (Padjelanta)、ピリエカイセ (Pieljekaise)、ヴァドヴェチョッカ (Vadvetjåkka)、アビスコ (Abisko)、ストゥーラ・シェーファッレット (Stora Sjöfallet)、ムッドゥス (Muddus)、ビヨーンランデット (Björnlandet) の八つの国立公園があり、ヨーロッパに残された最後の自然とも言われている。また、サーレック国立公園の北にはスウェーデンの最高峰ケブネカイセ山 (Kebnekaise、海抜2,111 m) がある。(左ページの地図参照)

　世界遺産ラポニアは、サーレック ($1,970\ km^2$)、パジェランタ ($1,984\ km^2$)、ストゥーラ・シェーファッレット ($1,278\ km^2$)、ムッドゥス ($493\ km^2$) の山岳国立公園群とシャウニア自然保護地 (Sjaunja naturreservat, $2,850\ km^2$) からなる自然遺産と、ヨックモックを中心として上記の国立公園群を含む範囲でトナカイの遊牧生活を行っているサーメ人達の文化と伝統の文化遺産を組み合わせた数少ない複合遺産である。

　私は、あまり団体行動を好まない。したがって、これまでバスツアーをすることなど考えたこともなかったが、暗闇のアイスバーンを1,000 kmも自分で運転するのは精神的にも辛いので、今回はバスでここまでやって来ることにした。

　ヨックモックのユースホステルで1人のスウェーデン人男性がこの旅行に合流し、その彼と相部屋となった。彼の名はフランク (Frank) と言った。父親はスウェーデン人、母親がフランス人で、本当は「フランソワ」というフランス名らしいが、小さい頃によく学校で茶化されたために「フランク」に改名したのだ、と言っていた。すでに定年退職をしているが、以前は高校で英語とフランス語の教員をしていたという。

フランクに関して、ただ一つ迷惑なことがあった。大きなイビキである。寝つきの悪い私は、他人がイビキをかきだすと、それが気になってますます寝付けなくなる。あーあ、これから1週間寝不足の日が続くのか……アンラッキーなこときわまりない。

1月31日（月）

　朝食後、ヨックモックのユースホステルを後にし、バスでユッカスヤルヴィへと向かった。途中、広大な「ドゥンドレット（Dundret）スキー場」のあるイェリヴァレ（Gällivare）や鉄鉱石の町マルムベリエット（Malmberget）を通ってユッカスヤルヴィへと入る。ここには、1990年にオープンしたアイスホテルがあり、毎年約45,000人の観光客がやって来るという。
　私はこのホテルのレセプションに行き、知り合いであるアーネ・ベリー（Arne Berg）さんに会いたいと伝えた。
　アーネは以前ウプサラに住んでいた彫刻家で、かつては木や石を相手に仕事をしていたが、現在はユッカスヤルヴィに住居を移して、このアイスホテルの共同経営者であると同時にホテルのアートディレクターをしている。各室の間取りや趣向が異なっている客室の設計をはじめ、氷で造られたアイスバーやアイスチャーチ、アイスシアター、そして客室に備えられた氷の彫刻の制作を監督し、自らもその制作に携わっている人物である。
　レセプションの女性は彼に電話をし、その電話を私にわたしてくれた。
「やあ、アーネ、元気ですか。ウプサラの日本人のミキオです。今、アイスホテルに来てるんです。時間があったら、アイスホテルの舞台裏を案内してもらえれると嬉しいんですが……」
「せっかく来てくれたのに残念だけど、今回はちょっと無理だよ。今、ミラノにいるんだ」
「イタリアのミラノ？」
「そう、アイスホテルはミラノにもアイスバーを出していて、今そのチェックに来てるんだ」

アイスホテルの教会では、氷柱にトナカイの毛皮を敷いた椅子に座ってガイドの説明を聞く

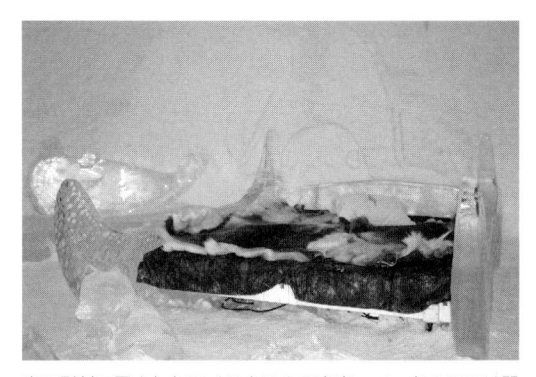

氷の彫刻に囲まれたアイスホテルの客室。ベッドの下には間接照明があり、部屋の中を薄明るく照らしている

アイスバーでは飲み物も氷のグラスに入れて出される

第13章　ラポニア

アイスホテルではガイドが観光客に説明をしてくれてはいるが、さすがにその舞台裏は見せてくれない。本当はそれを見たかったのだが、アーネがイタリアにいるのでは仕方がないので、私達はガイドについてアイスチャーチに行って説明を受けた。
　教会は直径10ｍの円形のドーム型で、教会の祭壇ももちろん氷でできている。祭壇の後ろには間接照明で照らされた氷のステンドグラスがあり、そのステンドグラスには氷の十字架が彫り込まれている。
　教会の中では間接照明が氷を通して青白い柔らかな光を投げかけており、零下５度の爽やかな空気とゆっくりとしたテンポのクラシック音楽が気分を落ち着かせてくれる。祭壇の前には、氷でつくられた洗礼台がある。氷水で洗礼を受ける乳児にとっては、急に冷たい水が額につけられるのでさぞかしびっくりすることだろう。
　この教会は結婚式を挙げることも可能で、その費用は5,300クローナ（約９万円）だとか。しかし、遠路はるばるユッカスヤルヴィまでやって来る出席者の宿泊代は決して安くはない。トナカイの皮を敷いた氷のベッドの上で寝袋に入って寝るのだが、森の中でテントを張って寝るのがタダであることを考えると、ここのアイデア料と新体験料が１泊2,470クローナ（約42,000円）というのは正直言って高すぎる。それでも、昨年は約15,000人の宿泊客があり、国別ではイギリス人が最も多く、ドイツ人がそれに続いているという。
　アイスホテルの従業員数は冬の観光シーズンには180人にも及ぶが、完全雇用されているのは40人で、残りはパートタイムか季節労働者である。ラップランドはほかの地方に比べて失業率が高く、そのため、アイスホテルはこの地区での重要な職場となっているようだ。

　アイスホテルから歩いてすぐのところに、彫刻家のブルール・ヨートがつくった彫刻画が祭壇の壁に飾られたユッカスヤルヴィ教会がある。
　かつて、私がまだウプサラ大学の学生であった頃、一度この教会を訪れ

たことがある。彫刻画は3部作で、キリストの彫刻画が真ん中にあり、向かって左側には、スウェーデン北部でキリスト教の布教に大きな影響を与えたレスタディウス（Laestadius）神父がサーメ人や開拓者達に飲酒、盗み、不貞を戒める説教を行っている彫刻画が、そして右側には、信心した人達が明るく暮らす様子の彫刻画が飾られている。

ユッカスヤルヴィ教会の祭壇の壁に飾られた彫刻画

　アイスホテルに1泊する4人を除き、私達はこの日の宿泊地であるキルナ（Kiruna）のユースホステルへと向かった。キルナは、人口23,000人の鉄鉱石の街である。ここで採掘された鉄鉱石は、鉄道を利用して不凍港であるノルウェーのナルヴィク（Narvik）港から海外へと輸出されている。

　1899年に採掘が始まったキルナの鉱山は、初期は露天掘りであったが、現在は地下で採掘が行われている。最近、キルナの市街地の真下にもかなりの鉱脈があることが調査によって明らかになったが、採掘をすれば街全体が陥没する恐れがあるために街の移転が検討されているようだ。

2月1日(火)

　キルナ教会は、午前11時にならないと扉が開かない。しかし、バスツアーの添乗員が教会の用務員に電話をして、特別に午前9時に門を開けてくれることになった。

1912年に建てられたこの教会はサーメ人の住居を模して造られたものであり、祭壇には、画家としても有名であったユーヘン皇太子（1865～1947）ら3人の画家による大きな祭壇画が飾られている。天井を見上げると、鉄と木を組み合わせた梁と束柱で吹き抜けになっていて、その高さに圧倒された。これは、以前に飛騨高山のどこかで見た建築様式に似ている……そうだ、日下部民藝館で見た天井の造りだ。

ユーヘン皇太子らによって描かれたキルナ教会の祭壇画

鉄と木を組み合わせた梁と束柱で吹き抜けになっている天井

　私達を乗せたバスは、アイスホテルに1泊した4人を乗せてヨックモックへと向かった。アイスホテル組は、バスの中で私達から「寒くなかった？」「怖くなかった？」「寝心地は？」「どのような音がした？」「夕食にはどのような料理があった？」など、質問攻めとなった。そんな中、私はアイスホテルでも氷でできているはずがない場所に関して質問をした。それはトイレである。まさか、氷の便座に座るわけにもいかないだろうし、水洗便所ならぬ氷洗便所は無理だろうし……と思っての質問である。
　幸い、ホテルの廊下には暖房の利いた水洗トイレがあったということである。トイレ周辺の熱遮断がどうなっているのかは聞き逃したが、まさか融けた氷水が天井からポタポタと落ちてくるということもないだろう……。かつて、日本人観光客が泊まった際、寝袋だけではあまりにも寒いので一晩中トイレに入っていた人がいたという、嘘のような本当の話も聞かされた。

ヨックモックのユースホステルに着き、昼食は骨付きの大きなトナカイの肉のスープであった。このような大きなトナカイの肉を口にするのは久しぶりだ。トナカイの肉は少し臭いがあるため、初めて口にする人には少し違和感があるかもしれない。

　昔、アビスコの自然科学研究所で用務員のアルバイトをしていたとき、トーネトゥレスク湖（Torneträsk）の対岸にあるサーメ人村に無線で天気予報を流していた。秋になると、サーメ人達は山や谷を走り回り、山岳地帯に散らばっているトナカイを追い集めて群れを森林地帯へと移動させる。そして、森林地帯のサーメ村に造られた囲いの中にトナカイを追い込み、ここで屠殺やオスの去勢をするわけである。去勢されたトナカイは脂が乗り、冬の食料として重宝がられている。天気予報で協力をしたお礼ではないだろうが、私はこのサーメ村に招待され、様々なトナカイ料理をご馳走になったことがある。

　ヨックモックは、北極圏内にある人口5,600人のコミューンで、そのうちトナカイの遊牧で生計を立てているサーメ人家族が750人いる。小コミューンとはいっても、面積的には17,735 km^2 もある。コミューン内に大きな山岳・森林国立公園群や自然保護地群があるためだが、人口密度は 1 km^2 当たりわずか 0.3人と、東京23区部の13,330人や大阪市の11,875人と比べるととても想像がつかない数字である。

　ヨックモックの冬市は1605年に始まり、先にも述べたように、私が訪れた2005年はその400年記念にあたる。そのため、例年なら3日間だけ開催されている冬市を6日間に延長し、最初の3日間は、1600年代に冬市が開かれていた由緒ある場所にサーメ人だけが屋台を出すことができる「中世

★1　日下部家は、天領時代幕府の御用商人として栄えた商家で、嘉永5年（1852）には役所の御用金を用立てする掛屋を務め、のちに両替屋を営んだ。当時の邸宅は明治8年（1875）の大火で類焼し、現在の建物は、その4年後の明治12年（1879）に完成したもの。岐阜県高山市大新町1-52　TEL：(0577)32-0072。

コラム　トナカイ（学名：Rangifer tarandus）

　トナカイは雌雄ともに角がある唯一の鹿である。雄は雌よりも体が大きく、大きなものでは150kgに達する。現在、スウェーデンにいるトナカイはすべてが遊牧飼育されており（2000年現在221,000頭）、野生のトナカイは1880年頃に絶滅した。

　トナカイ遊牧権は、サーメ人がトナカイの遊牧生活およびサーメ文化を維持するための絶対条件であり、法律によりサーメ人だけに保障された権利である。

　この法律では、トナカイ遊牧地帯での土地利用、狩猟、漁業の権利および遊牧に必要な山小屋や監視小屋の建設権利、燃料や山小屋建設、手工芸品制作に必要な木材の伐採が認められている。また、国立公園内においてもサーメ人にはヘラジカ（北米では「ムース」と呼ぶ）の狩猟や湖沼河川での漁業権がある。一般のスウェーデン人には国立公園内でのヘラジカ猟は禁止されており、漁も遊歩道から1kmの範囲においてのみ許可されているため、その不公平さに不満をもつスウェーデン人も（サーメ人もスウェーデン人）少なくない。ちなみに、トナカイ遊牧に利用されている面積はスウェーデンの全面積の約半分に相当する。

　ところで、トナカイには不思議な習性がある。それは、秋の屠殺時に大きな屠殺用の囲いに追い込んだときに見られる光景で、トナカイ達は必ず時計と反対回りに走り出すことである。なぜ、このように走るかは謎となっている。

トナカイの秋の屠殺。「ラッソー（lasso）」と呼ばれる投げ縄をトナカイの角に引っ掛けて捕らえる

冬市（Medeltids vintermarknad）」ということになっていた。

　そして、この中世冬市は翌日までであり、しかも翌日はツーリストバスが1日中クヴィックヨックに駐車されることになっているため、私は日が暮れるまでにこの中世冬市を満喫して写真を撮っておくことにした。スープのお代わりを食べたいのはやまやまであったが、午後の3時すぎには薄暗くなることを考えて、中世冬市が開かれているタルヴァティス（Talvatis）湖畔へと急ぐことにした。

　雪に覆われた松林の小道の両側には、サーメ人が山岳地帯と森林地帯の移動時に使用する大きなテントや屋台が並び、あちこちのテントから焚き火の煙が上がっていた。

　私には、この煙幕と煙の臭いが中世サーメ人社会へと導いてくれるタイムマシーンのように思えた。そうか、1600年代からこんなふうにして冬市が開かれてきたのだ。抑圧され、ときには虫けら同様に扱われてきたサーメ人の歴史を本で読んでいた私は、感傷的な先入観をもってこの冬市にやって来た。

　しかし、ここには暗さや哀しさは見られなかった。それは、ここを訪れる観光客のカラフルな服装によるものかもしれないし、例年なら零下30度の寒さが今年は暖冬で日中は零下2〜3度であるということもその理由かもしれない。

　屋台の間をゆっくりと見て歩く。ここそこに、民族衣装を着たサーメ人を見かける。暖冬とはいっても冬であり、日が傾くと急に温度が下がるためにトナカイやクマやオオカミの毛皮でつくった防寒着を着ている人が多い。そして、毛皮製品を台に並べたり軒に吊るしたりして、それらを売っている屋台が非常に多い。ほとんどがトナカイの毛皮であるが、狩猟の成果であろう、クマやキツネ、ウサギやリスの毛皮もある。手編みのミトンや手袋、靴下、ニット帽、トナカイのなめし皮でつくったハンドバッグやトナカイの角で柄や鞘をつくったナイフなどの手工芸品、そしてトナカイのヒレ肉や心臓の燻製、ソーセージといった肉製品を売っている屋台もある。

中世冬市の開かれているタルヴァティス湖畔の松林

木製のスキーやヘラジカの角も屋台の店頭に並ぶ

トナカイの燻製肉や燻製マスの入ったグルメセットを売るサーメ人学校の女生徒達

トナカイタクシーの乗り場

中世冬市ということで近代的な製品の販売が禁止されており、プラスチック製品を一度も目にすることがなかったことになぜか安堵感を覚えた。

　日が暮れ始め、私は明日1日をどのように過ごそうかと考えていた。バスツアーの予定では、ヨックモックからは130 km離れた宿泊地のクヴィックヨックからは動かないことになっている。ツアー参加者が、1日、スキーや徒歩での散策をのんびりとできるようにということであった。
　しかし、明日の午後6時には国王や女王を迎えての400年記念冬市の開会式典があり、私は是非それを見たいと思っていた。とはいえ、クヴィックヨックとヨックモックの間には1日1往復のスクールバスがあるだけである。朝5時半に出るスクールバスに乗れば8時前にはヨックモックには着くが、帰りのバスはヨックモックを午後3時半に出るために、中世冬市の最終日や講演、映画会、スライドショーなどには行けても開会式を見ることができない。
　私は、どうしたものかと考えながらヨックモックの街を駐車場に向かって歩いていた。すると突然、前から来た一人の女性が「やあ、ロレンツォ！」と言って私に向かって手を振ってきた。どうやら、知り合いのロレンツォだと思って声をかけてきたらしい。
　間近まで来たとき、顔や耳を覆っていた帽子を脱いで、私は「ミキオという名の日本人で、ヨックモックの冬市にバスツアーで来た観光客です」と彼女に言った。そして、「明日は開会式典があるが、私達のバスはクヴィックヨックから動かず、スクールバスでヨックモックに来ても開会式典が始まるまでに帰りのバスに乗らなければならないので困っている」と彼女に話した。
　すると彼女は、躊躇することなく次のように言ってくれた。
　「明日の晩、私の家に泊まりに来ればいいわ。明後日には息子が帰ってくるけど、明日の晩なら息子の部屋が空いているから……」
　「えっ？　それは本当ですか？」

「ええ、本当よ。それに今、ドイツ人の若いカップルも暖房室に泊めてあげているの……」

彼女はモナ・リンドベリー（Mona Lindberg）さんといい、私の手帳に住所と電話番号を書いてくれた。半信半疑ながら彼女の親切に感謝をし、明日の昼に一度彼女の家を訪問することを約束して、ツアーバスが待つユースホステルへと急いだ。

それにしても、このようなことがあり得るのか？　彼女と話をしたのは10分もない。見ず知らずの私を家に泊めてくれるとは、常識では考えられない話である。

私はスウェーデンに来てから30年以上になるので、「スウェーデン人」の考え方は理解しているつもりである。親しい友人には親切で開放的であるが、見ず知らずの人間に対してはまったく無関心であり、特に街中のアパートなどでは、長く住んでいても隣人との近所付き合いがまったくない人も多い。この話をツアーバスの中でしたが、周りに座っていたスウェーデン人達が驚いたことは言うまでもない。

2月2日（水）

午前4時半起床。まだ暗闇の中を、5時半発のスクールバスでヨックモックへと向かう。クヴィックヨックには家が17軒しかなく、しかもその大部分が老人家庭ということで、スクールバスとは言っても乗る生徒は皆無である。バスは近隣の集落を回って、1人、2人と生徒達を乗せていく。

雪道を調子よく走るバスではあるが、トナカイが道路上にいるために至る所でスピードを落とさなければならない。バスのライトに照らされてトナカイ達が雪道を逃げていく。道路わきに除雪された1mほどの高さの雪の土手を飛び越えて松林に逃げ込むトナカイもおれば、雪道を何百メートルも走り続けるトナカイもいる。

8時前にヨックモックに着く頃には、スクールバスには約20人の小中学

雪道を走って逃げるトナカイ

　生が乗っていた。
　朝食後、山岳・サーメ博物館「アイテ（Ájtte）」に行く。アイテは山岳地帯の自然、サーメ人の歴史、生活習慣や文化を展示する博物館で、冬市の期間中は、サーメ人の歴史や文化に関する多くの講演会やドキュメンタリー映画の上映、そしてサーメ人の手工芸品の展示会を開催している。
　アイテ博物館では「トロル・トゥルンマ（Troll trumma）」[★2]という太鼓に惹かれた。この太鼓には、トナカイのなめし皮にハンノキ（学名：**Alnus glutinosa**）の樹皮から採れる赤色を塗料として使ってサーメ人の自然崇拝の神々が描かれている。シャーマンが脱霊（エクスタシー）状態で神や死者の霊と接触し、主として他の遊牧地域の有様、狩猟や漁における運・不運、健康や病気および病気治療、どの神に祈りを捧げてお供えをするべきかを預言するために使用されていた。しかし、サーメ人のキリスト教化を図るためにトロル・トゥルンマの使用は1700年代に禁止され、没収、焼却され、所有者には重罪が科せられた。
　とはいえ、1800年代までは秘密裏に使用されていたらしい。現在、トロル・トゥルンマは世界の博物館に約70個保存されているにすぎないという。

★2　「Troll（トロル）」は妖怪、魔術、「Trumma（トゥルンマ）」は太鼓という意味。

アイテ博物館を出て、中世冬市をもうひと巡りしたあとにタルヴァティス湖に行った。冬のタルヴァティス湖は、氷の厚さが1m以上にもなる。氷と雪で覆われた氷の上を犬ぞりが走っている。

もともと、犬ぞりはサーメ人の乗り物ではない。サーメ人が雪の上を移動するときはトナカイにそりを引かせているので、ここで見られる犬ぞりは観光用のものである。

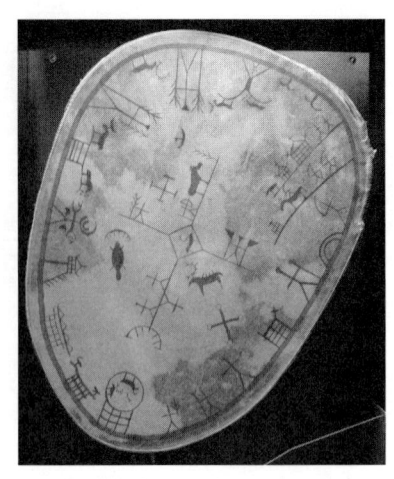

アイテ博物館にあるトロル・トゥルンマ

私が写真を撮っていると、「よかったら乗れよ！」と御者が声をかけてくれたので、私も乗せてもらうことにした。横から見ているとスムーズに走っている犬ぞりであるが、実際に乗ってみるとガタガタと上下の動きが激しく、決して乗り心地のよいものではない。

観光客を乗せた犬ぞり

私は、ヨックモックに住む自然写真家エドヴィン・ニルソン（1928〜）氏を自宅に訪ねた。自然に興味をもつ人なら、スウェーデンで彼の名を知

らない人はまずいない。現在は定年退職をしているが、長年にわたってサーレック山岳国立公園のパークレンジャーを務め、写真や本を通してサーレック山岳国立公園を海外にも紹介してきた人である。この国立公園の自然撮影に関しては、彼の右に出る者はいない。

彼は旅行者である私を温かく迎えてくれ、楽しくも悲しい四大肉食動物、つまりオオカミ（学名 Canis lupus）、オオヤマネコ（学名 Lynx lynx）、クズリ（学名 Gulo gulo）、ヒグマ（学名 Arsus arctos）についての話で有意義なひとときを過ごすことができた。

楽しかったのは、多くの経験をもつ彼の話を直接聞くことができたからであり、悲しいのはサーレック国立公園をはじめとするトナカイ遊牧地域でオオカミが定住できる可能性がまったくないことを聞かされたからである。というのは、短期間に何十頭ものトナカイを殺すオオカミをスノーモービルに乗った密猟者が追跡し、雪に残された血痕だけを残してオオカミの足跡は消え去ってしまうからだ。

オオカミの猟には県庁と自然保護局の許可が必要であるが、よほどのことがない限り許可が下りないために、足跡をつけやすい冬に密猟で殺されることが多い。私は有意義な話を聞かせてもらったことに感謝をし、握手をして彼の家を出た。サーレック国立公園でオオカミやクズリやオオヤマネコを観察し、カメラのシャッターを押し続けてきた彼の手と握手ができたことで私は大満足であった。

このあとすぐ、私は今晩泊めてくれることになっているモナさんとスティーグ（Stig）さん夫妻の家を訪ねた。そして、400年記念冬市の開会式典の終了後に戻ってくることを夫妻に告げ、午後6時から式典が開かれるタルヴァティス湖へと向かった。このとき、ま

私を泊めてくれたモナさん、スティーグさん夫妻

だ4時半であったが、少し早めに行けばよい席が取れるだろうと思って行ったのだが、座席に座れるのは招待客に限られていることがわかってがっかりした。

　開会式場の舞台は、背景をサーメ人社会のシンボルであるトナカイの毛皮が覆い尽くしている。招待者用の座席は、アイスホテルの教会同様、氷柱の上にトナカイの毛皮を敷いたものである。招待者席の外側にはマスメディア用の場所が設けられ、ヨックモックの住民や観光客はさらにその外側に設置された柵の外の「外野席」に立つことになった。この式典には国王カール16世グスタフとシルヴィア女王が出席されるので、安全対策上仕方がない。

　午後6時、国王と女王が入場される。開会式典では、まず国王が舞台前面に沿ってつくられた氷壁の穴に満たされた灯油に点火をする。今まで暗闇であった舞台に明かりが灯った。開会式典はサーメ人の民族音楽である「ヨイク（Joik）」で始まり[★3]、民族の歴史を短くまとめた無声ドラマやオオカミやクマと戦うトナカイのダンスなど、サーメ色を生かしたプログラムが組まれていた。

　国王による400年記念冬市の開会の挨拶があり、周囲からは国王の庶民

開会式典で挨拶をする国王カール16世グスタフ

的な表現での開会宣言に好感を示す声が聞こえてきた。シルヴィア女王にはスウェーデン全土から集められた県の石★4のネックレスがプレゼントされ、国王にはサーメ人と火をテーマにした新刊本と輪状のヨックモック・ソーセージ★5が贈られた。

「ヨックモックのソーセージをどうもありがとう。このソーセージは、女王が貰ったネックレスのように私は首に掛けずに、必ず胃袋に収めさせてもらいます」

国王の感謝の言葉に参加者から大爆笑が起こったが、このとき、国王がニヤッとされたように思えた。

開会式典が終わり、私はモナさんとスティーグさんの家に戻った。出されたワインを飲みながら、夜中まで冬市のことやヨックモックでの生活などについて話をした。彼らは、サーメ人ではなく普通のスウェーデン人であった。

2月3日（木）

朝食後、私は夫妻の親切に感謝をし、アイテ博物館へと向かった。ここで上映される『八季節の人々★6（De åtta årstidernas folk）』を観るためである。この映画は、3人のカメラマン（1人は女性）が3年間にわたってサーメ人の遊牧生活を追いかけて製作したドキュメンタリー映画である。山岳地帯の険しい大自然の中で何世紀にもわたって繰り返されてきたドラマが、トナカイの遊牧に生きる老人の語りで感動的にとらえられていた。

私はこの日の晩、クヴィックヨックへと戻るツアーバスの中で、「この映画は絶対に見逃せない映画だ」とツアー参加者達にすすめた。

★3　1600年代に始まったサーメ人のキリスト教化により、ヨイクは悪魔の歌であるとして歌うことは長期にわたって禁止されていた。
★4　スウェーデンでは、県の花や県の鳥のほかに、県の石や県のキノコが制定されている。
★5　ヨックモック・ソーセージは、スウェーデンの品評会で過去数年連続で優勝している。
★6　サーメ人達は1年を四季節ではなく、トナカイの遊牧での出来事を基に8季節に分けている。そのため、彼らは「8季節の人々」とも呼ばれている。

タルヴァティス湖畔での中世冬市も昨日で終わり、今日から土曜日までは町の中心街（とはいっても数区画）での冬市となる。私は冬市の屋台を見ながら、今日行われるトナカイキャラバンの巡行地図をもらうためにツーリストインフォメーションに行った。
　今日、冬に移動する際には車やスノーモービルが使用されるためにトナカイのキャラバンは見られなくなってしまったが、機械類が遊牧生活に取り入れられる以前はこの移動方法しかなかったという。キャラバンでは、生活必需品や小さな子ども達をそりに乗せてトナカイに引かせ、トナカイの群れとともに家族で移動していた（本章の扉写真を参照）。[★7]
　キャラバンがやって来た。先導しているのは家長である。ほとんどのトナカイは茶色であるが、キャラバンを行くトナカイはすべてが白色であった。これは、「神馬」ならぬ「神トナカイ」ということかもしれない。
　私は冬市の中を行くキャラバンに1時間以上ついて歩き、写真を撮りまくった。キャラバンは街角で何度か小休止をし、そのたびに、民族衣装に身を包んだ家族らがテレビやラジオのインタビューを受けていた。最後尾を行く若い女性と顔見知りになった私は、旅行者がまず最初に考えるごく当り前の質問をした。
　「あなたの家族はトナカイを何頭飼ってるんですか？」
　彼女は私の質問には答えず、「私の家族が銀行口座にいくらの預金があるということ？」と切り返してきた。
　そうか、サーメ人家族にとってはトナカイが全財産ということなのか。
　そして、今度は彼女が「どこから来たの？」と尋ねてきた。

流暢な日本語を話すアンネ・クームネンさん

「日本から」と答えると、まったく考えられないことが起こった。彼女が、何と日本語で話し出したのである！

スウェーデン最北端のラップランド地方でトナカイの遊牧生活をしている若いサーメ人女性が日本語を話す……信じられないような話である。彼女はアンネ・クームネン（Anne Kuhmunen）さんといい、「高校時代に宇都宮の日本人家庭に1年間ホームステイをし、高校に通っていた」と流暢な日本語で話した。

キャラバンが終了し、私はタルヴァティス湖上で行われているトナカイレースを見物に行った。湖の氷雪上には1周300m程度のレース場が造られていて、トナカイの後ろに付けたそりにジョッキーが座り、勝者は次のレースへと進むという勝ち抜き戦である。スタートと同時に猛烈にダッシュをするトナカイもおれば、いくら手綱を揺すってもゆっくりとしか走らないトナカイもいて、観客の笑いを誘っていた。

私は、「1600年代のヨックモック冬市の起源と発展」と題したウメオ大学準教授の講演を聴くために、再びアイテ博物館に行った。

1500年代は、ラップランド地方は依然として国境が定められていないサーメ人達の土地であり、商売に関しては、バルト海沿岸に住む商人達が独占していた。商売とはいっても物々交換であり、サーメ人からはトナカイや野生動物（オオカミ、ヒグマ、キツネなど）の毛皮、トナカイの干し肉や干し魚が提供され、商人達からは塩、小麦粉、羊毛、麻、針などが提供されていた。

1602年、のちに国王カール9世（1550〜1611、在位1604〜1611）となったカール公爵は、ラップランド地方の数か所に、年に2回の市とキリスト教会を設置することを決定した。そして、ヨックモックの冬市は毎年1月25日頃の開催となった。

★7　キャラバンでは各トナカイにそりを引かせ、そりとそのすぐ後ろのトナカイとをロープで繋ぎ、5、6頭のトナカイが縦一列に並んで行進する。

ちょうどこの頃は、サーメ人が冬の遊牧生活からタルヴァティス湖に戻ってくるときであり、商売（物々交換）、税金（毛皮やトナカイ肉や干し魚を納める）の取り立て、そしてサーメ人のキリスト教化を目的としたものである。市の開催と同時にテントの教会が立てられ、教会に行くことがサーメ人に義務付けられた。その場所こそが、タルヴァティス湖畔の松林の中であった。
　1500年代末期からスウェーデンはロシアやポーランドと戦争状態にあり、干し肉や干し魚は戦争時の重要な食料であったし、毛皮はヨーロッパ大陸に輸出することで重要な軍事財源となっていた。しかし、カール公爵の狙いはさらに深いところにあった。当時のラップランドはどの国の領地でもなかったため、ここに数か所の拠点をつくってサーメ人を同化することで、ノルウェーやロシアに対してラップランドの領地化を宣言するという狙いがあったのだ。
　この講演会のあと、ツアーバスで130 km離れたクヴィックヨックへと戻ったが、バスの中で私は、移動用テントが林立し、そのテントから煙が立ち昇る零下30度の中で1605年に開かれた第1回冬市を歩いている自分を頭に描いていた。

2月4日（金）

　午前9時半、ツアーバスはクヴィックヨックからヨックモックへと出発した。今朝は、クヴィックヨックの住人3人が冬市に行くために同乗することになった。彼らはビヨーン（Björn）、そのフィアンセのヘレーナ（Helena）、トゥーレ（Tore）といった。3人とも「普通の」スウェーデン人である。私は、前に座ったトゥーレさんに話しかけて彼の生活ぶりを尋ねた。
　その答えによると、夏の間、彼はビヨーンさんとともに山岳案内人をしているが、冬は無職だそうだ。ビヨーンさんのほうは、「夏の間はクヴィックヨックのデルタ地帯に旅行者達をボートで案内し、冬は起きている時

間の半分以上を雪かきに費やしている」と冗談交じりに言っていた。

　ヘレーナさんは私が住むウプサラの出身であるが、画家としてサーレック国立公園やパジェランタ国立公園の大自然が気に入ってここに移住してきたらしい。

　トゥーレさんは、自らの幼少時代の生活を話してくれた。彼の両親は、開拓者としてラップランドの山奥にやって来た。彼の生家は、クヴィックヨックからさらに15 kmほど山に入った森の中にあった。もちろん、道路はない。父親は猟師として生計を立てていたが、その生活ぶりは「貧乏の貧乏の貧乏」であり、それでも母親が家計を切り盛りしていたことが不思議でならないと言っていた。

　私は、トゥーレさんの話に引き込まれていった。私のまったく知らない開拓者の家庭の話であったからだ。このような話を私一人だけが聞くのは惜しいと思い、トゥーレさんにマイクを使ってみんなに話してくれるように頼んだ。

　彼はしばらく躊躇していたが、思い切ってマイクのところまで行って、自らの両親や幼少時代のことやクヴィックヨックまでの往復30 kmを歩いて買い出しに行ったこと、そして父親がだ

バスのマイクで開拓者の子供としての生活を語るトゥーレさん

まされて家を二足三文で売ることになったことなどを話してくれた。話し終えたとき、みんなから感動の大拍手が起こった。

　一方、ビヨーンさんは、トナカイの遊牧で生活をするサーメ人の友人が多いことから、サーメ人から見たトナカイ遊牧の問題点を私に話してくれた。彼の話をまとめると次のようになる（320ページのコラムを参照）。

❶**遊牧地減少問題**：ラップランド地方の河川に造られた多くの水力発電所

は、スウェーデン中部および南部に電力を供給している。そのため、かつてはトナカイの遊牧地であった河川敷や谷間がダムの底に沈み、移動時の遊牧地が大幅に減少することになってしまった。しかも、現代の製紙業および林業は古い森林を伐採して植林をするため、トナカイの冬の主食である地衣類が育つような古い森林が大幅に減少している。最北の地では木の成長が遅く、新たに森林が形成されるまでには長い年月を必要とする。

❷後継者問題：トナカイ遊牧も昔に比べれば機械類（スノーモービル、トラック、ヘリコプター）の発達によって群れの寄せ集めや移動もはるかに楽になったが、ほかの職業に比べればやはり重労働で、その割には収入が少ないために若者達の村離れが起こっている。ちなみに、スウェーデン最大の「サーメ村」はラップランド地方にあるのではなく首都ストックホルムにある。

❸汚染問題：1986年4月、当時のソビエト連邦ウクライナ共和国のチェルノブイリ原子力発電所で起こった事故は、トナカイの遊牧に大打撃を与えた。トナカイの肉に含まれる「セシウム137」が許容量をはるかに超えたため3万頭分もの肉が処分され、汚染度の高い地区のトナカイは比較的汚染度の低い地区にトラックで輸送され、冬季には急遽買い集められた干し草によって飼育が行われることになった。これらは、サーメ人の経済に大きな痛手を与えた。

❹経済問題：肉食動物に殺されたトナカイや列車による交通事故死のトナカイに対しては賠償金が支払われるが[★8]、それらは一時金であり、種畜としての経済価値を含む額ではないために将来の経済に不安がある。

　ツアーバスがヨックモックに着いた。私はビヨーンさんからさらに詳しく話を聞きたかったので、明日改めて町で会う約束をして彼らと別れた。
　私は、まずサーメ人学校の小学生達の市を訪れることにした。図工や工芸の時間に学校でつくったと思われるトナカイのなめし皮の小銭入れや裁縫作品が屋台に並べられていた。ここでの売上金は、きっとクラス旅行の

資金になるのだろう。

このあと、「アーサ・キートックと娘達（Asa Kitok och hennes döttrar）」という名の展示会に行った。

昔、籠や箱、小物入れがなかった時代には、シラカバ（学名：Betula pubescens）の細根を使って自らの手でそれらをつくるしか方法がなかった。そして、これはサーメ人女性達の日常における仕事であったが、金銭で何でも買える時代になり、この手芸も日常生活から忘れ去られようとしている。展示会名ともなっているアーサ・キートック（1894〜1986）さんはこの伝統

サーメ人小学生の屋台

手芸の復活に力を注ぎ、2人の娘さんであるマルギット（Margit）さんとエレン（Ellen）さんも母の遺志を継いでシラカバの細根手芸をサーメ芸術へと発展させた。

私に詳しく説明をしてくれたエレンさんは今年73歳になるが、後継者づくりのために現在もヨックモックのサーメ人高校でこの手芸を教えているという。

彼女は、女生徒達の興味は「もう一つ」だと言う。まず、春先に森でシラカバの根元を掘り返し、極細根（太さ約2mm以下）を痛めないように注意深く大量に集めなければならないというのが大変なのと、洗浄および乾燥後に細かな手仕事を根気よく行うためには忍耐が必要とされるのだが、「今の若い女性にはその忍耐力がないから」とエレンさんは嘆いている。

次に、ヨックモックを代表する手芸家であるモニカ・スヴォンニ（Monika

★ 8　列車事故で死亡したトナカイの所有者には、1頭当たり6,000クローナ（約9万円）の賠償金が支払われる。

第13章　ラポニア　313

シラカバの細根手芸復活に力を尽くす妹エレンさん（左）と姉マルギットさん（右）

手芸芸術家のモニカ・スヴォンニさん

Svonni）さんのアトリエを訪ねた。モニカさんは濃淡のあるトナカイのなめし皮と色彩豊かなビロードの布地に錫糸で刺繍を施し、サーメ人の生活や自然をモチーフにした作品を制作している女性である。今までにラップランド地方で同じような作品を何度となく目にしてきたが、彼女の作品にはほかでは見られないシンプルさと優雅さがあり、一目で心を惹かれた。ツアー参加者の言葉を借りれば、「彼女の作品はランクがひとクラス上」ということになる。モニカさんは、「春から秋にかけては山岳地帯をよく歩き、自然がインスピレーションを与えてくれるのだ」と話してくれた。

　昼食は公民館の食堂でブルードパルト（Blodpalt）★9 を食べた。見た目にはまずそうであるが、味はそれほど悪くはない。やはり北スウェーデンの日常食で「レーンスカーブ」（Renskav）★10 という料理がある。これは、非常に薄く切ったトナカイの肉をタマネギと炒めてマッシュポテトとともに食べるもので、最近では冷凍のレーンスカーブが全国的に販売されており、この食事もポピュラーなものになった。

　夕方、トナカイ遊牧に生きるサーメ人達のデモ隊に出くわした。彼らは、冬市の方向へと向かって歩いていた。冬市を訪れている観光客に自分達の実情を訴えるのが目的のようであった。プラカードの内容からすれば、彼らの要求は次の4点に要約することができる。

プラカードを掲げて冬市へと向かうサーメ人のデモ隊

❶トナカイ遊牧生活に不可欠な機械類燃料のガソリン税の軽減。
❷小頭数のトナカイ肉を加工できる小規模食品工場の認可。
❸ヒグマ、イヌワシ、クズリにより殺されたトナカイへの損害賠償金の引き上げ。
❹サーメ語教育のための経済援助。

　これらの要求は、いずれもトナカイの遊牧に生きるサーメ人達の生活をかけた現場からの声であろう。デモのあとに、要求書は農業大臣に手渡されたということである。

2月5日(土)

　冬市の最終日である。私は町での出来事をすべて見ておきたかったので、午前中、屋台の出ている区画を何度も歩いた。
　昨日知り合ったビヨーンさんとの約束の場所に行くと、中世冬市で知り

★9　「Blod(ブルード)」は血、「palt(パルト)」はライ麦粉や小麦粉でつくった団子という意味。ブルードパルトは、ライ麦粉と牛の血を混ぜてつくった直径8cmほどの団子を塩水で煮たもので、団子の中には豚肉が入っている。北部スウェーデンの日常食の一つで、リンゴンベリーのジャムを付けて食べる。
★10　「Ren(レーン)」はトナカイ、「skav(スカーブ)」は薄く削ったものという意味。

第13章　ラポニア

冬市は多くの人でごった返す。観光客は当初予想されていた40,000人をはるかに超え、76,000人に及んだという発表が後日あった

合いになったオーラ・オンマ（Ola Omma）さんもそこに来ていた。彼らは昔からの知り合いだそうで、一緒にビヨーンさんの友人のアパートで話をすることになった。彼らは私の多くの質問に答えてくれたが、ヨックモック一帯が「ラポニア」という名称で世界遺産になったことに対しては「必ずしも賛成ではない」と言っていた。

　国立公園群と自然保護地群の大自然とサーメ人文化を世界遺産に申請するにあたって、「コミューンから、サーメ人にも現地の住民にも何ら説明がなかった」と彼らは不満気に言っていた。そして、「世界遺産になることで、世界中にサーメ人の存在や生活が紹介され、文化保護への一種の保障ができたのではないか」という私の質問に対しては、「ラポニア地区に住むサーメ人には何らかの援助がなされるであろうが、地区外に住むサーメ人は忘れ去られる恐れがある」と危惧している。

　また、「多くの旅行者がこの地を訪れて観光産業が発展するのでは」という質問に対しては、山岳ガイドや船渡しを職業としているビヨーンさんが次のように答えた。

「世界遺産への登録後も観光客は増加していないし、この国立公園群に来る山岳ハイカー達は、世界遺産だからといって来ているわけではない」

私は、零下40度にもなる大自然の中でトナカイの遊牧生活をしてきたオーラ・オンマさんの話に感銘を受けた。私はオーラさんから１冊の本をプレゼントされたが、それは記念式典で国王にプレゼントされた本でもある。この本は、遊牧に生きるサーメ人にとって生死を分かつ最も重要なもの、つまり「炎（Eld）」に関する本で、内容の３分の１は、オーラさんがこの本の著者であるイングヴェ・リード（Yngve Ryd）氏に語ったものである。
　サーメ人にとって、囲炉裏場は移動テントの中の神聖な場所であり、そこに使用する石に秘められた逸話、冬には石を持って移動すること、暖房、調理、明かりなど使用目的によって薪に使う木や藪の種類が異なることなどについて語られたものである。
　オーラさんは、現在も夏は、パジェランタ国立公園内にあるシラカバと泥炭で造ったサーメ人小屋に住んでいる。私は、今年の夏、クヴィックヨックから80 km の山道を歩いてオーラさんを訪ねようと思っている。

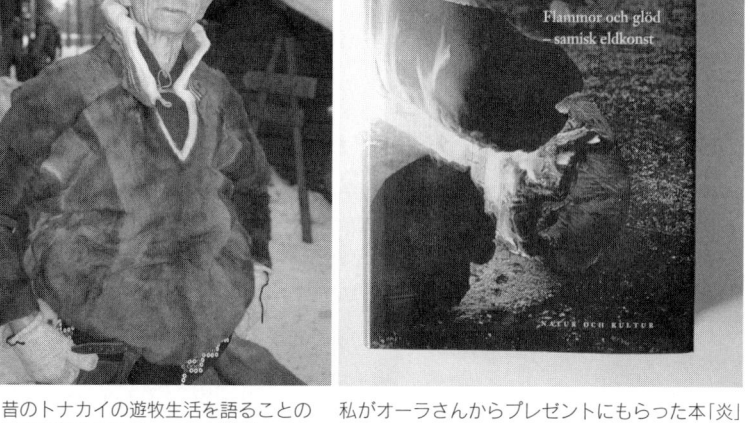

昔のトナカイの遊牧生活を語ることのできる数少ないサーメ人長老、オーラ・オンマさん

私がオーラさんからプレゼントにもらった本「炎」

トナカイのなめし皮のハンドバッグやポーチ、毛皮の帽子や手袋などを売るマリアンヌ・エノックソン（Marianne Enoksson）さん

トナカイの角を細工し模様を彫り込んだナイフは高価な美術工芸品である

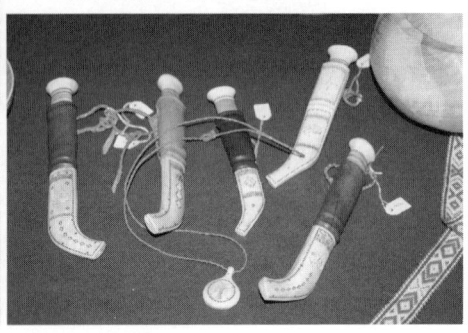

　彼らと別れたあと、私はサーメ人の高校の講堂で上映されているカリブー（Caribou）★11およびトナカイの映画を観に行った。これは、カナダのツンドラ地帯に生息するカリブーの大群と、スウェーデンのラップランドに生息するトナカイの大群の映画である。特に私の印象に残ったのは、セスナ機でカリブーの移動を追うシーンであった。地平線まで埋め尽くすカリブーの大群が全速力で走るシーンは、非常に迫力に満ちていた。
　映画を観終わったあと、教室をギャラリー代わりにした「サーメ手工芸品展示即売会」を見て歩いた。サーメ人の家族がトナカイの遊牧だけで生活するには、少なくとも50頭のトナカイが必要だと言われている。しかし、大半の家族はそれ以下の所有者であるために手工芸を副職としているのだ。

　こうして、私の冬のラポニアへの旅は終わった。私はヨックモックを離れ、途中レーヴオンゲル（Lövånger）の建築文化財となっている教会村のユースホステルに1泊し、翌日、ウプサラ、ストックホルムへと帰路に就いた。
　今回の旅では、多くの温かい心をもった人達に出会うことができたし、サーメ人の民族文化の一部を垣間見ることもできた。

最北の地では、町への距離も遠く、しかも厳しい自然の中での生活を余儀なくされているために人々は見知らぬ人でも助け合うのだという。大自然の中で生活をする人達に敬意を抱くと同時に、後継者問題、遊牧地問題、大都市に移住しサーメ文化との接触を断ってしまった多くのサーメ人など、約2万人となった少数民族の生活や文化の行く末を案じずにはいられない。
　しかし、最北地の大自然と少数民族の文化が複合遺産（自然遺産および文化遺産）としてユネスコに登録されたことにより、サーメ文化の存続に今まで以上の援助の手が差し延べられることはまちがいないであろう。それと同時に、「世界に3億人はいる」と言われる少数民族のもつユニークな文化の火が、民族の同化、経済優先政策の名のもとに消されつつあることも忘れてはならないと深く考えさせられた。

★11　北米に住む野生のトナカイのことで、トナカイよりも一回り大きい。

コラム　サーメ人とは

サーメ人と民族旗：

サーメ人は世界全体で人口約7万人の少数民族である。サーメ人の住む地域は「サプミ（Sápmi）」と呼ばれ、スウェーデン（20,000人）、ノルウェー（40,000人）、フィンランド（6,000人）、ロシア（2,000人）の4か国にまたがっている。

サーメ人の民族旗

自分達の国をもたないサーメ人達に国旗はない。しかし、1986年に4か国のサーメ人に共通の民族旗が制定された。円は太陽と月を表し、日輪は赤、月輪は青で描かれている。民族旗に使用されている赤、青、緑および黄色は、「コルト（kolt）」と呼ばれるサーメ人の民族衣装の色から来ている。

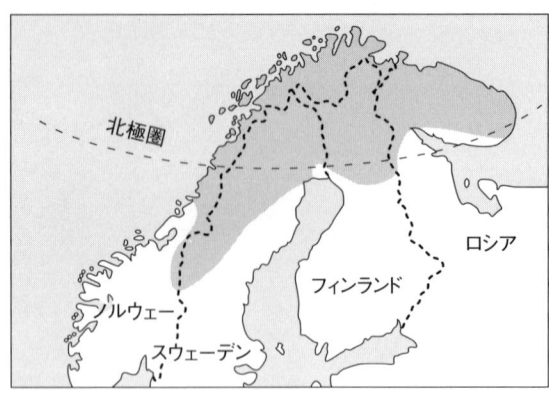

アミの部分がサーメ民族居住地域。サーメ民族は4か国にまたがって居住し、この地域をサーメ語で「サプミ（Sápmi）」と呼んでいる
(Samerna: Solens och Vindens folk/Ájtte より)

サーメ民族の祖先：

氷河期の終了とともにノルウェー北海岸に東方から人々が移住してきた。彼らは、野生トナカイの狩猟と漁、採集生活を送り、食料を求めて

季節による移住生活を行っていた。サーメ人の祖先は、これら北極圏内で生活をしていた狩猟・漁民族であると考えられている。

サーメ人とトナカイ遊牧生活：

サーメ人は、元来、野生トナカイの狩猟と漁で生活をしていたが、1500年代にはトナカイを飼育し始めていたと考えられている。飼育された雌のトナカイは、野生のトナカイを引きつける囮として狩猟に利用された。家畜化されたトナカイは1600年代に増大し、サーメ人は狩猟民族からトナカイ遊牧民族へと変化していった。

サーメ人と戦争：

平和な時代には、サーメ人は国境には関係なく遊牧生活を送っていた。スウェーデンのあるサーメ村の夏の遊牧地はノルウェーの山岳地帯にあり、年に2度、「目に見えない国境」を越えて移動していた。しかし、第2次世界大戦でノルウェーはドイツに占領され、このサーメ村ではノルウェーにある山岳遊牧地帯に入ることが禁止されて夏の遊牧地を失うことになった。

1939〜1940年には、当時のソビエトとフィンランドの間に戦争があり（フィンランド冬季戦争）、両国のサーメ人も戦争に駆り出された。兄弟関係にあるサーメ人同士の戦争は、自分達の国をもてない民族ゆえに起こった悲劇である。

サーメ語：

サーメ語はフィンランド語やハンガリー語と同じフィン・ウゴル語族に入る。サーメ語は東部、中部、南部の3大サーメ語に分類される。サーメ語とはいっても、例えば中部サーメ語と南部サーメ語とは、まったく理解できないほど大きく異なっている。サーメ語にも方言があり、ヨックモックでは中部サーメ語の方言である北サーメ語が話されている。

サーメ人とサーメ議会：

サーメ人だけに選挙権があるサーメ民族議会（Sametinget）があるが、サーメ民族の利益を代表する機関であると同時にスウェーデン政府の管理下にあるため、政府に対して要望はできるが自治権はない。

ストゥルーヴェの子午線弧

第14章

ユネスコによる登録基準　文化遺産

（ⅱ）　ある期間、あるいは世界のある文化圏において、建築物、技術、記念碑、都市計画、景観設計の発展における人類の価値の重要な交流を示していること。

（ⅲ）　現存する、あるいはすでに消滅した文化的伝統や文明に関する独特な、あるいは稀な証拠を示していること。

（ⅵ）　顕著で普遍的な価値を持つ出来事、生きた伝統、思想、信仰、芸術的作品、あるいは文学的作品と直接または明白な関連があること（ただし、この基準は他の基準とあわせて用いられることが望ましい）。

登録年度　2005年

世界遺産委員会による登録理由　地球の実寸および実形の立証に役立つ世界最初の長距離にわたる精密な子午線測定は、地球科学発展の重要な第一歩である。それはまた、国籍を異にする科学者達の科学的協力といった人間交流の特殊例でもあると同時に、科学がもたらした異国君主達の協力例でもある。

　ストゥルーヴェの子午線弧は、測量技術上、不動・無形な子午線の三角測量地点に科学技術を結集した顕著な例であることは疑う余地がない。

　子午線弧の測定および結果は、人類の住む世界の形や大きさを不思議に思った男達と直接関係するものであり、「地球は完全な球体ではない」と言ったアイザック・ニュートンの理論と関連するものである。

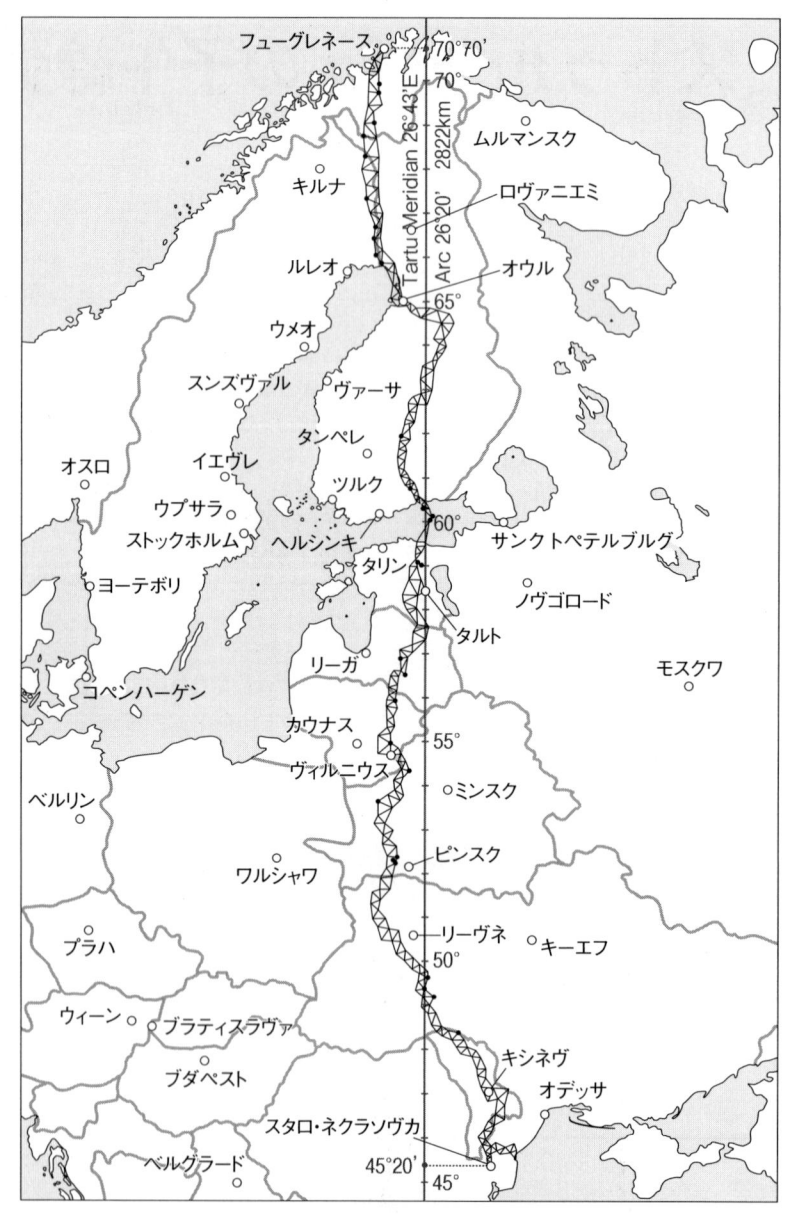

ストゥルーヴェの子午線弧（フィンランド国土地理院より）
www.maanmittauslaitos.fi/Control_Points/Struve_Geodetic_Arc

2005年7月、南アフリカのダーバンで開催されたユネスコの世界遺産会議において日本の「知床」が世界遺産に登録された。それと同時に、スウェーデンにも第14番目の世界遺産が誕生した。この新世界遺産は、「ストゥルーヴェの子午線弧」と呼ばれるヨーロッパ諸国10か国にまたがる広範囲なものである。

　19世紀初期、ドイツ生まれの天文学者フリードリッヒ・イェオリ・ヴィルヘルム・フォン・ストゥルーヴェ（1793～1864）は、三角測量により地球の形と大きさを精密に測定することに熱意を燃やしていた。ヨーロッパにおいては、すでに16世紀に地球が丸いことは知られていた。

　ストゥルーヴェは北はノルウェーのハンメルフェスト（Hammerfest）から南はウクライナの黒海付近に及ぶ今日のヨーロッパ10か国258か所、全長2,820 kmに測定地点を設けて三角測量を行った。これが、世界遺産に登録されたストゥルーヴェの子午線弧である。

フリードリッヒ・イェオリ・ヴィルヘルム・フォン・ストゥルーヴェ

　ストゥルーヴェは、1816年から1855年の40年間という長い期間をこれらの地点の測量に費やした。今回、世界遺産に登録されたのは、全258か所のうちスウェーデンの4か所を含む34か所である。

　ストゥルーヴェが測量を開始した当時は、これらの地点はすべてが2か国（ロシアおよびスウェーデン）に属していたのだが、現在では、ノルウェー、スウェーデン、フィンランド、ロシア、エストニア、ラトヴィア、リトアニア、ベラルーシ（白ロシア）、モルドヴァおよびウクライナの10か国にまたがっている。ストゥルーヴェの子午線弧は、世界最初の多数国共通の世界遺産である。

あとがき——裏話とともに

　さあ、スウェーデンの世界遺産を旅して紀行文を書くぞ、と勇んではみたものの、それからがたいへんであった。スウェーデンは南北に1,600 km、面積が日本の1.2倍と国があまりにも大きく、しかも人口はわずか900万人と東京都にも満たない国である。そのため、大都市間を結ぶ幹線を除けば鉄道は非常に不便で、南北に分散している13か所の世界遺産をどのようにして訪ねるかという問題があった。
　もちろん、バスを何度も乗り継いで世界遺産がある町に到達することはできるだろうが、果たしてそこから世界遺産の場所までの交通機関があるのかどうか、また、そこに宿泊施設やレストランがあるのかも心配だった。
　私は、交通の便や周辺の町のことをインターネットで調べ、できる限り時間的にスムーズに行ける方法を選んだ。その結果、今回の旅行では鉄道、バス、ツアーバス、フェリー、そして車を使って各地を回ることにした。
　世界遺産が存在する県庁やコミューン観光課のホームページには、たいてい分厚いパンフレットをpdf化した案内資料があり、スウェーデン文化財保護委員会のホームページの資料とともに予備知識を取り入れるのには非常に役に立った。「参考文献一覧」にホームページの記載が多いのはそのためである。
　各世界遺産にはガイド案内があり、私はできる限りそれらに参加をして説明を聞き、案内終了後には直接ガイドに付随の質問をした。どの遺産においても、ガイド達は快く私の質問に答えてくれたし、グリメトーンのエーボーンさんやエンゲルスベリーのノルドフェルトさん、ガンメルスタードのマンダールさんやマグヌソンさんのようにプライベートなガイドを行ってくれた人達もいた。
　また、まったく見ず知らずの私を家に泊めてくれ、しかも家族同様に迎

え入れてくれたヨックモックのリンドベリー夫妻、ヴィスビーでフリーメーソンの館を案内してくれたレイトネルさんとヴェスティーンさん、ホーヴゴーデンへの訪問を準備してくれた友人ロジャーやファールンで案内を務めてくれた友人カッレなど、今回の世界遺産の旅を振り返ってみると、実に多くの方々にお世話になった。彼らの協力なくしては、この本は人間味のないものになってしまっていたことだろう。

　本書に掲載した写真は私が撮ったものがほとんどであるが、時間的・経済的な理由から無理を言って貸してもらったものも数枚ある。ヴィスビーの航空写真はリットケンスさんから、また中世週間の写真はセーデルストレームさんに、エンゲルスベリー石油島の写真はエドヴィンソンさん、そしてカナダ・ニューファウンドランドのルーン石碑はルーン石工のダールベリーさんに貸していただいた。また、古い新聞記事の検索やこの本の構成については、スウェーデンの朝刊紙〈スヴェンスカ・ダーグブラーデット（Svenska Dagbladet）〉のペール・セーデルストレーム文化部長に助言をいただいた。

　こうして、ここにスウェーデンの世界遺産を1冊の本としてまとめることができたのも多くの方々の助力のおかげであり、ここで改めてお礼を言う次第である。旅行後の文献研究が不十分で内容的に物足らない箇所も多々あるかと思うが、それは筆者の責任であり、ご叱責いただきたい。

　私にとっては、単にこれまでは歴史博物館の展示物として、また書籍の年表に文字と数字で記された静的なものでしかなかったスウェーデンの歴史が、その土地、その時代を背景に生活を営む人々や自然景観を生きた動的な形で頭に描くことができるようになったのは今回の世界遺産旅行のおかげであり、多くのスウェーデン人達も知らないであろう歴史の数ページを学ぶことができた。スウェーデンに住んで38年になるが、これまでの勉強不足を補えたことが本当にうれしい。

最後の最後になってしまったが、難解でときには意味不明な私の文章に辛抱強く手を加え、編集に携わっていただいた新評論の武市一幸社長に心からお礼を申し上げます。

2008年5月

宇野幹雄

追記：2007年1月、スウェーデン政府はヘルシンランド地方（Hälsingland）にある大農家群（Hälsingegårdar）を世界遺産の候補としてユネスコに推薦することを決定し、現在、ユネスコによりその登録基準調査が行われている。この調査に合格すれば2009年の夏にスウェーデン15番目の世界遺産が新たに誕生することになる。

参考にした文献・資料およびホームページ一覧

第 1 章

Vägledning — Hällristningar i Tanum（道標——ターヌムの線刻画）小冊子

http://www.varldensbilder.net/vart/arv_info.htm
http://www.raa.se/varv/tanum.asp
http://www.vitlyckemuseum.se/default.asp?h=401

第 2 章

Telia Mobile AB Karlsborgs Radiostation 1999
Världsarvsrådet Halland Välkommen till världsarvet Grimeton — ett kulturarv med global räckvidd 2004

http://jh3ykv.rgr.jp/mt/archives/2004/12/
http://www.esr.se/basinfo/grimetonradio.html
http://www.alexander.n.se/
http://www.raa.se/varv/varldsarv.asp
http://www.engineering-eye.com/rpt/antenna/05.html
http://www.tcp-ip.or.jp/~?ishida96/ih-aichi/yosami%20soshinsho.html
http://www.answers.com/topic/ernst-alexanderson

第 3 章

Karlskrona kommun/Länsstyrelsen Blekinge Län The Naval City of Karlskrona-an active and vibrant World Heritage Site-2004 ISBN 91-631-4000-4

http://www.navalcity.org/
http://www.raa.se/varv/varldsarv.asp

第4章

S. Janson/E.B. Lundberg Med arkeologen Sverige runt. När?Var?Hur?Serien Forum 1980 ISBN 91-37-07212-9

スウェーデン文化財保護委員会の web サイト：
http://www.raa.se/varv/oland.asp
(http://www.h.lst.se/english/lanet/varldsarvet/intro.htm)
http://www.morbylanga.se/article/articleview/73/1/10
http://www.sodraoland.com/
http://www.landskapsskydd.nu/miljo/miljo004.htm

第5章

C.J. Gardell Gotlands historia i fickformat — Forntid, Medeltid, Nutid immenco AB 2004 ISBN 91-7810-885-3

Anders Fahlman Frimureri på kristen grund Svenska Frimurare Orden 2003

Gotlands kommun Världsarvet Hansestaden Visby inför 2000-talet — ett handlingsprogram med åtgärdsplan Gotlands kommun 2003

http://www.raa.se/varv/varldsarv.asp
http://www.gotland.info/

第6章

Riksantikvarieämbetet Hovgården 2001

http://svt.se/svt/jsp/Crosslink.jsp?d=3119&a=295190&lid=puff_300544&lpos=lasMer
http://whc.unesco.org/pg.cfm?cid=31&id_site=555
http://www.runristare.com/
http://www.raa.se/birka/index.asp
http://hem.passagen.se/terven/Birka1.html
http://www.lansmuseum.a.se/databas/sid3.cfm?in_idnr=0125030002

http://www.raa.se/birka/pdf/birka%20l%E4rarhandledning%202005.pdf
http://www.historiska.se/sture/viking/
荒正人『ヴァイキング - 世界史を変えた海の戦士』中公新書、1977年

第7章

Christer Nilsson　Folkets farsoter och kungarnas krämpor Carlssons 2000 ISBN 91-7203-9736

C. Brown/U.G. Johnsson 他　ドロットニングホルム宮殿、大苑園と公園ドロットニングホルム宮殿管理局　2001　ISBN 91-857-2678-8

World Heritage Sites In Sweden：The Swedish Institute & The National Heritage Board, ISBN 91-520-0707-3

Världsarv I Sverige：Riksantikvarieämbetet, ISBN 91-7209-259-9

http://sv.wikipedia.org/wiki/Gustav_III
http://www.sfv.se/cms/sfv/vara_fastigheter/sverige/ab_stockholms_lan/slott/Kina_slott.html
http://www.drottningholmsslottsteater.dtm.se/svensk/frames_index.html
http://www.stockholmsmuseer.com/museer/drottteat.php3
http://www.royalcourt.se/download/18.6397ebfe0f667a957fff3320/l%E4rarhandl.pdf
http://www.raa.se/varv/drottningholm.asp
http://svt.se/svt/jsp/Crosslink.jsp?d=29768
http://www.royalcourt.se/

第8章

http://www.kyf.stockholm.se/show.asp?m=49&Id=95&p=2
http://www.stockholm.se/templates/template_206.asp_Q_number_E_1152_A_nobreakin_E_1_A_sd_drop_E_0_A_category_E_254_A_c_E_616

第9章

Sigvard Strandh Maskinen genom tiderna W&W 1984 ISBN 91-46-14863-9

平田寛　歴史を動かした発明―小さな技術史事典　岩波書店　1995　ISBN 4-00-500064-9

Järnbruksförbundet Stål 1971

http://www.scb.se/statistik/BE/LE0102/2002A01/LE0102_2002A01_BR_01_BE51ST0307.pdf

http://www.raa.se/varv/engelsbergs.asp

http://www.ekomuseum.se/

http://www.cmsi.jp/hp/tekko_04_02.html

第10章

Suzanne Hegert Upptäck Världsarvet Falun　Länsstyrelsen Dalarnas Län

http://www.visitfalun.se/varldsarvet/index_se.htm

http://www.raa.se/varv/varldsarv.asp

第11章

http://www.raa.se/varv/hogakusten.asp

http://www.y.lst.se/4.17431b9f544f8dca97fff3339.html

http://www.highcoast.net/

http://www.sgu.se/sgu/sv/geologi_samhalle/geologi_sverige/sevardhet/arv_s.htm

第12章

Britta Wännström Världsarvet Gammelstads kyrkstad Världsarvskontoret, Luleå kommun 2000

Per Lundgren　Kyrkstugor ― Handledning i byggnadsvård Världsarvskontoret, Luleå kommun 2000

http://www.krigsbarn.se/RFK/default.asp

第13章

Arnstberg/Ehn Etniska minoriteter i Sverige förr och nu Liber Läromedel 1976 ISBN 91-40-03988-9

Reichwald/Svedlund LAEVAS Sameby i dag — historia i morgon? PAN/Norstedts 1977 ISBN 91-1-761651-4

Dahlström/Calmér Samemakt! Välfärd till döds eller kulturellt folkmord? En debattbok redigerad av Anders Küng Rabén & Sjögren 1970

Göran Lundin Samer i Sverige Oktoberförlaget 1977 ISBN 91-7242-115-0

Lena Kuoljok Lind Historien om en kyrka — Jokkmokks gamla kyrka från 1753 2005 ISBN 91-631-6549-x

Samerna, Solens och Vindens folk（サーメ民族：太陽と風の民族）Ájtte 2000, ISBN 91-87636-09-3

National encyclopedien（スウェーデン国民百科大事典）Asa Kitok

Elin Svonni: Samisk folktro（サーメ民族昔話）Sapmi Girjjit 1997

Ernst Manker. De åtta årstidernas folk（八季節の民族）、Wahlström & Widstrand 1974, ISBN 91-46-19958-6

スウェーデン国会のホームページ
www.riksdagen.se/SOK/index.asp?qry=sametinget

サーメ民族議会のホームページ
http://www.samer.se/index.jsp

スウェーデン放射線防護研究所 Statens strålskyddsinstitut のホームページ
http://www.ssi.se/kaernkraft/Bonfortjrnobyl/Index.html

スウェーデン統計局のホームページ
http://www.scb.se/statistik/_publikationer/mi0803_2004a01_br_04_mi03sa0401.pdf

フィンランド大使館のホームページ
http://www.finland.or.jp/doc/ja/finlando/language.html

人名索引

【ア】

アスプルンド，グンナル
　（Gunnar Asplund）　187〜189, 193, 195, 197, 198

アドルフ・フレドリック国王
　（Adolf Fredrik）　163, 166, 167, 174

アレキサンダーソン，エーンスト（Ernst Alexanderson）　39, 43, 46, 47

アンスガル修道士（Ansgar）　142, 151

アンデルセン，ハンス・クリスチャン
　（Hans Christian Andersen）　227

ヴァハトマイステル，ハンス
　（Hans Wachtmeister）　56

ヴリース，アドリアーン・デ（Adriaen de Vries）　172

ウルリーカ・エレオノーラ王妃（Ulrika Eleonora）　162

エリクソン，スヴェン・エクセット
　（Sven Xet Erixson）　196

エリクソン，レイフ（Leif Eriksson）　146, 153

遠藤周作　20

【カ】

カタリーナ王妃（Katarina）　161

カール9世（Karl IX）　309, 310

カール10世グスタフ（Karl X Gustav）　52, 162

カール11世（Karl XI）　50, 52, 56, 57, 160

カール12世（Karl XII）　56

カール13世（Karl XIII）　176

カール16世グスタフ（Carl XVI Gustav）　306, 307, 317

ガルボ，グレタ（Greta Garbo）

184, 191, 192
キートック，アーサ（Asa Kitok） 313
グスタフ3世（Gustav III） 74, 163〜165, 168, 174, 175
グスタフ5世（Gustav V） 35, 43
グスタフ6世アドルフ（Gustav VI Adolf） 172
グスタフ・ヴァーサ（Gustav Vasa） 98, 114, 161, 220, 267
クーリッジ，カルビン（Calvin Coolidge） 35
コロンブス，クリストファー（Christopher Columbus） 146

【サ】

シラー，フリードリヒ・フォン（Johann Christoph Friedrich von Schiller） 124
シルヴィア女王（Silvia） 306
ストゥルーヴ，フリードリッヒ・イェオリ・ヴィルヘルム・フォン（Friedrich George Wilhelm von Struve） 325

【タ】

ダールベリー，エリック（Erik Dahlbergh） 56, 57
ダークベリー，カッレ（Kalle Dahlberg） 153, 154
チェンバース，ウイリアム（William Chambers） 168
チャップマン，フレドリック・ヘンリック・オヴ（Fredrik Henrik af Chapman 1721〜1808） 63, 74
テッシン，ニコデームス（Nicodemus Tessin） 162, 170
テッシン，ニコデームス・Jr（Nicodemus Tessin Jr） 162, 171
テーンストレーム，ヨハン（Johan Törnström 1744〜1828） 62, 74

【ナ】

ニルソン，エドヴィン（Edvin Nilsson） 304

【ハ】

ピクトル，アルベルトゥス（Albertus Pictor） 268
ブラウン，ダン（Dan Brown） 122
フリードリッヒ・ヴィルヘルム1世（Friedrich Wilhelm I） 169
ヘドヴィグ・エレオノーラ皇太后（Hedvig Eleonora） 160, 162, 171〜173
ボイエ，カーリン（Karin Boye） 91

【マ】

マグヌス・エリクソン国王（Magnus Eriksson） 276
ミッレス，カール（Carl Milles） 190

【ヤ】

ユーヘン皇太子（Prins Eugen） 296
ヨート，ブルール（Bror Hjort） 288, 294

人名索引

ヨハン3世（Johan III）　82, 161

【ラ】

ラーゲレーヴ，セルマ（Selma Lagerlöf）　69

ラーション，カール（Carl Larsson）　237, 238

リンネ，カール・フォン（Carl von Linné）　79, 237

リンバート司教（Rimbert）　142

ルター，マルティン（Martin Luther）　267

ルドヴィグI世（Ludvig I）　151

レーヴェレンツ，シーグルド（Sigurd Leweventz）　187〜189, 192, 198

ロヴィーサ・ウルリーカ王妃（Lovisa Ulrika）　162〜164, 167〜169, 174

著者紹介

宇野幹雄（うの・みきお）
1947年、大阪市生まれ。
1969年夏、交換留学生としてスウェーデンに滞在。
1970年、同志社大学工学部工業化学科卒業。
1971年、ウプサラ大学理学部入学。ウプサラ大学およびストックホルム大学の環境関連学科で単位を修得する。
1972〜1974年、スウェーデン学術会議ツンドラ地帯調査プロジェクト（於：アビスコ）助手。
1975年、ウプサラ大学理学部卒業。
1980年、ウプサラ教育大学入学、そして卒業。
1981〜2005年、ソッレンチューナ・コミューンおよびウプサラ・コミューンで公立中学校の数学・理科教員として教壇に立つ。
現在、翻訳家。同時に、スウェーデンの自然を満喫中。
論文として、「スウェーデンの野生動物保護の現状」（《アニマ》平凡社、1977年5月号）、「ヨーロッパアナグマの生活」（《アニマ》平凡社、1977年6月号）がある。
著書には『ライブ！　スウェーデンの中学校』（新評論、2004年）がある。

スウェーデンの世界遺産紀行
——自然と歴史のひとり旅——　　　　　　　　　　　　　　　（検印廃止）

2008年7月31日　初版第1刷発行

著　者　宇野幹雄
発行者　武市一幸
発行所　株式会社　新評論

電話　03(3202)7391
FAX　03(3202)5832
振替・00160-1-113487

〒169-0051
東京都新宿区西早稲田3-16-28
http://www.shinhyoron.co.jp

落丁・乱丁本はお取り替えします。
定価はカバーに表示してあります。

印刷　フォレスト
製本　桂川製本
装丁　山田英春
写真　宇野幹雄
（但し書きのあるものは除く）

©宇野幹雄　2008　　　　　Printed in Japan
ISBN978-4-7948-0778-6

新評論　好評既刊　旅の本／スウェーデンを知る本

大西　剛
イヤイヤ訪ねた世界遺産だったけど
アジアで見つけた夢の足跡

"開き直りの世界遺産の旅"で出会った真実とは。みうらじゅん氏絶賛！

[四六並製 334頁 2310円　ISBN4-7948-0531-4]

山浦正昭／山浦敬子＝画
夫婦で歩き描いたヨーロッパ縦断4000km

規格外れの夫婦がこだわる「歩き」と「スケッチ」の旅。

[四六並製 248頁 1890円　ISBN4-7948-0701-5]

武田龍夫
物語スウェーデン史
バルト大国を彩った国王、女王たち

独立戦争から現代まで、君主たちの人間性を軸に再現する歴史ドラマ。

[四六上製 238頁 2310円　ISBN4-7948-0612-4]

G.ヘルリッツ／今福　仁 訳
スウェーデン人
我々は、いかに、また、なぜ

「スウェーデン人気質」を活写した恰好のスウェーデン・ガイド。

[四六上製 246頁 2310円　ISBN4-7948-0687-6]

藤井　威
スウェーデン・スペシャル［Ⅰ～Ⅲ］
高福祉高負担、民主・中立国家、地方自治。歴史も踏まえつつ、大胆で先進的なこの国の取り組みを詳細に解説。

[四六上製　Ⅰ＝276頁・2625円・ISBN4-7948-0565-9／Ⅱ＝324頁・2940円・ISBN4-7948-0577-2／Ⅲ＝244頁・2310円・ISBN4-7948-0620-5]

＊表示価格はすべて消費税込みの定価です。

新評論　好評既刊　スウェーデンを知る本

S.ジェームズ＆T.ラーティ／高見幸子 監訳・編著／伊南美智子 解説
スウェーデンの持続可能なまちづくり
ナチュラル・ステップが導くコミュニティ改革

サスティナブルな地域社会づくりに取り組むための最良の実例集。
[A5並製 284頁 2625円　ISBN4-7948-0710-4]

西下彰俊
スウェーデンの高齢者ケア
その光と影を追って

福祉先進国の実情を実証的に解明し、日本の課題を照らし出す。
[A5上製 260頁 2625円　ISBN978-4-7948-0744-1]

岡部　翠 編
幼児のための環境教育
スウェーデンからの贈りもの「森のムッレ教室」

環境先進国発・自然教室の実践のノウハウと日本での取り組みを詳説。
[四六並製 284頁 2100円　ISBN978-4-7948-0735-9]

河本佳子
スウェーデンのスヌーズレン
世界で活用されている障害者や高齢者のための環境設定法

「感覚のバリアフリー」が可能にする新しいコミュニケーションとは。
[四六上製 206頁 2100円　ISBN4-7948-0600-0]

A.リンドクウィスト＆J.ウェステル／川上邦夫 訳
あなた自身の社会
スウェーデンの中学教科書

子どもたちに社会の何をどう伝えるか。皇太子徳仁親王激賞の詩収録！
[A5並製 228頁 2310円　ISBN4-7948-0291-9]

＊表示価格はすべて消費税込みの定価です。

新評論　好評既刊　旅の本

G.フローベール／渡辺　仁 訳
ブルターニュ紀行
野を越え、浜を越え

『ボヴァリー夫人』の文体と感性が胚胎する、若き日の旅行記。
［A5上製　332頁　3360円　ISBN978-4-7948-0733-5］

臼田　紘
スタンダール氏との旅

作家が愛し、歩き、記した古きヨーロッパの都邑を訪ねる旅。
［四六フランス装　264頁　1890円　ISBN978-4-7948-0728-1］

清水芳子
銀河を辿る
サンティアゴ・デ・コンポステラへの道

ロマネスクの美に魅了されて歩いた1600キロの道を生き生きと描く。
［四六並製　332頁　3360円　ISBN4-7948-0606-X］

佐藤　亨
異邦のふるさと「アイルランド」
国境を越えて

「エメラルドの島」の美称をもつ島の光と影を鮮やかに綴る。写真多数。
［四六上製　436頁　3360円　ISBN4-7948-0642-6］

筒井正夫
近江骨董紀行
城下町彦根から中山道・琵琶湖へ　　　　　　［シリーズ近江文庫］

隠れた名所に芸術の粋を探し当て、近江文化の真髄を味わい尽くす旅。
［四六並製　324頁　2625円　ISBN978-4-7948-0740-3］

＊表示価格はすべて消費税込みの定価です。